重要

判決・裁決から探る
税務の要点理解

税理士 林　仲宣／島根大学准教授 谷口智紀／税理士 高木良昌　著

はしがき

　昨年の税理士試験直後であったが、ネット上の税理士試験関係の投稿欄に、「税理士には判例は必要ない」という記述を見つけたときには、いささか驚いた。確かに日常の業務なら法令及び通達を踏まえた解説書や国税庁のホームページで事足りることは否定しない。

　そうはいっても、刻一刻と変化し、予測が見通せない経済情勢や少子高齢化時代における複雑な家族関係の中で、新たな課税取引や課税関係が生じていることも明らかである。

　それらの難題に直面し苦労した専門家の話を、自慢話として、あるいは失敗談して拝聴することがある。しかし、残念ながらそれらは、客観性、論理性に欠け、最終的な判断が不明瞭なことが多い。仮に類似の問題に接したとしても解決の糸が見出せないのである。

　これに対して、裁判例や裁決例は、いわば納税者や税理士等の成功と失敗の宝庫である。通常の解説書等では解決できなかった課税関係について、納税者らが果敢に取り組んだドキュメントでもある。裁判例や裁決例では、納税者の主張が容認されることは少ないが、そのことは重要ではない。裁判例や裁決例において示された課税庁の主張とそれに対する判決や裁決により、課税の論理が明確になり、類似の事例に対して対策が講じやすくなる場合も出てくるのである。

　何年か前に税法の専門家の交流サイトで、現役税理士が、「税理士業務には憲法の知識は必要ない」という趣旨の発言を読んだときには考えさせられた。発言者の意図は不明瞭ではあったが、確かに税法の解釈と適用に際して、憲法30条及び84条に立脚する租税法律主義の原則は、形骸化し、理念に過ぎないと思わせられる現実があることは否定しない。

　しかしながら、本書でも事案を取り上げているが、最高裁が、最

近、その根底に租税法律主義の原則をおいた結論を導いた判決を下している事実がある。明らかに節税スキームや租税回避と指摘されていた事例においても、最高裁は納税者勝訴としているのである。このことは、最高裁が租税法律主義の原則を尊重し始めたということではないと思う。それは既存の法令、あるいは通達でも対処できない課税取引や課税関係が生じてきていると感じるのである。ただ、新たな課税取引や課税関係における課税庁の明確で効果的な説明は、裁判例や裁決例で示される課税庁の主張に接するしか認識できないことを踏まえると、裁判例や裁決例を概観するだけでも、実務の参考になることは明らかである。

　本書は、最近の税務判決及び国税不服審判所の裁決を納税者の立場から検討し、同時に実務への対策を論じている。具体的には、裁判例・裁決例における納税者を自分に置き換え、あるいは依頼を受けた税理士として、いわゆる疑似当事者の視点で検討・考察した。

　本書で検討した各事例は、谷口智紀准教授、高木良昌税理士、そして林の３名が単独であるいは共同で執筆し連載している、「実務に役立つ判例研究」（「税務弘報」及び「ザ・税務訴訟」（「法律のひろば」）として発表した各研究について、主たる執筆者がそれぞれ再検討した。さらに「実務へのフィードバック」と題して、実務対策のポイントを林が加筆した。本書への転載・再編に当たって快くご了承いただいた両誌編集者に謝意を表する次第である。

　谷口准教授、高木税理士ともに増田英敏・専修大学教授門下の新進気鋭の研究者であり実務家であるが、両君との共同研究をお許し頂いている増田教授に改めて感謝を申し上げたい。

　2015年（平成27年）１月

執筆者３名を代表して

林　　仲　宣

目次

第1章 実務に活かす税務事例の活用方法

1	税務判決・裁決の現況	2
2	裁判例・裁決例の検討の重要性	3
3	疑似当事者の視点による「事実の概要」と「当事者の主張」	5
4	裁判例・裁決例と判例研究等の位置付け	6
5	本書の編集方針	7

第2章 要点を理解するための税務事例76

I 国家賠償請求関係

| 1 | 収用等の特例適用と市職員の誤教示 | 10 |
| 2 | 固定資産税の誤評価
—課税ミスと国家賠償請求 | 16 |

II 所得税関係

| 1 | 所得区分（給与所得か事業所得か）
—外注費の課税仕入れ | 22 |

2	所得区分（不動産所得か一時所得か） ―無償で譲り受けた建物に係る利益の性格	29
3	所得区分（一時所得か雑所得か） ―外れ馬券の必要経費性と馬券払戻金	35
4	職務発明に係る特許を受ける権利の 「相当の対価」の所得区分	41
5	債務免除益の各種所得金額への算入 ―所得税基本通達36－17適用の可否	47
6	外国LPSを利用した海外不動産投資事業から 生ずる損益の不動産所得該当性	53
7	退職所得の意義 ―役員退職給与と退職所得の要件	59
8	住所の判定 ―遠洋まぐろ漁船乗組員の「居住者」該当性	65
9	非課税所得の該当性 ―商品先物取引に係る訴訟上の和解金	72
10	準確定申告における所得税の負担割合 ―遺留分減殺請求があった場合	78
11	特約年金の相続税と所得税の二重課税 ―長崎年金訴訟	84
12	譲渡所得における取得費の意義 ―遺産分割に係る弁護士費用	90
13	居住用財産の特別控除 ―贈与により取得した家屋と生活の本拠	96
14	居住用財産の特別控除 ―共有家屋の一部を取り壊して敷地を譲渡した場合	102

15	譲渡損失に係る税制改正と遡及適用の合憲性	108
16	不動産所得で生じた損失の損益通算 ――船舶リース事件	115
17	収益の計上時期 ――一括収受した公的年金	121
18	収入を得るために支出した金額 ――受取人以外の法人が支払った保険料	127
19	必要経費の範囲 ――弁護士会役員による交際費等の支出	133
20	必要経費の算入時期 ――社会保険診療報酬の不正請求に係る返還債務	140
21	保証債務の履行における求償権の行使不能 ――所得税法64条2項の適用の可否	146
22	雑損控除の意義 ――アスベスト除去費用の性格	152
23	医療費控除 ――居宅サービス利用の対価	158
24	医療費控除 ――児童福祉施設負担金	163
25	住宅借入金等特別控除 ――新築か増築かの判断	170
26	ホステス報酬の源泉徴収義務	176
27	破産管財人の源泉徴収義務 ――源泉徴収納付義務不存在確認請求事件	182

Ⅲ 法人税関係

1	収益の帰属時期 ―詐欺被害損失と損害賠償請求権	188
2	収益の帰属 ―従業員が仕入業者から受領したリベート	194
3	公益法人の収益事業該当性 ―檀家以外の者が支払った会館利用料	200
4	賃貸マンションの管理組合に支出した 管理費等の損金算入の可否	205
5	少額減価償却資産の範囲 ―NTTドコモ中央事件	211
6	有姿除却 ―火力発電設備への適用	217
7	事前確定届出給与 ―複数回支給の場合の判定単位	223
8	使用人賞与の損金算入時期 ―政令委任の範囲	229
9	役員退職金の功績倍率	235
10	交際費等の範囲 ―優待入場券の無償交付等	241
11	社員旅行費用の会社負担	247
12	取引価格の変更と寄附金の意義	253
13	棚卸商品の過大計上による粉飾決算の是正	259

| 14 | 組織再編成を利用した租税回避行為の否認
―ヤフー事件 | 264 |
| 15 | タックス・ヘイブン対策税制と外国法人税の意義
―ガーンジー島事件 | 270 |

IV 相続税関係

1	相続財産の範囲 ―相続開始後に生じた過納金還付請求権の相続財産該当性	275
2	住所の判定 ―武富士事件	282
3	貸付金債権の認定 ―会計帳簿の信用性	288
4	「著しく低い価額」の対価の意義 ―親族間の譲渡に対する相続税法7条の適用の可否	294
5	小規模宅地等の特例 ―「居住の用に供された宅地」の意義	300
6	小規模宅地等の特例 ―有料老人ホームに入居した被相続人の生活の本拠	306
7	重加算税の賦課 ―名義預金の申告漏れ	313
8	みなし贈与 ―株式売買契約が架空であるか否か	319
9	要素の錯誤と重過失の有無 ―株式の低廉譲渡に対する錯誤無効	325

V 国税通則法、その他の国税関係

1. 更正の請求 …… 331
   ―所得税額控除の計算誤り

2. 更正の予知と過少申告加算税 …… 337

3. 宅配便による申告書の送付と申告期限 …… 343

4. 遺産分割協議と第二次納税義務 …… 349

5. 税務調査における国税職員の威圧・誘導 …… 355
   ―川崎汽船事件

6. 過少申告におけるほ脱の故意の認定 …… 361
   ―クレディ・スイス事件

7. 国税職員による誤指導 …… 367
   ―事前確定届出給与に対する行政指導

8. 登録免許税の課税標準 …… 373
   ―登記等の区分

VI 地方税関係

1. 固定資産税の賦課 …… 379
   ―賦課期日に未登記であった新築家屋

2. 固定資産税における土地の評価 …… 385
   ―画地計算法をめぐる一体評価の可否

3. 固定資産税評価における工事用地の画地の認定 …… 391

4. 自動車税の減免要件 …… 397
   ―「天災その他特別の事情」の意義

5. 差押禁止債権 …… 403
   ―児童手当の差押処分の違法性

Ⅶ 税理士損害賠償関係

1	税理士の忠実義務 ―遺産分割への関与	409
2	税理士と監査法人への損害賠償請求	415
3	納税者に対する説明義務 ―過大な相続税を納税する危険を説明すべき義務の存否	421
4	税理士の顧問契約上の助言と指導義務	427
5	税理士の善管注意義務 ―相続税申告における保険契約の有効性と税理士の責任	433
6	税理士の専門家責任と過失相殺	439
7	税理士事務所従業員の誤回答と損害賠償	445
8	定率法選定の届出を怠った税理士に対する損害賠償	451
9	税理士報酬請求の当否と会計データの引渡し義務	457
10	税理士事務所を退職した者の競業避止義務	463

凡　例

　本書において、カッコ内における法令等については、次の略称を使用しています。

【法令名略称】
所法　　　　所得税法
所令　　　　所得税法施行令
通則法　　　国税通則法
法法　　　　法人税法
法令　　　　法人税法施行令
地法　　　　地方税法

【出典等】
民集　　　　最高裁判所民事判例集
TAINS　　　日税連税法データベース
TKC　　　　LEX／DB インターネット TKC 法律情報データベース

＜記載例＞
法法 22 ②：法人税法第 22 条第 2 項
最判平成 10 年 10 月 10 日：最高裁判所平成 10 年 10 月 10 日判決
最決平成 10 年 10 月 10 日：最高裁判所平成 10 年 10 月 10 日決定
東京高判平成 10 年 10 月 10 日：東京高等裁判所平成 10 年 10 月 10 日判決
東京地判平成 10 年 10 月 10 日：東京地方裁判所平成 10 年 10 月 10 日判決

※本書の内容は、平成２７年１月５日現在の法令等に依っている。

第1章
実務に活かす税務事例の活用方法

1 税務判決・裁決の現況

　国税庁がホームページで、税務判決及び裁決に関する統計を発表しているが、その概要は、下記のとおりである。

国を被告とした訴訟状況

区　分	訴訟提起件数	伸び率	訴訟終結件数	原告勝訴件数	割　合
	件	％	件	件	％
平成20年度	335	2.9	356	38	10.7
平成21年度	339	△4.5	320	16	5.0
平成22年度	350	3.2	354	27	7.6
平成23年度	391	11.7	380	51	13.4
平成24年度	340	△13.0	383	24	6.3
平成25年度	290	△14.0	328	24	7.3

審査請求の状況

区　分	審査請求件数	伸び率	処理済件数	認容件数	割　合
	件	％	件	件	％
平成20年度	2,835	2.9	2,814	415	14.7
平成21年度	3,254	14.8	2,593	384	14.8
平成22年度	3,084	△5.2	3,717	479	12.9
平成23年度	3,581	16.1	2,967	404	13.6
平成24年度	3,598	0.5	3,618	450	12.5
平成25年度	2,855	△20.7	3,073	236	7.7

（出典）国税庁ホームページ

　平成25年度統計によれば、国側を被告とした訴訟、すなわち課税処分等の取消しを求めた税務訴訟の状況は、訴訟提起件数290件、訴訟終結件数328件で原告（納税者側）勝訴件数24（勝訴率7.3％）

となっている。同様に国税不服審査では、審査請求件数2,855件、処理済件数3,073件のうち、認容件数すなわち納税者の要求が全部又は一部容認された件数は236件（認容率7.7％）となっている。

　これらの統計値が何を物語っているかは人によって見解は異なろうが、一般的な納税者の意識——諦めと妥協——を踏まえた実務的感覚からすれば、意外と納税者の訴えが認められている案件が多いと感じることもできる。

　反対に、勝訴率及び認容率が極めて低いことにも議論がある。また、膨大なデータを保有し、豊富な人材を投入できる国を相手にする行政訴訟や国税庁に設置されている国税不服審判所の裁決において、納税者の主張が容認されること自体に驚きを禁じ得ない読者もいるかもしれない。

　確かに、マスコミ報道では、税の申告漏れ、所得隠し、脱税など納税者の不始末を関係者の弁として、一方的に指摘する内容が多い。なかには、「見解の相違があったが当局の指摘に従い修正申告をした」など納税者のコメントが報じられる場合もあるが、納税者の言い分が登場することは少ない。つまり課税当局の判断が適正だとされ報じられる傾向にある。そのため、課税当局の主張が斥けられる事例が、数少ないとはいえ存在するならば、こうした一方的な報道姿勢により、税務行政に対する納税者の不信感も増すことになる。

2　裁判例・裁決例の検討の重要性

　実際の事案において、法令の適用を行う場合の判断では、裁判所の解釈が示される裁判例を検討する方法は、法律の学修として王道とされている。税法では、裁判所の判断である判決以外にも国税不服審判所の見解である裁決を加えると、対象となる事例は広がる。

税法学では、国税不服審判所の裁決は、司法機関である裁判所の判決と異なる行政機関の見解であることから評価は低いが、実務ではこだわる必要はない。実務における判例・裁決例のポイントは、結論より争点となった事実であり、その事実に対する当事者の主張内容である。既に触れたように、勝訴率（認容率）が極めて低いため、重要なのは結論ではない。訴訟や審判での、いわば勝ち方を検討することを目的とするわけではないからである。

　税務上、課税当局と見解が異なる実例に接する機会はある。課税庁の見解、例えば『事例相談集』に掲載されている事例は、課税庁の立場から納税者に周知したい内容を集約したものであり、また業界で見聞きする事例は税務調査にける失敗談や自慢話に過ぎない。つまり、客観性に欠けるのである。

　これに対して、判決であれば裁判官が、裁決であれば審判官が、その判断で整理して記述したものであるが、「事実の概要」と「当事者の主張」は、その事例の争点・論点に繋がる基本事項であり、裁判官又は審判官のフィルターを通した表現ではあるが、第三者による客観的な解説といえる。

　例えば、法人税を中心とした法人の税務調査における状況で考えてみると分かりやすい。

　「事実の概要」には、調査を受けている法人の業種、沿革、規模、役員構成など納税者の実情、調査官が疑義を指摘した取引内容などが含まれる。また「当事者の主張」は、調査官が指摘した具体的な内容と法令の解釈であり、調査官の主張に対する法人経営者や経理担当者の事情説明と立ち会った税理士による法令解釈など反論などが該当する。

　「事実の概要」と「当事者の主張」は、裁判所又は審判所における当事者の発言や提出書面をもとに争点・論点へ導くための導入部分といえるが、実務的な視点では、最も参考になると考えてよい。

申告納税制度の下では、納税者の自主性が重んじられるが、これには大きな責任が伴う。そうはいっても、日常的な税務判断であるなら、知識と経験により税法の解釈と手続を遂行できる。しかしながら、複雑な経済活動における税務判断では、限られた知識や経験だけでは判然としない課税問題もあり、また事実認定によるケース・バイ・ケースの判定が必要な経済事象も存在する。

　このような場面では、膨大な税務情報を収集・保有する課税当局に対処する術は納税者は持っていないのが実情である。

　ただし、そういう事情においても、裁判例・裁決例で示された「事実の概要」と「当事者の主張」は、税務情報の一環として、数少ない実務の参考となるケースである。

3　疑似当事者の視点による「事実の概要」と「当事者の主張」

　税務では、裁判例・裁決例における「事実の概要」と「当事者の主張」を、貴重な教訓として捉え、活用する必要がある。それは、裁判例・裁決例における納税者を自分に置き換え、あるいは依頼を受けた税理士として、いわゆる疑似当事者の視点や立場で検討・考察することが重要である。そこには、事案に対する課税当局の当初の考え方が示され、納税者の主張に対する反論するかたちで、見解が順次、表明され展開されるが、その内容は、税務調査での調査官による主観的な指摘に比べると明確な理論が読み取れる。

　残念ながら、最終的な判断は、納税者の主張を斥け、課税当局の主張に沿った結論が判示される可能性が高い。しかしその結論までに行き着くまでの裁判官又は審判官の論考も示されるわけであるから、疑似当事者としては、その判決又は裁決に反駁するための納税者が主張した論理の再構築を試みることも、税務対策として有益となる。

裁判官や審判官の判断が、必ずしも適正なものばかりではなく、批判すべき内容も少なからず存在することは否定できない。しかし、実務では、裁判例・裁決例において示される関係者の諸見解は、税法の解釈と適用に関する実例として認識すべきである。そうなると納税者が勝訴等した事例であっても、疑問が生じる判断も出てくるが、それは同様の事例における税務対策の一助と理解することができる。

4 裁判例・裁決例と判例研究等の位置付け

　現在では、税法の裁判例や裁決例は、判例集や判例雑誌等の紙媒体ではなく、日税連税法データベース（TAINS）とTKC情報データベース（LEX/DBインターネット）など、容易に入手できる方法が身近にある。しかし、判決は、読みにくいということは周知のとおりである。裁決は判決より簡易といえるが、同様と感じる専門家も多い。

　判決文は、通常、「主文」「事実と理由」「事実の概要」「関係法令」「争点」「原告の主張」「被告の主張」の各項目が続き、最後に「裁判所の判断」で締め括られる。各項目は、混在する場合もあるため確かに読みにくいが、順次、読むことで全容が理解できることになる。

　そうはいっても、裁判例・裁決例は入手しやすくなったが、読み解くには知識と経験が必要であり、その習得には時間を要する。その結果、事例の概要を理解するためには、判例紹介、研究解説、判例研究、判例評釈など関係する参考文献を一読することも可能であるが、注意が必要である。

　上述のように裁判例に関する文献には、判例紹介、研究解説、判例研究、判例評釈などの区分があるが、明確な定義づけはない。こ

れらの文献は、文字数の長短はあるが、おおむね「事実の概要」「当事者の主張」「裁判所又は審判所の判断」と続き、最後に筆者の「検討・研究」などで構成されることが一般的である。

　これらは、筆者の「検討・研究」において、冒頭で「判旨に賛成」あるいは「判旨に反対」というように、執筆者の見解が明示されている場合は当然であるが、見解が明示されていない場合であっても、執筆者はその結果に賛成又は反対の意思を持って執筆に当たるはずである。これらの文献では、原稿の執筆字数に制限があることから、執筆者は自己の見解を導くために、「事実の概要」「当事者の主張」「裁判所又は審判所の判断」の記述において、自己の見解を論証し、強調するために引用箇所を取捨選択することがあり得る。

　執筆者の考え方を、学風、学説、経歴などによりその傾向を把握している識者の間では、その見解を読まずしてどのような結論に導くかを予測できるかもしれないが、それにはやはり知識と経験が不可欠となる。

　こうしたことから、自ら進んで判決又は裁決の全文を読むことの重要性を認識すべきであろう。

5　本書の編集方針

　税務判決又は裁決を検討する視点としては、納税者側の視点と課税当局側の視点に大別できる。本書ではいうまでもなく納税者側の視点で検討しているが、同時に疑似当事者の見地から実務への対策を論じている。

　しかしながら、既に述べたとおり、判決又は裁決の全文に接することの重要性を踏まえると、本書における事例の概要に違和感を感じたときは、原典である全文の確認を要望する次第である。

【林　仲宣】

第2章
要点を理解するための税務事例76

I 国家賠償請求関係

1 収用等の特例適用と市職員の誤教示

名古屋地判 平成20年1月18日（TAINS Z999-5173）
名古屋高判 平成20年9月29日（TAINS Z999-5174）
最　　　判 平成22年4月20日（TAINS Z999-5182・TKC 25442119）

本事例の着目点

1. 自治体の誤った指導や教示がなければ納税者も誤った申告を行わなかったといえるから、少なくとも過少申告加算税相当額の損害が発生したことは明らかとした事例である。
2. 納税者の行う申告は原則として自己責任が求められるが、自治体職員の指導に従った場合には一定の責任が自治体に生じうることを示した事例である。

1　問題の所在

自治体職員が土地買収をすすめるため収用等の場合の譲渡所得の特別控除を悪用していた。自治体が土地の買取りをすすめたい地域の土地所有者に対し、指導に従えば土地の買取りに係る譲渡所得につき特別控除が適用できると説明し、都市計画法56条に基づく土地の買取りに該当するよう、納税者に買取申請をさせた上で建築図面まで自治体職員が用意し建築許可も申請させ、その後これらを自治体側が不許可とし、その土地を買い取っていた。

納税者は、当然、特別控除を適用して譲渡所得の申告を行った。しかし、具体的に建築する意思を欠き、外見上要件を整えただけでは特別控除は適用できないとして課税庁から特別控除の適用を否認された。納税者は自治体職員の誤った指導によって損害を被ったとして自治体に対し損害賠償請求訴訟を起こした。

自治体職員の指導に基づいて行った土地の売却や申告に伴う不利益はどこまで自治体の責任といえるのだろうか。

2 事例の概要

都市計画法によれば、政令市等の長は、都市計画施設の区域内の土地で政令市等の長が指定した「事業予定地」内において行われる建築物の建築については、これを許可しないことができる。この「事業予定地」内の土地の所有者から、建築物の建築が許可されないときは、土地利用に著しい支障を来すこととなることを理由として、当該土地を買い取るべき旨の申出があった場合には、特別の事情がない限り、当該土地を時価で買い取るものとされている。

そして、租税特別措置法33条の4第1項1号、33条1項3号の4によれば、土地が都市計画法56条1項の規定により買い取られ、土地の所有者が対価を取得する場合、その長期譲渡所得については、特別控除額を5,000万円（当該譲渡所得の金額が5,000万円に満たない場合には、当該譲渡所得の金額）とする特例の適用がある。

政令市であるN市の職員は、都市計画施設の区域内の土地の売却を希望する納税者が具体的に建築物を建築する意思を欠いていることを認識しながら、納税者に対し、本件土地の売却に係る長期譲渡所得につき本件特例の適用がある旨の誤った教示をするとともに、当該土地につき仮の土地買取申出書を提出させ、土地が事業予定地に指定された後の平成12年8月10日、納税者に対し、あらかじめ用

意していた建築図面を交付し、これを申請書に添付して建築許可の申請をさせ、この申請が不許可とされた後の同年９月１日、納税者に対し、都市計画法56条１項の規定による買取りの申出をさせていた。

　納税者は、上記担当職員の指導に従って納税申告手続をした結果、所轄税務署長から本件特例の適用は認められないとして更正及び過少申告加算税の賦課決定を受けたなどと主張して、Ｎ市に対し、国家賠償法１条１項に基づき、損害賠償請求訴訟を起こした。しかし、高裁はＮ市の本件行為は国家賠償法１条１項の規定の適用上違法であるが、担当職員の指導等の行為と土地の売却との間に因果関係は認められない上、納税者は適正な税額を納付したのであり、これをもって納税者に損害が発生したとはいえないとして、納税者の請求を棄却すべきものとした。これを不服として納税者が上告した事案である。

3 判決の要旨

❶　都市計画法56条１項の規定による土地の買取りの申出をするには、当該土地の所有者に具体的に建築物を建築する意思があったことを要し、当該土地の所有者が、具体的に建築物を建築する意思を欠き、単に本件特例の適用を受けられるようにするため形式的に同法55条１項本文の規定による不許可の決定を受けることを企図して建築許可の申請をしたにすぎない場合には、たとい同申請に基づき不許可の決定がされ、外形的には同法56条１項の規定による土地の買取りの形式が採られていたとしても、当該土地の売却に係る長期譲渡所得につき本件特例の適用はないものと解される〔最高裁平成21年（行ヒ）第110号同22年４月13日第三小法廷判決・裁判所時報1505号登載予定参照〕。

❷ 事実関係等によれば、Ｎ市は、的確な法的根拠もないまま、長年にわたり組織的かつ主導的に、都計法及び措置法の趣旨、目的に反する運用にのっとって都市計画施設の区域内の土地の買取りを進めていたのであって、納税者に対しても、土地の売却に係る長期譲渡所得につき措置法の特例の適用がある旨の教示をしただけでなく、特例の適用を受けられるようにするために、土地共有者の１人に建築図面の交付までして外形的に都市計画法56条１項の規定による土地の買取りであるかのような形式を整えさせ、納税申告をするように指導したというのである。

❸ 土地の売却に係る長期譲渡所得については特例の適用はないのであるから、納税者が特例の適用がないことを前提とする税額を納付したからといって、直ちに納税者に納税の額に相当する損害が発生したとはいえないが、Ｎ市の担当職員の上記の教示や指導がなければ、納税者が特例の適用があることを前提として納税申告をすることはなかったというべきであるから、納税者にも安易に上記の教示や指導に従った点で過失があることは否めないとしても、違法な公権力の行使に当たる行為により、納税者に過少申告加算税相当額の損害が発生したことは明らかである。のみならず、事実関係のいかんによっては、延滞税の全部又は一部に相当する額を担当職員の指導等の行為による損害とみる余地や、納税者が他の特例の適用を検討する機会を逸したことにより損害が発生したとみる余地のあることも否定できない。

❹ 納税者に損害が発生したとはいえないとして納税者の請求を棄却すべきものとした原審の判断には、判決に影響を及ぼすことが明らかな法令の違反がある。論旨は理由があり、原判決は破棄を免れない。

4 事例の検討

　控訴審で確定した事実関係によれば、N市は本事案のような行為を長年にわたり組織的に行ってきたとされているが、控訴審の判断は、N市の指導等と土地の売却には因果関係はないとした。しかし、不動産の売買では通常、多額の金銭の移動が伴うものであり、土地を売却するかどうか判断する際には税金の問題はもっとも重要な要素である。納税者の立場からすれば、売却価格はなるべく高く、税金はなるべく低くしたいと考えるのが一般的であろう。そうだからこそN市も土地の買収をすすめるに当たり本事案のような手段を長年にわたりとってきたといえる。それを因果関係はないとするのは無理がある。

　最高裁はN市職員による指導や教示の行為がなければ納税申告はなされなかったのであるから、過少申告加算税相当額の損害が発生したことは明らかとした。一般の納税者にとっては、自治体職員も税務署職員も同じ公務員であり、その指導や教示を信頼することが当然と考えがちである。納税者としては、N市職員から指導を受けて行った申告が税務署から否認されたことへの驚きは計り知れない。担当職員の指導等と納税者の申告との因果関係を認めた最高裁の判断は妥当なものである。ただ、一連の市の対応はかなり手がこんでおり、N市職員の指導等であったとはいえ、その誤った指導等に安易に同意してしまった納税者にも問題がなかったとはいえない。

　しかし、本事案は、長年にわたって組織ぐるみの納税指導等を行ってきた自治体の意識の低さを露呈させ、税務行政に対する納税者の信頼を失墜させた。

　N市では、市民税の減税が話題となったが、減税だけでは納税者

の税務行政への信頼回復は覚束ないことは明らかである。

【高木良昌】

実務へのフィードバック

　譲渡所得の収用特例の適用に当たっては、収用対象が広いなど、地域的、集団的な申告が一般的であるが、本事案のような単独の納税者による事例は少ない。ただN市では、本事案と同様の事例が存在した。類似事例において最高裁は、判決でも引用したように、本事案の直前に収用特例の適用を否定している。

　確かに申告納税制度における納税者の責任は重く、その自主的な判断が重視されるが、公務員による納税指導も日常的である。納税者が、国、地方を問わず税務職員による誤指導の救済を求めた事例においては、いわゆる公的見解論により否定されている。本事案では、税務職員ではないからという理由かもしれないが、納税指導による因果関係が認められた。極めて珍しいケースといえよう。

I 国家損害賠償請求関係

2 固定資産税の誤評価

－課税ミスと国家賠償請求－

名古屋地判 平成20年7月 9日（TAINS Z999-8223・TKC 25463553）
名古屋高判 平成21年3月13日（TAINS Z999-8224・TKC 25440616）
最　　　判 平成22年6月 3日（TAINS Z999-8260・TKC 25442264）

本事例の着目点

1. 固定資産税の誤評価による課税ミスについて国家賠償請求が認められた事例である。
2. 固定資産税評価の間違いについて固定資産評価審査委員会に審査の申出をできなかった場合においても国家賠償訴訟による損害の回復の道があることを示した事例である。

1 問題の所在

　賦課課税である固定資産税では、自治体による評価間違いが問題となることが少なくない。この点について地方税法は、固定資産評価審査委員会に対する審査の申出及びその決定に対する取消しの訴えによってのみ争うことができる、と規定している。さらに、その申出期限については、毎年4月1日の固定資産の価格を登録した旨の公示の日から納税通知書の交付を受けた日後60日以内に、文書をもって、固定資産評価審査委員会に審査の申出をすることができる、としている。

納税者は固定資産の評価等に不服がある場合には、この審査の申出により損害を回復する、というのが通常である。しかし、審査申出の期限は非常に短い。明らかに課税側である自治体職員のミスによって誤った課税がなされていた場合にも審査申出期限が過ぎてしまっている過去の分については救済される手段がないのであろうか。

2 事例の概要

　平成18年度に至るまで、納税者の所有する倉庫は、N市により一般用の倉庫に該当することを前提にして評価され、税額が決定されており、納税者は、本件各決定に従って固定資産税等を納付してきた。平成18年5月26日付で、N市M区長は納税者に対し、本件倉庫が冷凍倉庫等に該当するとして、平成14年度から同18年度までの登録価格を修正した旨を通知した上、上記各年度に係る本件倉庫の固定資産税等の減額更正をした。その後、納税者は、同14年度から同17年度までの固定資産税等につき、納付済み税額と上記更正後税額との差額として389万9,000円を還付された。

　そこで納税者は昭和62年度から平成13年度までの各賦課決定の前提となる価格の決定には本件倉庫の評価を誤った違法があり、上記のような評価の誤りについて過失が認められると主張して、所定の不服申立手続を経ることなく、N市を相手に、国家賠償法1条1項に基づき、上記各年度に係る固定資産税等の過納金及び弁護士費用相当額の損害賠償等を求めた。

　しかし控訴審は、国家賠償法に基づいて固定資産税等の過納金相当額を損害とする損害賠償請求を許容することは、当該固定資産に係る価格の決定又はこれを前提とする当該固定資産税等の賦課決定に無効事由がある場合は別として、実質的に、課税処分を取り消す

ことなく過納金の還付を請求することを認めたのと同一の効果を生じ、課税処分や登録価格の不服申立方法及び期間を制限してその早期確定を図った地方税法の趣旨を潜脱するばかりか、課税処分の公定力をも実質的に否定することになって妥当ではない。そして、評価基準別表第13の7の冷凍倉庫等に係る定めが一義的なものではないことなどに照らすと、本件各決定に無効とすべき程度の瑕疵はない、などとして納税者の訴えを付けたため納税者が上告した事案である。

3 判決の要旨

❶ 国家賠償法1条1項は、「国又は公共団体の公権力の行使に当る公務員が、その職務を行うについて、故意又は過失によって違法に他人に損害を加えたときは、国又は公共団体が、これを賠償する責に任ずる。」と定めており、地方公共団体の公権力の行使に当たる公務員が、個別の国民に対して負担する職務上の法的義務に違背して当該国民に損害を加えたときは、当該地方公共団体がこれを賠償する責任を負う。

❷ 地方税法は、固定資産評価審査委員会に審査を申し出ることができる事項について不服がある固定資産税等の納税者は、同委員会に対する審査の申出及びその決定に対する取消しの訴えによってのみ争うことができる旨を規定するが、同規定は、固定資産課税台帳に登録された価格自体の修正を求める手続に関するものであって（地法435①参照）、当該価格の決定が公務員の職務上の法的義務に違背してされた場合における国家賠償責任を否定する根拠となるものではない。

❸ 控訴審は、国家賠償法に基づいて固定資産税等の過納金相当額に係る損害賠償請求を許容することは課税処分の公定力を実質的

に否定することになり妥当ではないともいうが、行政処分が違法であることを理由として国家賠償請求をするについては、あらかじめ当該行政処分について取消し又は無効確認の判決を得なければならないものではない〔最高裁昭和35年（オ）第248号同36年4月21日第二小法廷判決・民集15巻4号850頁参照〕。このことは、当該行政処分が金銭を納付させることを直接の目的としており、その違法を理由とする国家賠償請求を認容したとすれば、結果的に当該行政処分を取り消した場合と同様の経済的効果が得られるという場合であっても異ならないというべきである。そして、他に、違法な固定資産の価格の決定等によって損害を受けた納税者が国家賠償請求を行うことを否定する根拠となる規定等は見いだし難い。

❹　固定資産の価格の決定及びこれに基づく固定資産税等の賦課決定に無効事由が認められない場合であっても、公務員が納税者に対する職務上の法的義務に違背して当該固定資産の価格ないし固定資産税等の税額を過大に決定したときは、これによって損害を被った当該納税者は、地方税法432条1項本文に基づく審査の申出及び同法434条1項に基づく取消訴訟等の手続を経るまでもなく、国家賠償請求を行い得るものと解すべきである。

❺　記録によれば、本件倉庫の設計図に「冷蔵室（－30℃）」との記載があることや本件倉庫の外観からもクーリングタワー等の特徴的な設備の存在が容易に確認し得ることがうかがわれ、これらの事情に照らすと、控訴審判決が説示するような理由だけでは、本件倉庫を一般用の倉庫等として評価してその価格を決定したことについてN市長に過失が認められないということもできない。

❻　以上と異なる見解の下に、納税者の請求を棄却すべきものとした控訴審の判断には、判決に影響を及ぼすことが明らかな法令の違反がある。論旨はこの趣旨をいうものとして理由があり、控訴

審判決は破棄を免れない。

4 事例の検討

　本事案は、倉庫が冷凍倉庫なのか、一般の倉庫なのかが問題となったのではなく、国家賠償請求により過去に遡って固定資産の評価が間違っていた場合の損害回復を求めることができるか、という点が問題となった。賦課課税方式をとる固定資産税等においては、評価の間違いにすぐに気づかずに審査の申出をしない場合には国家賠償訴訟による損害の回復も求め得ない、というのでは、納税者にとって酷というべきである。国家賠償請求訴訟による損害回復を認めた裁判所の判断は妥当なものといえよう。

　控訴審においてN市は、固定資産の価格とは適正な時価をいうから、納税者は、評価基準に拘束されず、専門の倉庫業者の立場として、独自に資産価値を測定・検証等することは十分に可能であった、などと主張している。しかし、固定資産税は賦課課税方式の税であり、固定資産の価格の決定はすべて評価基準に従っているはずであるから、納税者はN市の評価に間違いがあるとは通常考えない。賦課課税方式の税額計算の基礎となる登録価格の評価が過大であるか否かは納税者には直ちには判明しないであろうし、それは専門の倉庫業者であろうと同様である。本事案の場合、外見上それと分かる冷凍倉庫を一般倉庫と20年も間違って評価していたというのであるからN市の固定資産評価体制に問題があったといえる。

【髙木良昌】

実務へのフィードバック

　通知課税ともいうべき固定資産税課税においては、従来から、多

くの自治体で課税ミスが頻発している。行政の不備と怠慢に納税者が泣き寝入りしてきた現実を踏まえると、本事案は納税者の権利救済に一歩踏み込んだ判断といえるが、償却資産に対する課税対象と異なり、見落としがちであることに留意する必要はある。

II 所得税関係

1 所得区分（給与所得か事業所得か）
－外注費の課税仕入れ－

東京地判 平成19年11月16日（TAINS Z257-10825・TKC 25450811）
東京高判 平成20年20月 4日（TAINS Z258-10947・TKC 25450810）
最　　決 平成20年10月10日（TAINS Z258-11048・TKC 25470951）

本事例の着目点

■外注費として支払った費用が、請負契約ではなく雇用契約による給与ではないかということが争点となったが、従前と異なり、源泉徴収義務違反ではなく、消費税の計算上、給与であるならば課税仕入れに該当しないと判断された事例である。

1 問題の所在

　企業が支出する費用のなかで、課税庁が注目する費目に外注費勘定がある。もちろん架空計上とか過大支出というような、いわば仮装的なものではなく、費用の性格が給与ではないかという指摘である。つまり企業と受取側の関係が、請負なのか、雇用なのかという判断であり、いうまでもなく企業に課せられた源泉徴収義務の履行に繋がる重要な問題となる。ただ源泉徴収義務自体は、中小零細企業であっても自社の役員給与等に対する源泉徴収事務が生じることから、大きな負担を強いるものではない。

もっとも税務調査等において、この雇用か請負が争点となる根底には、やはり課税に関わることがあることは当然といえる。確かに外注費として受け取った者が、適切に事業所得としての申告納税を行うことに課税庁が疑念も持つことは理解できるのである。本事案でも、納税者の主張に対して、裁判所（控訴審）は一蹴しているが、課税庁が給与等に固執するのは、源泉徴収による「課税の便宜」であることは強ち否定できない。この議論の背景には、満額が欲しいという受取側の要望があるといわざるを得ないが、やはり、事業所得の捕捉率からすれば、「課税の便宜」という論議は避けることはできなかった。

　一方、支払側の都合として、社会保険料や労働保険料の負担軽減によるプラス面も指摘されたが、法的、道義的責任はさておき中小零細企業においては、社会保険等に加入していないことも少なくないことから、双方にとっても好都合といえるかもしれない。

2 事例の概要

❶　原告・納税者A社は、電気工事の設計施工等を目的とする資本の額は1,000万円の株式会社であり、B社の専属的な下請会社として、ビルディングの電気配線工事及び電気配線保守業務等を請け負っている。

❷　A社は、6人の支払先との間で1日の労務に係る対価の額（いわゆる日当）を口頭で約束し、各支払先は、それぞれが作業に従事する各仕事先において、A社代表者又は元請業者であるB社の職員である現場代理人の指揮監督の下、電気配線工事等の作業に従事していた。

❸　各支払先は、電気配線工事等に従事するに当たり、A社に対して、現場名、出勤日、残業時間及び夜間勤務日等を記載した書面

又は作成がない場合にあっては、「請求書」と題すおおむね同様の事項を記載した書面を作成し、A社は、各支払先から提出された書面に基づき、各支払先へ金員を支払い、この支払金を外注費として経理し、給与等の源泉徴収の対象とせず、課税仕入れに係る支払対価の額として、消費税等の申告を行った。

3 判決の要旨

裁判所は、各支払先に対する支払金を、おおむね下記の理由をあげ、給与等と判示している。

❶ 所得税法は、各種所得の種類に応じた課税をすることは、課税の公平を維持する上で不可欠であり、課税の便宜等の観点から一義的に所与の結論を導こうとするものでないことは明らかである。

❷ A社代表者は、各支払先が、3割程度はA社がB社から請け負った工事以外の仕事先で作業に従事していた旨供述するが、これは、B社の下請業者として登録している他の業者がB社から請け負った工事について、応援要請があったときに、A社が各支払先に連絡して仕事先で作業に従事してもらうものであり、他の業者から応援要請がされるのはA社に対してであり、その報酬は、A社を（経由して）各支払先に支払っていることなどの事情が認められ、各支払先はA社に常用され、専属的にA社の下で電気配線工事等の作業に従事していたものと認めることができる。

❸ 各支払先が各自に割り当てられた作業をさらに下請させたこと、各支払先がさらに労働者等を使用していたこと、A社における作業のほかに兼業をしていたこと、店舗、事務所又は営業所等を有していたこと、会計帳簿等を作成していたこと、ペンチ、ナイフ及びドライバー等のほかに営業用の資産を有していたこと、

いわゆる屋号を有していたことなどの事情が存在したことをうかがわせる主張立証はない。

❹ 各支払先の「基本給」、「残業給」及び夜間の「基本給」の額は、労働者の時間外労働及び深夜労働について労働基準法等が定める割増賃金額におおむね準じる額となっている。さらに、A社が本各支払先に係る定期健康診断の費用を負担していたこと、A社が福利厚生費として計上した費用をもって各支払先に無償貸与する作業着を購入していたことなどを総合的に考慮すると、その労務の実態は、いわゆる日給月給で雇用される労働者と変わりがないものと認めることができるから、各支払先について、自己の計算と危険において独立して電気配線工事業等を営んでいたものと認めることはできない。

❺ A社と各支払先の間でその労務が請負契約に基づくものであるとして取り扱う旨の認識があったとしても、各支払先としては、A社に対し、ある仕事を完成することを約して（民法632条参照）労務に従事していたと認めることはできず、A社は各支払先に対し作業時間に従って労務の対価を支払っており、達成すべき仕事量が完遂されない場合にも、それを減額したりはしていない。

❻ A社と各支払先の契約関係では、他人の代替による労務の提供を容認しているとは認めることができないこと、各支払先はA社代表者又はB社の職員である現場代理人の指揮命令に服して労務を提供していたことが認められることなどからすると、各支払先による労務の提供及びこれに対するA社による報酬の支払は、雇用契約又はこれに類する原因に基づき、A社との関係において空間的（各仕事先の指定等）又は時間的（基本的な作業時間が午前8時から午後5時までであること等）な拘束を受けつつ、継続的に労務の提供を受けていたことの対価として支給されていたもの

❼ A社においては、各支払先に対して食事代、慰労会及び忘年会等の費用の一部を負担し、これらの負担額を福利厚生費として経理していた。この点について、A社は経理担当者が経理科目の分類を誤ったものにすぎないと主張するが、たとえそうであるとしても、実態として雇用契約又はこれに類する原因が全く存在しないのであれば、経理担当者もそのような過誤を犯すことはないであろうと思われる。

4 事例の検討

　裁判所は、「本件各支払先のうち、収入を事業所得として確定申告している者、納税者から給与所得の源泉徴収票の発行を受けているものの東京土建国民健康保険組合に対して保険料を納付する者、さらに、いわゆる一人親方等に係る労働者災害補償保険に特別加入している者もいる」と認定している。しかしながら、「課税要件事実は、表面的に存在するように見える法律関係に即してではなく、真実に存在する法律関係に即して認定をするべき」であり、「たとえ納税者と本件各支払先の間でその労務が請負契約に基づくものであるとして取り扱う旨の認識があった」としても、本事案の場合は、「労働に従事することを約して労務に従事する意思があったものと認めるのが相当」であり、「本件各支払先による労務の提供及びこれに対する原告による報酬の支払は、雇用契約又はこれに類する原因に基づき、原告との関係において空間的（各仕事先の指定等）又は時間的（基本的な作業時間が午前8時から午後5時までであること等）な拘束を受けつつ、継続的に労務の提供を受けていたことの対価として支給されていたものと認めるのが相当である」と判示した。

源泉徴収の是非ということだけが論点となるならば、本事案において納税者の主張の根底に散見するように、「相手の要望・都合」的な理屈は通りやすい。税務調査等において納税者がこのような主張をすることは多いし、「相手の要望・都合」は、中小企業の現実でもある。

【林　仲宣】

実務へのフィードバック

　実務においては、雇用か請負かという論争は、各支払先が受け取った収入が、所得税法上、給与所得と事業所得のどちらに区分されるかという判定を、支払った側の立場で検討することが多い。このことは、税務調査等において常に論点の対象となりうる問題であるにもかかわらず、税法理論では、議論が尽くされてこなかった。

　従来から、収受した収入に対する所得区分が争点となった事例では、給与所得の意義を他の所得との差異を比較・検討した判例の集積を背景に、議論は定着したといえなくもない。ただ、それらは、当事者の所得が、給与所得であることを否定するために、あるいは給与所得であることを強調するための、課税庁主導の議論といえる。

　ところが、本事案の焦点は、源泉徴収という支払側にとって利害が希薄な問題ではない。請負が課税仕入額の増加という、支払側にとって有利な状況をもたらすことから、あらたな雇用・請負論争が露呈したといえる。支払側の税負担に及ぼす影響を考慮すると、便宜的な雇用か請負かの選択はリスクが大きいことを認識する必要がある。

　所得の区分・意義に関する判例の多くは、当事者である納税者の税負担に関わる事例である。しかし、本事案は、企業が支払った費

用が外注費か給与かが争点であり、所得税法上は源泉徴収義務を除けば、企業には税負担の異同はない。

　税務調査等では、本事案のような取引形態について、課税庁の主張と同様な指摘が調査官からなされることは少なくない。その理由は、まさしく納税者がいうように、「源泉所得税を徴収納付させる方が租税の徴収が容易であるという価値判断をいうものにすぎない」といえる。このことは、課税実務上の常識といっても過言ではない。

　しかし、結果として、支払側の消費税負担に及ぼす影響を考慮すると、便宜的な雇用か請負かの選択はリスクが大きい。もっとも、中小企業の現場では、「相手の要望・都合」的な理屈を、「こちらの都合」で、請負から雇用に移行することが、あるいはできるのかは、さらに複雑で難解な問題が浮上するであろう。

　なお、納税者が本則課税ではなく、簡易課税を選択している場合においても、本事案のような対応を課税庁がとるか、いささか興味深い。そう考えると、A社があえて本則課税を選択していた背景に課税仕入れを考慮した判断があるとするならば、危険である。

Ⅱ 所得税関係

2 所得区分（不動産所得か一時所得か）

－無償で譲り受けた建物に係る利益の性格－

名古屋地判 平成17年 3月3日（TAINS Z255-09949・TKC 28101218）
名古屋高判 平成17年 9月8日（TAINS Z255-10120・TKC 25420260）
最　　決 平成18年10月3日（TAINS Z256-10522・TKC 25451180）

本事例の着目点

■土地に関する賃貸契約の解除に伴い借主が建築した店舗用建物を解体することなく地主に無償譲渡した場合に、地主に発生するのは不動産所得ではなく、一時所得であると結論づけた事例である。

1 問題の所在

　飲食店やコンビニ、ドラッグストアなどのチェーン化される店舗は、効率的な経営から賃貸借による展開が主流のようである。ただ、建物については、均一化した店舗設計に応じて地主が建築し賃貸する場合と借り主であるチェーン側が建築する場合がある。これらの取引形態は、土地の有効利用を目指す地主にとっては、安定した賃貸収入として歓迎される。しかし採算の取れない店舗については、賃貸借契約の期間中であっても撤退することを辞さないことは、チェーン展開の鉄則でもある。
　不動産の賃貸借契約の終了においては、当該不動産の現状回復が

原則であるが、借り主が建築し、所有する建物の取扱いについては、当事者間の協議に委ねられるが、当然、課税問題も生じる。

2 事例の概要

　納税者は、不動産賃貸業等を営んでいるが、昭和52年ころ、Ｃとの間で納税者所有のＴ町の土地を、仮設モーターショップ及びモータープールの用地として一時使用目的で賃貸する旨の契約を締結し、Ｃは、Ｔ店を開設した。その後、同契約を更新し、平成12年4月30日、賃貸期間を平成12年5月1日から平成15年4月30日までとする旨の賃貸契約を合意した。

　Ｃは、平成12年8月ころ、業務縮小のため、Ｔ店を閉鎖することを決定した。Ｃは、当初、閉店する予定の同年12月末日までの賃料を支払う意思を有していたものの、Ｔ店の建物の撤去に500万円程度の費用を要すると見込まれたことから、納税者（若しくは取得を希望する第三者）に建物の買取りを打診した。

　納税者は、Ｃの苦境に理解を示し、中途解約自体は応ずる意向を示しながらも、築後相当年月が経過している建物の買取りについては、むしろ更地の状態の方が利用価値が高いことから、これに応ずる意思のないことを表明したため、双方で新しい賃借人を探し、その賃借人に建物を買い取ってもらうか、場合によっては無償で譲渡する方向で検討することになり、そのための猶予期間を設けることで了承した。

　Ｃは、同年9月5日付けで申入文書を作成し、納税者に送付したが、同文書には、①納税者との協議の結果、ＣがＴ店における営業を平成12年9月末日で休止し、同年10月中旬には閉店することから、賃貸契約の中途解約をお願いすること、②中途解約の条件としては、納税者との協議のとおり、平成13年2月分まではＣが現行の

賃料を支払い、その間に新賃借人があったときは建物を新賃借人に譲渡したいと思っていること、③平成13年1月末日までに新賃借人がないときの本件建物の処理については、納税者の指示に従い、土地を明け渡すことなどの内容が記載されている。

　Cは、中古車買取販売業を営むDが名古屋市内で営業用店舗を探しているとの話が伝えられ、平成12年10月ころ、現地確認等の結果、Dが建物をそのまま借用したいとの意向を示したため、取壊し費用の出捐を免れることとなるCも、その話を前提として、中途解約の交渉を進めることに同意した。

　平成12年11月14日、①賃貸契約を同月15日限り解約すること、②納税者は、支払済みの同月分の賃料62万円のうち解約日以降の賃料に相当する31万円及び保証金1,000万円をCに返還すること、③Cは、建物（付属建物（油庫）、構築物（門扉・塀・舗装等）及び広告塔を含む。）を納税者に無償譲渡することなどを内容とする中途解約の合意をした。その後、中古車買取販売業者である株式会社Dが本件土地を建物付きで借り受けたいと申し入れてきたため、納税者及びCは同年11月14日合意が成立した。

3 判決の要旨

① 第1審の判断

　建物の無償譲受けは、賃貸借契約に基づいて目的物を使用収益させる賃貸人の義務やこれに対する賃料等を支払う賃借人の義務とは関連せず、専ら同契約の終了に伴う原状回復義務の履行を賃借人が免れる（軽減する）ことを目的として行われたものであるから、何らかの意味で賃貸借の目的物を使用収益する対価（あるいはこれに代わるもの）たる性質を有するものでないといわざるを得ない。

課税庁は、最終的には、建物の無償譲受けは申入文書が交付されたときから平成13年２月までの６か月分の賃料支払に代わるものとして約されたものであり、対象不動産を使用させることによって得られる対価に代わる性質を有している旨主張するところ、申入文書中には、Ｃが平成13年２月分まで現行の賃料を支払う旨の文言が記載されていることは認定のとおりであり、また、そもそも、本件賃貸契約中に解約権留保の約定（民法618）が存在しない以上、賃借人たるＣは、本来、当初の契約期間満了までの賃料支払義務を免れないとも考えられる。

　合意解約は、既存の契約を終了させる旨の新たな契約であるから、当事者間で本来の法的効果と異なる内容を定めることは何ら妨げられるものではないところ、納税者は、Ｃの立場を理解して申入れに係る中途解約に応ずる意思のあることを表明しており、また、建物の買取りには応じないものの、Ｃの負担を軽減すべく、双方で新賃借人を探すことに同意していることに照らすと、納税者としては、新賃借人が確保され、同人との間で新しい賃貸借契約が締結された場合には、その後の期間の賃料（ないし賃料相当損害金）の支払を求める意思がなかったと判断することができ、法的にも、その時点からは目的物である本件建物をＣが使用収益できなくなる以上、納税者がこれらの支払を求める権利を有するものでないことが明らかであるから、申入文書の上記文言は、新賃借人が見付からない場合でも、Ｃは平成13年２月分までの賃料を支払い、その時点で本件賃貸契約を解約するとの契約存続の最終期限を提示したものと解釈するのが相当である。

　納税者が、平成12年11月16日、Ｄとの間で賃貸借契約を締結し、土地をＣの使用収益に供することを廃止した以上、Ｃに対する同日以降の賃料等の債権は発生し得ないから、平成13年２月分までの賃料等債権に代わるものとして建物の無償譲渡が行われたとの課税庁

の主張は、金銭評価において両者が釣り合っていないことをさておいても、採用の余地がない。

建物の無償譲渡は、賃貸借契約の終了に伴ってなされたものであるが、賃貸人が賃借人に対して一定の期間、目的物を使用収益させる対価として受ける利益、若しくはこれに代わる性質を有するものではないから、不動産所得に当たらない。

② 控訴審の判断

建物利益は、土地の賃貸契約の合意解約において、本来、借主が同土地上に建設した建物を撤去して原状に回復すべき義務があるところ、建物を貸主に無償譲渡する旨を合意し、この合意に基づいて納税者が本件建物を取得したものである。そうすると、貸主である納税者が建物を取得したのは、土地を使用又は収益させる対価としての性質を有し、若しくはこれに代わる性質を有するものでないことが明らかであって、これをもって不動産所得が生じたものと解することはできない。

所得税法施行令94条1項2号に、不動産所得を生ずべき業務に関し、「当該業務の全部又は一部の休止、転換又は廃止その他の事由により当該業務の収益の補償として取得する補償金その他これに類するもの」について、「その業務の遂行により生ずべきこれらの所得に係る収入金額に代わる性質を有するものは、これらの所得に係る収入金額とする」と定めており、補償金等のほか、共益費や実費弁償金、賃貸借契約解除に伴う明渡しが遅滞した場合に受ける損害賠償金等も不動産所得に当たるとされるが、これらも、不動産等の貸付けの業務の遂行により生ずべき収入金額に代わる性質を有するものであって、建物利益のように、賃貸借契約の終了する際の借地上の借主の所有建物の無償譲受けとは性質を異にするものであって、これを上記付随収入に含めることはできない。

最高裁は上告不受理を決定したため、控訴審判決で確定した。

4 事例の検討

　課税庁の主張は、不動産所得の「貸付けによる所得」とは、「不動産等の貸付けに基づいて」得る所得、あるいは「不動産等の貸付けを原因として」得る所得であり、不動産等の貸付けの開始から終了までの間に、不動産等の貸付けを原因として借主から貸主に移転される経済的利益の全てを含むものと解するのが相当であり、建物等の無償譲受けが、解除契約の一内容として行われたもので、不動産等の貸付けに直接の因果関係のある所得に該当し、不動産所得に当たるというものである。裁判所は１審、控訴審とも課税庁の主張を斥けるという極めて珍しい判断を下しているといえよう。

【林　仲宣】

実務へのフィードバック

　判旨は、「建物の取得は、土地の賃貸借から生じるものではなく、あくまで賃貸借契約とは別個の合意に基づく建物の取得にすぎず、賃貸契約の直接の因果関係のある取得ともいえない」という。
　しかしながら、合意は賃貸借契約の終了を前提とする内容であり、当事者も賃貸借契約を継続している。その結果、取得した建物は、不動産所得の継続、維持、増加に繋がる資産に貢献することはいうまでもない。裁判所の結論は、一時所得に該当するという納税者の主張を容認している。従来、一時所得を、一時的、偶発的に発生する所得と認識し、理解してきた。これを踏まえると本事案における建物の取得を、従前の賃貸借契約とは別個の取引と位置付けることは難しいと思われる。

II 所得税関係

3 所得区分（一時所得か雑所得か）
－外れ馬券の必要経費性と馬券払戻金－

大阪地判 平成25年5月23日（TAINS Z999-9119・TKC 25445678）
大阪高判 平成26年5月 9日（TAINS Z999-9131・TKC 25503853）

本事例の着目点

1. PAT口座を利用し、ソフトに馬券を自動購入させ利益を得ていた場合の競馬の払戻金に係る所得は「営利を目的とする継続的行為から生じた所得」として一時所得ではなく雑所得であるとした事例である。
2. 競馬の払戻金はながらく一時所得であるとされてきたが、営利を目的とする継続的行為として馬券を購入していた場合には雑所得となることを示した事例である。

1 問題の所在

　競馬の払戻金に係る所得は一律一時所得であるとされてきた。一時所得とされた場合、「その収入を得るために支出した金額」として控除すべき金額は、当たり馬券の購入金額のみとなる。この取扱いについて、馬券の購入が窓口でしか行うことができず匿名性が高かった時代は実際に課税することも難しく問題とされてこなかった。

しかし、現在ではインターネットで購入することも可能であり、本事案の納税者のようにソフトを使用し大量反復的に自動購入するようなことも可能となった。当然、インターネットを介した馬券購入はすべて記録が残る。つまり、その記録を元に課税をすることも可能となったわけであるが、そこでこのような大量反復的な馬券購入によって得た利益についても一時所得として課税することが適当といえるかどうかが問題となった。

2 事例の概要

　納税者は、競馬予想ソフトを用いて過去約10年分の競馬データを分析して、独自に考え出したユーザー得点及びユーザー抽出条件を設定し、JRAの電話・インターネット投票サービス用口座であるPAT口座の残高に応じた購入金額で馬券を自動購入し、払戻金の受取等を行っていた。

　納税者は、競馬に使用する資金を100万円と決め、PAT口座の残額が増えた場合にはそれに応じて馬券の購入金額を増やし、PAT口座の残額が減ればそれに伴い購入金額も小さくなるような金額式を作成し、想定外の連敗が続いたとしてもPAT口座の残高がすぐに底をつくことがないようにした。以上のようにして納税者は、PAT口座の残額に応じて、収支の安定を図り、かつ効率よく残高を増やすことができるような金額式を作成した。

　納税者は適宜、ソフトの改変をしつつ本件ソフトを使用して勝馬投票券（馬券）を購入し続けた結果、長期的には収支はプラスになり、平成19年から21年までの3年間で約28億円7,000万円分の馬券を購入し、約30億1,000万円の払戻しを受け、差引約1億4,000万円の黒字となっていた。

　納税者はこの利益を申告してなかったところ、馬券の払戻金に係

る所得は一時所得であり、「その収入を得るために支出した金額」として控除すべき金額は、的中した馬券（当たり馬券）の購入金額のみであるから、平成19年から21年の３年間で払戻しを受けた額から当たり馬券の購入費のみを控除した約28億円8,000万円が所得であり、約５億7,000万円を脱税したとして検察から起訴された。

3 判決の要旨

❶ 一時所得に当たるかどうかは、所得税法34条１項の文言に従い、同項の冒頭に列挙された利子所得から譲渡所得までの所得類型以外の所得のうち、「営利を目的とする継続的行為から生じた所得以外の一時の所得」で「労務その他の役務又は資産の譲渡の対価としての性質を有しないもの」かどうかを判断すれば足り、前者については、所得源泉性などという概念を媒介とすることなく、行為の態様、規模その他の具体的状況に照らして、「営利を目的とする継続的行為から生じた所得」かどうかを判断するのが相当である。

❷ 被告人の本件馬券購入行為の態様は、競馬予想ソフト等を利用して、回収率に着目し、一定の基準を充足する出走馬についてPAT口座の残高から算出される掛金で馬券を自動購入するよう設定し、条件に合致する馬券を、機械的に選択して網羅的に大量購入することを反復継続し、長い期間を通じて全体として利益を得ようとするものである。その規模は、数年間にわたり、１日に数百万あるいは数千万円単位で、新馬戦等を除く全競馬場の全レースを対象に、基準を充足する馬券を購入し続けるというもので、平成19年分から平成21年分の３年間で、28億円以上の馬券を購入し、30億円以上の払戻金を得るという、極めて大きな規模のものであった。これらの事実は、被告人の本件馬券購入行為につ

いて、その購入及び払戻しの履歴が記録化されていることから、客観的にも明らかである。

❸ 本件馬券購入行為は、態様や規模が以上のようなものであり、それが客観的に明らかであることに鑑みると、その全体を一連の行為としてとらえるべきであり、その払戻金による所得は、「営利を目的とする継続的行為から生じた所得」に当たり、一時所得ではなく雑所得であると解するのが相当である。

❹ 被告人の本件馬券購入行為から生じた所得は雑所得（所法35①）に当たるから、所得計算上、必要経費（所法37）が控除されることになる（所法35②二）。

❺ 前記のとおり、被告人の本件馬券購入行為の態様が、競馬予想ソフトや競馬情報配信サービスを利用し、馬券の大量購入を反復継続して払戻金を得るというものであり、外れ馬券を含む馬券の購入がなければ所得計算の基礎となる払戻金を被告人が得ることもなかったというべきであることに照らすと、当たり馬券だけではなく外れ馬券を含めた全馬券の購入費用と競馬予想ソフトや競馬情報配信サービスの利用料が、所得計算の基礎となった払戻金を得るために「直接に要した費用」（所法37①）に当たり、必要経費として控除される（所法35②二）と解するのが相当である。これに関して、原判決は、外れ馬券の購入費用等は、特定の当たり馬券と対応関係にないことを理由に、同法37条1項の「直接に要した費用」ではなく「その他これらの所得を生ずべき業務について生じた費用」に該当するとしたが、被告人の本件馬券購入行為を一連の行為ととらえて全体的に見た場合に、特定の当たり馬券と対応関係があるかどうかを論ずる必要はないというべきである。

4 事例の検討

　外れ馬券は必要経費となるのか、巨額の競馬脱税事件として注目を集めた事案である。競馬の払戻金が一時所得となるのか、雑所得となるのか、が争点となった。所得税基本通達34－1によって競馬の払戻金は一時所得とされてきた。しかし、本事案では納税者の馬券の購入は娯楽の域にとどまるものではなく、一連の行為としてとらえるべきであり、「営利を目的とする継続的行為から生じた所得」に当たり、一時所得ではなく雑所得と解するのが相当であるとされた。

　裁判所の判断は、実際の馬券の購入形態等を考慮した妥当な判断であったといえる。ただし、裁判所は払戻金を直ちに雑所得と認定したのではなく、その継続性、恒常性に注目して本事案の払戻金は雑所得と認定したのであり、通常の払戻金は一時所得であるとしている点には注意が必要である。

　匿名性の強い払戻金は、芸能人の例は記憶にあるが、実際に課税されるというようなことはほとんどなかったはずである。しかし、本事案の納税者がそうであったように、インターネットを介した馬券の購入はその履歴が残るため技術上課税することは困難ではない。払戻金は原則一時所得で外れ馬券は経費とならないとなると、多くの人間が実質赤字であったとしても納税せざるをえなくなる。競馬場や場外馬券売り場の窓口でしか馬券を購入できなかった時代からは事情が大きく変わっている。競馬に関する課税を本格化するならば、課税公平の見地からも、制度の整備が求められる。

【高木良昌】

実務へのフィードバック

　控訴審判決は「営利を目的とする継続的行為から生じた所得」であるとして一時所得ではなく、雑所得であるとした。ただ、競馬を投資と考えるならば、その行為が対価を得て継続的に行うこと、つまり自己の計算と危険において営利を目的とする経済活動であるとするならば、投資の社会性、客観性を踏まえ、事業所得として考える余地も出てくるのではないか。これも今後の課題といえる。

　大阪地検は、本判決には外れ馬券の課税の判断について重大な事実誤認があるとして上告している。また本事案は脱税に関する刑事事件であるが、納税者は課税処分の取消訴訟も提起している。詳細は不明であるが平成26年10月2日大阪地裁では納税者が勝訴したようである。これについても国側は控訴しており、今後の動向に注目したい。

II 所得税関係

4 職務発明に係る特許を受ける権利の「相当の対価」の所得区分

大阪地判 平成23年10月14日（TAINS Z261-11785・TKC 25444492）
大阪高判 平成24年 4月26日（TAINS Z262-11941・TKC 25444955）

本事例の着目点

❶ 譲渡所得に該当するには、所得が、資産の所有権その他の権利が相手方に移転する機会に一時に実現したものでなければならないとした事例である。

❷ 特許法35条にいう「相当の対価」は、特許を受ける権利等の対価的性質を有するが、権利の承継時に実現した部分を除いては、譲渡によって実現した所得とはいえないとした事例である。

1 問題の所在

　知的財産権取引の課税問題には他の資産取引の課税問題と異なる特徴がある。知的財産権取引の課税対象である知的財産権は可視的に把握できず、その帰属を判定することが難しく、類似の知的財産権を見つけることが困難であることから、評価が非常に難しい。
　我が国には知的財産権取引課税に対する特別規定をほとんど準備されていないだけでなく、課税問題がこれまでに顕在化することが

少なく、ほとんど先例がない。そこで、我が国では、知的財産取引課税は他の有形資産課税と同様に取り扱われることが多い。

2 事例の概要

　A社の従業員である納税者は、昭和58年頃に職務発明を行った。A社は同年11月25日、職務発明につき特許の出願をしたところ、日本において平成3年6月20日に公告され、平成4年6月26日に特許の設定登録がされた。また、外国においても職務発明につき特許の設定登録がされた。

　A社では、昭和44年3月21日以降に従業員がした職務発明について、発明考案等取扱規定及び発明報償金規定を定めていた。A社は、各規定に基づき、納税者に対して、昭和58年から平成17年までの間に16回にわたり、職務発明についての各種報償金を支払っていた。

　ところが、納税者は、職務発明に関するロイヤリティ報償金約163万円が特許法35条3項の「相当の対価」の額に満たないなどとして、平成17年7月5日、A社を被告として、ロイヤリティ収入に対する納税者が得るべき相当の対価等の支払を求める訴えを提起した。平成18年6月7日、納税者とA社の間で訴訟上の和解が成立し、納税者は、同月26日、A社から和解金3,000万円の支払を受けた。

　平成18年分所得税の確定申告について、納税者は、和解金を雑所得に区分して申告したが、その後、和解金は譲渡所得に該当するとして更正の請求をした。これに対して、税務署長は、和解金は雑所得に該当し、譲渡所得には該当しないとして、更正をすべき理由がない旨の通知処分を行った。納税者は、通知処分の取消しを求めて出訴した。

3 判決の要旨

❶ 特許法35条3項は、「特許を受ける権利…を承継させ…たときは、相当の対価の支払を受ける権利を有する」と、権利を承継させたことが相当の対価支払請求権発生の条件となることを規定したものというべきであり、特許を受ける権利の承継と「相当の対価」の支払とを同時履行の関係とするものではない。

❷ 譲渡所得に係る課税の趣旨や制度の仕組みなどからすれば、ある所得が譲渡所得に該当するためには、その所得が「当該資産の増加益が所有者の支配を離れる機会に一挙に実現したもの」であること、すなわち、資産の所有権その他の権利が相手方に移転する機会に一時に実現した所得であることを要する。

❸ 相当の対価支払請求権は、理論上、特許を受ける権利等を承継させたときに発生する。

❹ 特許を受ける権利等の承継時においては、そもそもその特許を受ける権利（職務発明）につき特許出願がされるのかどうか、特許出願をした場合に特許が付与されるかどうかなどは不確定であり、特許が付与されたとしても、現実に使用者が得る利益は、当該使用者の資本、設備、営業能力、経営判断、その時々の景気、需要者の嗜好の変化、代替技術の出現等によって大きく左右されるから、実際には、特許を受ける権利等の承継時に「相当の対価」の額を的確に算定することは極めて困難である。

❺ 「相当の対価」の算定の困難性に照らすと、特許を受ける権利等が承継された時（相当の対価支払請求権が発生した時）においては、その機会に現実に金銭が支払われた（又は将来支払われる具体的な金額が確定している）部分を除き、当該特許を受ける権利等の承継に係る「相当の対価」につき所得が実現したと評価す

ることはできない。

❻ 本件職務発明に係る特許法35条3項の「相当の対価」については、出願報奨金として納税者に支払われた1,000円を除き、本件特許を受ける権利が承継された機会において所得が実現したということはできないから、本件職務発明に係る「相当の対価」として支払われた本件和解金についても、本件特許を受ける権利が承継された機会において所得が実現したということはできない。

❼ 本件和解金は、本件特許を受ける権利がA社に移転する機会に一時に実現した所得ではないから、本件特許を受ける権利に係る譲渡所得には該当しない。

❽ 特許法35条の定める「相当の対価」は、文字どおり特許を受ける権利等の対価的性質を有するものではあるが、権利の承継時に実現した部分を除いては、譲渡によって実現した所得ということはできず、「譲渡による」所得に該当せず、特許法が定めた相当の対価支払請求権が具体化することによって実現した所得と解されるのであり、このような解釈が所得税法の文言に反するものではない。

4 事例の検討

本事案では、本件和解金の所得区分が問題となった。納税者は、本件和解金は特許を受ける権利の対価であるから、譲渡所得に該当すると主張している。これに対して、税務署長は、本件和解金は特許を受ける権利の承継と同時に支払われた金員ではないから、資産の譲渡によって実現した所得（譲渡所得）には該当せず、雑所得に該当すると主張している。

裁判所は、譲渡所得とは、資産の所有権その他の権利が相手方に移転する機会に一時に実現した所得であると判示した。そのうえ

で、相当の対価支払請求権は、特許を受ける権利等を承継させたときに発生するが、承継の機会に現実に金銭が支払われた部分を除き、当該特許を受ける権利等の承継に係る「相当の対価」は実現しないと判断した。そうすると、本件職務発明に係る「相当の対価」として支払われた本件和解金は、本件特許を受ける権利が承継された機会において所得が実現していないから譲渡所得に該当せず、雑所得に該当するとの判断を下した。

　所得税法33条は「譲渡所得とは、資産の譲渡による所得をいう。」と規定しているが、譲渡所得の趣旨解釈によって、資産の譲渡とその譲渡に伴う対価支払が同時期になされなければならないとの解釈を導出できるとする立場からは、本判決は譲渡所得の趣旨解釈を踏まえた妥当な判断であると評価することもできる。しかし、租税法の解釈は、租税法律主義の下で厳格な文理解釈がなされるべきである。条文上、資産の譲渡と対価支払が同時期になされなければならないとの解釈を必ずしも導出できない。

　本件和解条項においても、「職務発明、考案にかかる権利の譲渡の対価として」との文言が用いられているように、本件和解金は、当事者間では本件権利の譲渡（承継）対価として合意されている。本件和解金が、権利の譲渡（承継）対価として支払われたのか（1,000円＋3,000万円）、権利の使用料として支払われたのか（168万余円＋3,000万円）が問題となる。

　特許法上にいう「相当の対価」請求権の法的性質を考えると、本件和解金は権利の譲渡（承継）対価と考えることができる。この場合には、本件和解金は、まさに「資産の譲渡による所得」に該当し、譲渡所得課税がなされるべきである。譲渡所得の趣旨解釈を重視して、本件和解金の法的性質には踏み込まずに判断を下した本判決には疑問が残る。

【谷口智紀】

実務へのフィードバック

　本事案では知的財産権特有の課税問題が争われている。特許法は、特許を受ける権利の承継後に、従業員が使用者に対して当該権利の「相当な対価」の支払を請求できると規定している。この規定は、特許を受ける権利の承継時点では当該権利の適正な評価額を明らかにすることが極めて難しいところから、当該権利の価値が明らかになったときに、従業員が適正な対価の支払を受けることができる機会を設けるために置かれている。つまり、この規定の目的は、承継時点では不明確である特許を受ける権利の対価の再評価にある。

　本事案は、特許を受ける権利の譲渡をめぐる問題である。従業員が使用者に対して、職務発明に係る特許を受ける権利を譲渡したが、十分な報償金を得ることができなかった。そこで、報償金が特許法35条3項の「相当の対価」の額に満たないなどとして訴訟が提起され、裁判上の和解により金員を受け取った。本事案で問題となっているのは、裁判上の和解により従業員が受け取った金員（職務発明に係る報償金）が譲渡所得に該当するか、あるいは、雑所得に該当するかという点であるが、結局、雑所得と判示された。

Ⅱ 所得税関係

5 債務免除益の各種所得金額への算入
－所得税基本通達36−17適用の可否－

大阪地判 平成24年2月28日（TAINS Z262-11893・TKC 25480811）

本事例の着目点

1. 債務免除を受ける直前において、債務者が資力を喪失して債務を弁済することが著しく困難である場合には、債務免除益を各種所得の金額の計算上、収入金額又は総収入金額に算入しないとして取り扱われるとした事例である。
2. 債務者の債務超過の状態が著しく、その者の信用、才能等を活用しても、現にその債務の全部を弁済するための資金を調達することができないのみならず、近い将来においても調達することができない場合には、債務免除益に対して所得税は課税しないとした事例である。

1 問題の所在

　債務免除益は債務者に対する経済的利益であることから、各種所得の金額の計算上、収入金額に算入される。一方で、所得税基本通達36−17が、「債務免除益のうち、債務者が資力を喪失して債務を弁済することが著しく困難であると認められる場合に受けたもの」

と規定して、収入金額に算入しない場合を明らかにしている。納税者の実質的担税力に着目した取扱いである。

問題は、債務免除益に担税力があるかどうかを判断することの困難性である。担税力の有無は、事実認定によって明らかにするしかない。

本事案では、債務弁済が当時、到底不可能であったことから、債権者との協議の結果、債務免除を受けることができたのか、あるいは、債務免除を受ける前には納税者は債務超過の状態にあったものの、債務免除の効果発生時点では資力を喪失し経済的破綻状態にあったとはいえないのかが問題となっている。

本事案では、債務免除益を事業所得の収入金額に算入すべきか否かをめぐって、事実認定が争われている。

2 事例の概要

医師である納税者は、平成２年10月１日から平成18年９月30日まで病院を開設し、平成18年５月11日、医療法人を設立してその理事長に就任し、同年10月１日、病院に係る事業を医療法人に引き継いだ。

納税者は、平成元年以降、金融機関等から病院の建築資金及び運営資金等を借入れしていた。平成17年８月９日当時、納税者の機構等に対する債務の総額は約29億1,033万円であった。

納税者は、平成17年８月９日、銀行から５億円を借り入れ、これを原資として、機構に対し借入金の一部を支払い、機構等は、同日、納税者に対し、債務の残額（総額約24億1,033万円）を免除した。

納税者は、平成17年分の所得税について所得税基本通達36－17を適用して、機構等から受けた総額約24億1,033万円の債務免除に係

る債務免除益を事業所得の総収入金額に算入せずに確定申告をしたのに対して、税務署長は、債務免除益には同通達が適用できず、債務免除益のうち約10億2,116万円を事業所得の金額に算入すべきであるとして更正処分等を行った。これに対して、処分の取消しを求めて原告納税者が出訴したのが本事案の概要である。

3 判決の要旨

❶ 相続税法8条ただし書1号は、同条本文の例外として、債務者が経済的破綻状態に至った場合においてやむを得ず、又は道義的に行われた債務免除にまで贈与税が課されることは適当でないとの考えに基づいて定められた規定であるところ、債務者が資力を喪失して債務を弁済することが困難であるか否かの判断時期が債務免除の直前であることは、同規定の趣旨からも、またその文言からも明らかである。そうすると、個人から受けた債務免除益については、債務免除の直前の状況を前提に資力を喪失して債務を弁済することが困難であったが、債務免除の結果、債務者が資力を回復したというような場合でも、一定の範囲で贈与税が課されない。

❷ 所得税法9条1項10号や所得税法施行令26条と同様に、債務者が「資力を喪失して債務を弁済することが著しく困難」である場合という文言を用いる基本通達36−17においても、債務者が資力を喪失して債務を弁済することが著しく困難であるか否かの判断は、債務免除が行われる直前の財産状況を前提に行うことを予定していると理解するのが自然である。

❸ 基本通達36−17が、「債務免除益のうち、債務者が資力を喪失して債務を弁済することが著しく困難であると認められる場合に受けたもの」と規定しており、その文言からは、債務免除を受け

る直前の状態において、債務者が資力を喪失して債務を弁済することが著しく困難であることを要件としていると理解するのが自然であることに照らすと、基本通達36－17は、債務免除を受ける直前において、債務者が資力を喪失して債務を弁済することが著しく困難である場合には、当該債務免除益を各種所得の金額の計算上収入金額又は総収入金額に算入しない旨の取扱いをする旨を定めている。

❹　基本通達36－17本文は、当該債務免除の額が債務者にとってその債務を弁済することが著しく困難である部分の金額の範囲にとどまり、債務者が債務免除によって弁済が著しく困難な債務の弁済を免れたにすぎないといえる場合においては、これを収入金額に算入しないことを定めたものと解するのが相当であり、このような解釈は、所得税法36条の趣旨に整合する。

❺　基本通達36－17にいう「資力を喪失して債務を弁済することが著しく困難であると認められる場合」とは、所得税法9条1項10号及び所得税法施行令26条同様、債務者の債務超過の状態が著しく、その者の信用、才能等を活用しても、現にその債務の全部を弁済するための資金を調達することができないのみならず、近い将来においても調達することができないと認められる場合をいうと解するのが相当であり、同通達の趣旨にも沿う。

❻　納税者は債務免除を受ける直前において資力を喪失して債務を弁済することが著しく困難であり、かつ、債務免除の額が納税者にとってその債務を弁済することが著しく困難である部分の金額の範囲にとどまるものと認められるから、債務免除益については基本通達36－17が適用され、各種所得の計算上収入金額又は総収入金額に算入されない。

4 事例の検討

　本事案では事業所得の総収入金額に債務免除益を算入すべきか否かが問題となった。納税者は、債務弁済が当時、到底不可能であったことから、債権者との協議の結果、債務免除を受けることができたものであり、債務免除を受ける直前には所得税基本通達36-17が適用できる状態にあったと主張した。これに対して、税務署長は、債務免除を受ける前には納税者は債務超過の状態にあったものの、債務免除の効果発生時点では資力を喪失し経済的破綻状態にあったとはいえず、同通達が適用できないと主張した。所得税基本通達36-17適用の判定時期は債務免除を受ける直前か、債務免除の効果発生時点かが事案の争点である。

　裁判所は、個人対個人の債務免除に関する相続税法8条では、債務者が資力を喪失して債務を弁済することが困難であるか否かは債務免除の直前で判断されると確認した。そして、所得税法9条1項10号や所得税法施行令26条では、債務者が資力を喪失し債務弁済することが著しく困難であるか否かは債務免除が行われる直前の財産状況を前提に行われると確認した。これらの規定を参考にすると、所得税基本通達36-17は、債務免除を受ける直前において、債務者が資力を喪失して債務を弁済することが著しく困難である場合には、当該債務免除益は各種所得の金額の算入しないことを意味するとの判断を下した。

　税務署長は、所得税基本通達36-17が課税減免規定であることから厳格に解釈すべきであると主張したのに対して、裁判所は、通達の解釈が所得税法の解釈に整合するかどうか、すなわち、所得税法36条の解釈によって、同通達の適用要件を明らかにした。条文解釈によって通達文言の意味内容を明らかにした本判決は評価できる。

所得は経済的利益を意味するが、納税者の担税力を増加させる債務免除益も経済的利益であるから、所得を構成する。債務免除によって担税力が増加しない場合には、債務免除益は各種所得の金額に算入されない。同通達は、債務免除を受ける直前において、債務者が資力を喪失して債務を弁済することが著しく困難であり、債務者が債務免除によって弁済が著しく困難な債務の弁済を免れたにすぎないといえる場合には、当該債務免除によって納税者の担税力は増加しておらず、当該債務免除益は各種所得の金額に算入しないことを確認している。

【谷口智紀】

実務へのフィードバック

　債務免除益を各種所得金額に算入すべきか否かは債務免除によって納税者の担税力が増加したかどうかに基づいて判断することを明らかにした本判決は、債務免除益の課税上の取扱いの判断基準となる。もっとも、税務上では、所得税法が具体的な規定を置いていないことから、債務免除益の課税上の取扱いは通達に依拠せざるを得なかった。

　しかし、平成26年度税制改正により、個人事業者について事業再生が行われた場合について、民事再生法等の法的整理が行われる場合には、免責許可の決定等により債務免除を受けた場合の経済的利益の総収入金額不算入の規定が創設された（所法44の2）。

　これは所得税基本通達36-17の取扱いを法令上明確化したものと説明され、同通達は廃止された。その結果、適用基準も明確化され、課税が強化される可能性もある。

Ⅱ 所得税関係

6 外国LPSを利用した海外不動産投資事業から生ずる損益の不動産所得該当性

東京地判 平成23年7月19日（TAINS Z261-11714・TKC 25444239）
東京高判 平成25年3月19日（TAINS Z888-1764・TKC 25501415）

本事例の着目点

1 租税法律主義や法的安定性の確保の観点から、我が国の私法上の法人と同様、原則として、その準拠法によって法人に該当するかを判断するとした事例である。

2 LPSが行った不動産賃貸事業により生じた損益は、納税者らに直接帰属するから、各建物を第三者に賃貸することによって生じた損益に係る所得は、不動産所得に該当するとした事例である。

1 問題の所在

　損益通算は、マイナスの所得がある場合には担税力が減少していることに着目して、税負担の軽減を図る措置である。納税者が行う節税行為の一つに、この損益通算の利用がある。給与所得などのプラスの所得を、不動産所得や事業所得などマイナスの所得と損益通算することによって、プラスとマイナスが相殺され、結果的に所得を減少させることができる。

個人から出資を募って組合を組成した上で、組合が事業を行い、収益と費用は、各出資者の持分にしたがって分配することがある。この場合に、事業体（組合）の事業から生じた利益あるいは損失については、事業体に対する課税（法人税）すべきか、あるいは、利益あるいは損失の分配を受けた出資者（個人）に対して課税（所得税）すべきかという問題がある。
　本事案では、組合課税に関して、法人が米国州法により設立された点に特徴がある。本事案で問題となっているのは、不動産賃貸事業から生じた損益は構成員たる個人に帰属するか、あるいは、法人に帰属するかという点である。

2　事例の概要

　納税者らは、外国信託銀行（受託銀行）を受託者とする信託契約を締結した。受託銀行は、自らがリミテッド・パートナー（LP）となり、ジェネラル・パートナー（GP）等との間で、州LPS法（米国デラウェア州改正統一リミテッド・パートナーシップ法）に準拠してリミテッド・パートナーシップ（LPS）を組成する旨のLPS契約を締結するとともに、LPSに対し、信託契約に基づいて拠出された納税者らの現金資産を出資した。LPSは、米国所在の中古集合住宅である各建物の購入・賃貸等の管理運営を内容とする海外不動産投資事業を行った。
　納税者らは、各建物の貸付けに係る所得が所得税法26条１項にいう不動産所得に該当するとして、賃貸料等を収入金額、減価償却費等を必要経費として不動産所得の金額を計算すると損失が生ずると主張して、不動産所得に係る損失と他の所得を損益通算して所得税の確定申告等を行った。これに対して、税務署長は、各建物の貸付けに係る所得が不動産所得に該当しないとして損益通算を認めず、

更正処分及び過少申告加算税賦課決定処分等を行ったのに対して、納税者がこれらの処分の取消しを求めて出訴したのが事例の概要である。

3 判決の要旨

❶ 租税法律主義（憲法84条）の下では、課税要件の定めは明確でなければならないこと、租税法が私法上の概念を特段の定義なく用いている場合には、租税法律主義や法的安定性の確保の観点から、原則として私法上の概念と同じ意義に解するのが相当であることをも併せ考慮すれば、我が国の租税法上の法人は、法律により損益の帰属すべき主体として設立が認められたものであり、我が国の私法上の法人と同様、原則として、その準拠法によって法人とする（法人格を付与する）旨を規定されたものをいう。

❷ 外国の法令に準拠して組成された事業体が我が国の租税法上の法人に該当するか否かも、原則として、当該外国の法令の規定内容から、その準拠法である当該外国の法令によって法人とする（法人格を付与する）旨を規定されていると認められるか否かによるべきであるが、諸外国の法制・法体系の多様性、我が国の「法人」概念に相当する概念が諸外国において形成されるに至った沿革、歴史的経緯、背景事情等の多様性に鑑みると、当該外国の法令の規定内容をその文言に従って形式的に見た場合に、当該外国の法令において当該事業体を法人とする（当該事業体に法人格を付与する）旨を規定されているかどうかという点に加えて、当該事業体を当該外国法の法令が規定するその設立、組織、運営及び管理等の内容に着目して経済的、実質的に見れば、明らかに我が国の法人と同様に損益の帰属すべき主体として設立が認められたものといえるかどうかを検討すべきである。

❸ 州LPS法201条(b)の規定が定める「separate legal entity」は、我が国の租税法（私法）上の法人を意味する概念であるということはできず、他に、州LPS法に準拠して組成したLPSが法人である（法人格を有する）と認めることができる州LPS法その他の法令の規定はない。

❹ 州LPS法に準拠して組成されたLPSは、経済的、実質的にみても、パートナー間の契約関係を本質として、その事業の損益をパートナーに直接帰属させることを目的とするものであるといわざるを得ないから、州LPS法の規定するその設立、組織、運営及び管理等の内容に着目して経済的、実質的に見ても、明らかに我が国の法人と同様に損益の帰属すべき主体として設立が認められたものではない。

❺ 州LPS法及び本件各LPS契約の内容によれば、本件各LPSが行った本件各不動産賃貸事業により生じた損益は、本件各ＬＰＳが我が国の租税法上の法人及び人格のない社団のいずれにも該当しないことから、本件各LPS契約で定める損益分配割合に応じて、本件各受託銀行を介して納税者らに直接帰属するものと認められ、その損益が本件各建物を第三者に賃貸することによって生じたものであり、上記損益に係る所得が事業所得又は譲渡所得に該当するとは認めるに足りないことに照らすと、原告らの当該損益に係る所得は、いずれも不動産所得に該当する。

4 事例の検討

　事業体（組合）の事業から生じた収益については、事業体に対する課税（法人税）あるいは収益の分配を受けた構成員に対する課税（所得税）が行われる。事業体課税では、事業体が法人又は人格のない社団等に該当するか否かが問題となり、法人に該当する場合に

は事業体に対する課税がなされ、該当しない場合には構成員に対する課税がなされる。

　本事案では、納税者は、LPSは我が国の法人税法上の法人に該当せず、不動産賃貸事業から生じた損益は構成員たる個人に帰属すると主張するのに対して、課税庁は、LPSは法人税法上の法人に該当し、当該損益はLPSに帰属すると主張している。本事案の主たる争点は、LPSが我が国の租税法上の法人又は人格のない社団等に該当するか否かと、LPSが法人に該当しない場合の当該損益の不動産所得該当性の2点である。なお、本研究では、LPSの人格のない社団等の該当性に関する裁判所の判断を割愛している。

　外国の法令に準拠して組成された事業体に関する我が国租税法上の法人該当性の判断基準について、本判決は、①当該外国の法令の規定内容を踏まえて、準拠法である当該外国の法令によって法人とする（法人格を付与する）旨を規定されていると認められるか否かという基準（形式基準）と、②我が国と外国の法制の違いを考慮して、当該外国法の法令が規定する設立、組織、運営及び管理等の内容に着目して経済的、実質的に見て、明らかに我が国の法人と同様に損益の帰属すべき主体としての設立が認められるか否かという基準（実質基準）によって判断すべきであると判示した。本事案での準拠法である州LPS法等を検討した上で、LPSは我が国の租税法上の法人に該当せず、当該損益は個人に帰属し、不動産所得に該当すると判断を下した。

　本判決の意義は、租税法律主義の機能である法的安定性の確保の視点から、租税法上の「法人」概念は私法上の概念と同義に解すべきであるとして、外国で組成された事業体に関する我が国の租税法上の法人該当性の判断基準を明確にした点に見出される。租税法は侵害規範であるから、納税者の予測可能性や法的安定性の確保を重視する本判決の立場は評価できる。　　　　　【谷口智紀】

実務へのフィードバック

　いわゆる節税を目的とした投資商品が海外から流入している。課税庁は後手に回っている嫌いがあることは否めない。裁判所は租税回避行為を否認するには個別否認規定が必要であるとの立場に立って、納税者の税負担減少行為は仮装行為でない限り容認する傾向にある。

　これらの投資商品の情報を得ることのできる富裕者である場合が多い。納税者の過度な税負担減少行為を容認すると、担税力に応じた課税の実現（租税公平主義）を歪めるという指摘もある。経済力すなわち担税力により税負担が増加することは合理的な差別とされるが、経済力により節税の知識量が増加するという不合理が生じることは否めない。

　この問題の解決には、租税回避行為の個別否認規定の立法化の議論に繋がることになるが、租税回避行為の意義と範囲について課税庁の論理により論議が進展することは、申告納税制度の下では避けるべきである。

　すでに国外財産調書の提出制度は導入されている。

II 所得税関係

7 退職所得の意義

－役員退職給与と退職所得の要件－

京都地判 平成23年4月14日（TAINS Z261-11669・TKC 25443447）

本事例の着目点

1. 退職所得に該当するには、①退職、勤務関係の終了の事実に基づく給付、②従来の継続的な勤務に対する報償ないしその間の労務の対価の一部の後払の性質、③一時金としての支払、の要件を満たさなければならないとした事例である。
2. 退職の事実の有無は、退職の前後の勤務関係において、勤務の性質、内容、労働条件等の重大な変動があったかどうかで判断するとした事例である。

1 問題の所在

　担税力に応じた課税を実現するために、所得は、その源泉に応じて10種類に分類される。各所得の金額の計算方法が異なることから、いずれの所得区分に分類されるかによって、税額の多寡が生じる。

　退職所得の金額は、
（「その年中の退職手当等の収入金額」－「退職所得控除額」）×1／2

により計算される（所法30②）。退職所得の金額の計算では、退職所得控除額が認められるだけでなく、2分の1しか課税対象とならない。

　退職金が給与の後払の性格を有し、老後の生活の糧であることから、他の所得区分と比べると退職所得は課税上で優遇されている。

　本事案で問題となっているのは、校長辞職後すぐに学院長及びセンター長に就任した納税者が受領した退職金は、退職所得と給与所得のいずれに該当するかという点である。

2 事例の概要

　納税者（学校法人）の設置するA学院a校の校長であったBは、平成15年12月末日付けで同職を辞任した。納税者は、Bに対して、退職金として3億2,000万円を支給し、平成16年2月に、退職所得に該当するとして源泉所得税約5,251万円を納付した。平成15年12月に、学校法人の理事会は、学院長を、学校運営上の事務に係る最終決裁権を有する地位から創立者に専属する象徴的な地位に再定義した。平成16年1月以降、Bは再定義後の学院長に就任し、また前記理事会で設置を決定したCセンターのセンター長（嘱託職員）に就任した。

　税務署長は、Bは平成15年12月末日以降も引き続き学校法人の理事長の地位に就いており退職の事実は認められないから、支給された金員は賞与たる給与所得に該当するとして、納税者に対して、給与所得に係る源泉所得税額と退職所得に係る源泉所得税額の差額に係る納税告知処分等を行った。これに対して、納税者は、いったんは納税告知処分等に従い不足税額等を納付していたが、退職所得に該当するとして納税告知処分等の取消しなどを求めて出訴したのが本事案の概要である。本研究では、退職所得該当性が争われた第1

事件を検討する。

3 判決の要旨

❶ 従業員が退職に際して支給を受ける金員には、普通、退職手当又は退職金と呼ばれているもののほか、種々の名称のものがあるが、それが法にいう退職所得に当たるかどうかについては、その名称にかかわりなく、退職所得の意義について規定した同法30条1項の規定の文理及び退職所得に対する優遇課税についての立法趣旨に照らし、これを決するのが相当である。

❷ ある金員が、上記規定にいう「退職手当、一時恩給その他の退職により一時に受ける給与」に当たるというためには、それが、①退職すなわち勤務関係の終了という事実によって初めて給付されること、②従来の継続的な勤務に対する報償ないしその間の労務の対価の一部の後払の性質を有すること、③一時金として支払われること、との要件を備えることが必要である。

❸ また、上記規定にいう「これらの性質を有する給与」に当たるというためには、それが、形式的には上記①〜③の要件のすべてを備えていなくても、実質的にみてこれらの要件の要求するところに適合し、課税上、「退職により一時に受ける給与」と同一に取り扱うことを相当とするものであることを必要とする。

❹ 具体的には、当該金員が定年延長又は退職年金制度の採用等の合理的な理由による退職金支給制度の実質的改変により精算の必要があって支給されるものであるとか、あるいは、当該勤務関係の性質、内容、労働条件等において重大な変動があって、形式的には継続している勤務関係が実質的には単なる従前の勤務関係の延長とはみられないなどの特別の事実関係があることを要する。

❺ 学院長及び学校運営組織は、A学院の設置主体間による合意に

より形成された地位及び組織であり、納税者が、Ｂの学院長の職務の対価を負担することについても同設置主体間の明示又は黙示の合意があったことが推認されるから、納税者が、Ｂの学校運営組織における学院長の職務に対する報償ないし対価の後払として、退職金等を支給することに法的な根拠がないということはできないし、納税者を退職したと同視し得る事情の有無の判断において、学院長の地位ないし職務にかかる変動を判断要素として考慮することも許される。

❻ 平成15年12月末日の前後において、Ｂの勤務関係は、学院長及びａ校校長からの退職並びに再定義後の学院長及びセンター・センター長への就任により、その性質、内容、労働条件等において重大な変動があった。

❼ ＢがＡ学院の創立者であること、昭和63年から学院長として納税者設置校を含むＡ学院全体を統括していたことからすれば、就業規則及び退職金規程によらず、他の従業員とは異なる算出根拠により退職金を特別に支給することが不合理であるとまではいえない。

❽ 金員は、平成16年２月～平成19年11月にかけて分割して支払われたものであるが、納税者の年金制度等に基づき支払われたものでないことはもとより、平成15年12月13日開催の理事会において金員の総額が決定されていたこと、年金と同視し得る程度に長期に及んでいたとまでいうことはできないことを併せ考慮すれば、「一時金として支払われること」との要件を欠くものではない。

4 事例の検討

本事案では、納税者（学校法人）がＢに支払った金員が、所得税法30条にいう「退職所得」に該当するか否かが争われている。納税

者は、Bの校長辞職に伴い支払った本件金員は退職金であり退職所得に該当すると主張するのに対して、税務署長は、Bは校長辞職後すぐに再定義後の学院長及びCセンター長に就任しており退職の事実はないから、金員は賞与であり給与所得に該当すると主張している。

所得税法上、退職所得には、給与の一部の一括後払の性質を有すること、退職後（特に老後）の生活の糧であること、累進税率による高い税率区分の適用を回避すること、等の理由によって優遇的取扱いがなされている。

裁判所は、これまでに蓄積された判例を引用して、退職所得該当性は、①退職の事実、②これまでの労務の対価の一部の後払の性質、③一時金としての支払、の3要件を充足するかどうかで判断することを明らかにした。とりわけ、①退職の事実は、形式的な退職の事実でなく、当該勤務関係の性質、内容、労働条件等において重大な変動が生じたという実質的な退職の事実をいうとしている。

その上で、学院長の地位ないし職務に係る変動を判断要素として、平成15年12月末日の前後において、Bの勤務関係は、その性質、内容、労働条件において重大な変動があったと認定して、①の要件を充足すると判断した。②、③の要件も充足するから、退職所得に該当すると判断を下した。

本判決の判断構造は、租税法規から具体的な判断基準を抽出した上で、客観的証拠に基づく実質に即した事実認定を行い、判断基準に事実を当てはめるという租税法の解釈・適用過程に従ったものであると評価できる。本事案における退職所得と給与所得の区分のように、いずれの所得区分に分類されるかで所得税額が大きく異なるから、所得区分の決定は重要な問題となる。隣接する所得区分のいずれに分類すべきかを判断する上で、本判決は、条文より所得区分の基準を忠実に導き出し、事実に当てはめるという所得区分におけ

る判断構造を提供している。

【谷口智紀】

実務へのフィードバック

　法人税法上、役員の退職給与については、不相当に高額でないものに限って、損金の額に算入することが容認される。法人役員の場合、法人の役員を退職した場合ではなくても、分掌変更、改選による再任等を契機に、役員としての地位又は職務の内容が激変し、実質的に退職したと同様の事情がある場合も退職に準ずる扱いがなされる。このような場合には、分掌変更時、再任時に退職金等として支給される金額も法人税法上も退職給与として取り扱う。しかしながら実質的に退職したと同様の事情があるといえるか否かの判断については不明確なところがあり、本事案の争点も上記の点であったといえる。

　法人税法上に退職の定義に関する規定が存在しないことため、所得税法上の退職所得の意義や先例となる裁判例などからその意義について解釈する必要がある。

II 所得税関係

8 住所の判定
−遠洋まぐろ漁船乗組員の「居住者」該当性−

東京地判 平成21年 1月27日（TAINS Z259-11126・TKC 25451090）
東京高判 平成21年 6月25日（TAINS Z259-11232・TKC 25500688）
最　　決 平成21年11月10日（TAINS Z259-11307・TKC 25500807）

本事例の着目点

■本事案は、遠洋まぐろ漁船を運航する外国の法人等に雇用された納税者らが、所得税法上の居住者か、又は非居住者のどちらに該当するかが争点となっているが、具体的には、その乗組員が生計を一にする配偶者や家族の居住地がどこにあるか、その乗組員が、船舶で勤務している期間以外の時期に通常滞在して生活をする場所がどこにあるかなどの客観的な事実を総合して判断するという通説に従った判断がなされた事例である。

1 問題の所在

　所得税法は、納税義務者の区分を居住者と非居住者に区分している。居住者の課税範囲は、国内外を問わず原則としてすべての所得が対象となるが、非居住者のそれは国内源泉所得のみが対象となることから、居住者、非居住者の区分は重要となる。
　居住者は、我が国に住所を有する者又は現在まで引き続いて一年

以上居所を有している者であり、非居住者とは居住者以外の個人を指すことになる。いわば、我が国における住所の有無が納税義務の成立の第1条件といえる。

住所といえば、住民基本台帳法上の住民登録の場所が発想されるが、所得税法では、民法に規定する「各人の生活の本拠」（民法22）を住所と考えている。

生活の本拠の確認については、本人の主観に基づく意思主義と客観的事実に基づく客観主義の対立がある。税務の取扱いでは客観主義を採っている（所基通21－1）。本人の意思は外部からは判然としない場合もあり、住所の有無により課税所得の範囲も異なるわけであるから、課税公平の見地からの選択とされている。

しかし国内外を頻繁に移動している個人の場合で、住所の存在が判定し難いときには、推定規定が設けられている（所令14、15）。つまり、国内において、継続して1年以上居住することが通常必要な職業を有する者及び日本国籍であり、国内に配偶者・親族を有し、国内における職業・資産の有無の状況から、国内に継続して1年以上居住すると推測できる者は、国内に住所を有する者、すなわち居住者と推定されることになる。前者を職業推定と後者を家族推定とそれぞれ名付けることができる規定といえる。

もっとも、この規定は、あくまでも推定である。当事者からその推定に反する事実を示し、課税庁の判定と異なる意思を表明した場合には、当然、改めて住所の有無を判定することになる。

2　事例の概要

本事案は、遠洋まぐろ漁船を運航する外国の法人等に雇用された納税者らが、所得税法上の居住者か、又は非居住者のどちらに該当するかが争点となっている。課税庁は居住者として、乗組員として

稼働して得た金員について給与所得に該当するとした。

　納税者らは、非居住者であり、国内源泉所得ではない上記金員に課税するのは違法であると主張した。すなわち、納税者らのような遠洋まぐろ漁業の乗船員は、「国外において、継続して1年以上居住することを通常必要とする職業」であるから、納税者らについては所得税法施行令15条1項1号が適用される。そして、外洋上を航行している船舶の乗組員にとって、船上のみが自ら直接関与しうる「社会」であり、直接関与しうる「人間関係」はそこにしか存在しないのであるから、1年のほとんどの時間を船上で過ごす納税者らにとって、当該船舶は、職場であると同時に住所である。

3　判決の要旨

❶　法令で人の住所について法律上の効果を規定している場合、反対の解釈をすべき特段の事由のない限り、その住所とは、各人の生活の本拠（民法22）をいい、ある場所がその者の住所であるか否かは、社会通念に照らし、その場所が客観的に生活の本拠たる実体を具備しているか否かによって判断されるべきである。

❷　所得税法上の「住所」の意義について民法22条の「住所」と異なる解釈をすべき特段の事由があるとは認め難いことからすれば、所得税法の「住所」の意義は、社会通念に照らし、その場所が客観的に生活の本拠たる実体を具備しているか否かによって判断されるべきである。この点につき、所得税基本通達2-1は、「法に規定する住所とは各人の生活の本拠をいい、生活の本拠であるかどうかは客観的事実によって判定する。」と規定しているのは、これと同趣旨であると解され、その取扱いには合理性があると認められる。

❸　納税者らは、所得税法上の「住所」は、課税根拠である所得の

発生源泉がどこに存在するかを重視して判断すべきであると主張するが、所得税法に規定する「住所」であるからといってそのように解すべき理由に乏しく、採用することはできない。

❹　遠洋漁業船など長期間国外で運航する船舶の乗組員は、通常その船舶内で起居し、その生活の相当部分を海上や外国において過ごすことが多いと考えられるところ、その者の生活の本拠が国内にあるかどうかの判断に当たっても、国内の一定の場所がその乗組員の生活の本拠の実体を具備しているか否かを、その者に関する客観的な事実を総合考慮し、社会通念に照らして判断するべきである。具体的には、その乗組員が生計を一にする配偶者や家族の居住地がどこにあるか、その乗組員が、船舶で勤務している期間以外の時期に通常滞在して生活をする場所がどこにあるかなどの客観的な事実を総合して判断することが相当であると解される。所得税基本通達3－1が、「船舶又は航空機の乗組員の住所が国内にあるかどうかは、その者の配偶者その他生計を一にする親族の居住している地又はその者の勤務外の期間中通常滞在する地が国内にあるかどうかにより判定するものとする。」と規定しているのは、上記と同趣旨をいうものと解され、その取扱いには合理性があると認められる。

❺　納税者らは、台湾の法人に雇用されて給与の支払を受けていることから、台湾で給与所得に課税されている可能性もある。しかし仮に、納税者らが台湾で居住者として取り扱われていたとしても、我が国と台湾は租税条約を締結していないから、租税条約の実施に伴う所得税法、法人税法及び地方税法の特例等に関する法律6条の規定が適用されて原告が我が国で非居住者とみなされることはなく、納税者らが我が国の居住者であるか否かの判定に影響を及ぼすものではない。

❻　納税者らは、それぞれ住民登録をしている地に土地建物又は建

物を所有し、そこに生計を同一にする家族が居住し、納税者らは、まぐろ漁船から降りて我が国に滞在するときは、相当期間、そこで家族と一緒に生活をしており、また、近隣の銀行の支店に、給与の振込みや各種支出のために利用する銀行口座を有しているなど、上記で認定した各客観的事実を総合考慮して、社会通念に照らして判断するならば、まぐろ漁船は納税者らにとって勤務場所であり、生活の本拠は生計を同一にする家族が居住するそれぞれの住宅の所在地であると解するのが相当である。

❼ 納税者らは、納税者らには、前掲の所得税法施行令15条1項1号の規定、すなわち、国外に居住することとなった個人が、国外において継続して1年以上居住することを通常必要とする職業を有する場合には、その者は、国内に住所を有しない者と推定するとする規定が適用されると主張する。

しかしながら、上記規定は、国外に居住することになった個人について、いかなる場合に国内に住所を有しない者と推定するかについて規定したものであり、そもそも上記のとおり我が国に住所を有する居住者であると認められる納税者らについて、上記の推定規定が適用される余地はない。

4 事例の検討

本事案の争点は、まぐろ漁で1年の大半を海上で過ごす遠洋漁業船に乗り込む船員の住所はどこにあるのか、という点である。裁判所の結論は、納税者らは、いずれも所得税法上の居住者に該当し、納税者らは、国外で稼働した対価として外国法人から得た給与についても、我が国で納税義務を負うというものである。

本事案の場合は、納税者らにはいずれも国内に生計を一にする家族があり、土地家屋を保有し、国内にいる間はそこで家族と共に過

ごしていた。したがって納税者らが、居住者と判定されたのは当然といえる。ただ、国内に家族や家財を有しない単身者の場合や国外の漁港を基地として漁業に従事する場合には、客観的事実に基づく判定も必要とされるであろう。

　控訴審において、納税者は、生活の本拠であるかどうかを客観的事実により判断するといっても配偶者を重視することとなり、配偶者（妻）が海外で働いている納税者本らの所有家屋に住み、納税者名義で開設した銀行口座を利用しているのであるから、結果として生計を一にする配偶者の有無等が決定的基準となってしまうが、このことは、配偶者の有無等の偶然の事情により居住、非居住が区別されることになり、納税者本人が海外で働いて所得を得ているという実体を考慮しないことになり妥当ではない、と反論をしていることは気になる。

　極論かもしれないが、本事案において、仮に各国の主権が及ばない公海上での操業に従事することから、納税義務が発生しないという主張を納税者がしたならば、従前の諸判定基準との比較検討がどうなったかは興味深い。

【林　仲宣】

実務へのフィードバック

　納税者らは、外国において所得税を納めているが、我が国で確定申告をしなかったことにより外国税額控除を受ける機会を失ったことで、重大な経済的被害を被っているとも主張した。確かに納税者らは台湾法人に雇用されていることから、台湾での課税に言及した。これに対して、裁判所は、台湾との租税条約が未締結であることから、居住者の判定に影響を及ぼさないとしている。

　さらに、納税者らが国外において所得税を納税していたとして

も、外国税額控除の適用を受けるには、確定申告書を提出する必要がある（所法95）。納税者らは確定申告書を提出しなかったものであるから、外国税額控除の適用を受けられないとも指摘している。まさしく申告納税制度における納税者の責任の重さを明示させているといえよう。

Ⅱ 所得税関係

9 非課税所得の該当性
－商品先物取引に係る訴訟上の和解金－

大分地判 平成21年 7月 6日（TAINS Z259-11239・TKC 25440963）
福岡高判 平成22年10月12日（TAINS Z260-11530・TKC 25470515）

本事例の着目点

1. 他者の不法行為により損害を受けた納税者がその他者から実質的に損害賠償金として受け取った和解金は非課税所得に該当するとした事例である。
2. 和解金や損害賠償金等が非課税所得に該当するかどうかは、その名目ではなく、実質により判断しなければならないことを示した事例である。

1 問題の所在

　現在の所得税法9条1項17号は「損害賠償金（これらに類するものを含む。）で、心身に加えられた損害又は突発的な事故により資産に加えられた損害に基因して取得するもの」については所得税を課さないとしている。
　違法な証券会社の勧誘により先物取引を行い損害を被った納税者が、証券会社から受け取った和解金は上記非課税所得に該当するだろうか。

課税庁は、所得税法施行令30条2号が「不法行為その他突発的な事故により資産に加えられた損害」と規定する「不法行為」とは、「突発的な事故」と同様の不法行為すなわち被害者の合意に基づかない行為に基因する損害に対する損害賠償金に限定されると解するのが相当であり、納税者は、損失発生の危険性を認識した上で自らの意思で先物取引を開始し、自己の判断で取引を継続して、結果的に多額の損失を被っているのであるから、損害の発生の原因となった取引行為は被害者である原告の合意に基づいている。したがって、本件のような先物取引に関する不法行為については、突発的で予想することのできない災害や事故等の不法行為、すなわち「突発的な事故」と同様の不法行為ということはできない、などと主張した。

　非課税所得とされる損害賠償金の範囲が問題となった。

2 事例の概要

　納税者は、訴外A社との間で商品先物取引の委託契約を締結し、平成9年4月15日から平成10年10月9日までの間、商品先物取引を繰り返し、同取引によって6,144万円余りの損失を被った。

　納税者は、A社やその従業員らの不法行為により損害を受けたとして損害賠償請求訴訟を大分地裁に提起した。大分地裁はA社らの勧誘行為は全体として違法性を帯びたものであると認定し、A社らの不法行為責任を認める判決をくだした。その後控訴されたが、平成13年11月6日にA社らが納税者に対し1,900万円の和解金を支払うこと等を内容とする訴訟上の和解が成立した。

　課税庁は本件和解金の内、弁護士費用を控除した残額1,436万4,700円は雑所得に当たるとして所得税の更正処分を行った。

3 判決の要旨

❶ 本件和解金は、不法行為に基づく損害賠償請求及び遅延損害金請求を認容した大分地裁の判決を前提として、その控訴審で成立した訴訟上の和解により発生したものであるから、その実質は不法行為に基づく損害賠償金及び遅延損害金と認められ、納税者は、本件和解金を取得したことにより経済的利得を得たといえるのであるから、本件和解金は所得税法7条の「所得」に該当する。

❷ 不法行為に基づく損害賠償金には、本来各種所得に該当するとして課税されるべき得べかりし利益を補てんする性質を有するものと、預け金の返金の受入れや貸付金の元金の受入れ等と同様に本来課税されるべきでない実損害を補てんする性質を有するものとが含まれているところ、本来、前者については各種所得に該当するものとして課税され、後者については非課税とされるべきものである。

❸ 所得税法9条1項16号は、物的損害に係る損害賠償金について「損害賠償金で、突発的な事故により資産に加えられた損害に基因して取得するものその他の政令で定めるもの」を非課税所得とする旨規定し、これを受けた法施行令30条2号は「不法行為その他突発的な事故により資産に加えられた損害につき支払を受ける損害賠償金（これらのうち第94条（事業所得の収入金額とされる保険金等）の規定に該当するものを除く。）」を非課税所得とする旨規定しているが、証拠及び弁論の全趣旨によれば、所得税法9条1項16号及び法施行令30条2号は、以下の結論を記載した昭和36年12月7日付け税制調査会答申の考え方に基づき制定されたことが認められる。

○物的損害に対する補償については、それが不法行為その他突発事故による損失であるか、それ以外の損失、すなわち契約、収用等による資産の移転ないし消滅に基づく損失であるかによって区分するとともに、さらに、その対象となる資産が生活用資産であるか、又はそれ以外の資産であるかどうかによって区別してその取扱いを定めるのが適当である。

○不法行為その他の突発事故によるもの

　生活用資産に関する損害に対する補償金等については、これによって補てんされる利益は、もし、その損害がなかったならば課税されなかったはずである資産の評価益等であるから、非課税とする。

　生活用資産以外の資産に関する損害に対する補償金等については、資産損失に対する補償金は、もしその損失がなかったならば、その評価益には課税されなかったはずであるから、非課税とし、一方たな卸資産に対する補償、休業補償等のような収益補償は、本来課税されるべき所得に代わるべき性質のものであるから、課税所得とする。

❹　そうすると、上記で判示したところと同様な考え方に立つ税制調査会答申の考え方に照らし、また、所得税法9条1項16号並びに同法施行令30条2号及び94条の文言に照らせば、不法行為により資産に加えられた損害に基因して取得する損害賠償金で、収益補償に当たらないものは、本来課税されるべきでない実損害を補てんする性質を有するものであるとの立法趣旨の下に、所得税法9条1項16号は、「突発的な事故」の中に「不法行為」が含まれることを前提として、突発的な事故により資産に加えられた損害に基因して取得する損害賠償金など政令で定めるものを非課税とする旨規定して、その定めを政令に委任し、これを受けた同法施行令30条2号が、収益補償に当たる法施行令94条の規定に該当す

るものを除いた、不法行為その他突発的な事故により資産に加えられた損害につき支払を受ける損害賠償金が非課税となることを定めたものと解するのが相当である。

❺　以上によれば、本件和解金の実質は不法行為に基づく損害賠償金及び遅延損害金であるところ、前記前提事実及び証拠によれば、上記損害賠償金は、本件先物取引の売買差損等により納税者の生活用資産である金銭等の資産に加えられた損害に基因して取得した損害賠償金であり、収益補償ではないと認められるから、所得税法9条1項16号、同法施行令30条2号が規定する非課税所得に該当し、法施行令30条2号かっこ書、94条1項柱書、同項2号が規定する非課税所得の除外規定に該当しないといえる。一方、上記遅延損害金は、不法行為その他突発的な事故により資産に加えられた損害に基因して取得した損害賠償金ではなく、履行遅滞という債務不履行による損害賠償金であるから、所得税法9条1項16号、同法施行令30条2号が規定する非課税所得に該当しない。

4　事例の検討

　本事案では主に、和解金が非課税所得に該当するのか、が争点となった。裁判所は立法趣旨にまで立ち返り、所得税法9条1項16号は、「突発的な事故」の中に「不法行為」が含まれることを前提としている、とした上で和解金の実質を判断し、納税者の生活用資産である金銭等の資産に加えられた損害に基因して取得した損害賠償金であるからその部分については非課税所得に該当すると判示した。

　和解金や損害賠償金等が非課税所得に該当するかどうかは、その名目ではなく、実質により判断しなければならない。ただ、本事案

では訴訟上の和解に基づいた和解金であったため、不法行為によるものであることや、損害賠償金に相当する部分が明確であったが、常にそうであるとは限らず注意が必要であろう。

　本事案のような先物取引による損害は納税者の合意に基づいた行為に起因していたはずである。そうであったとしても、そこに不法行為が介在したことによる損害に対する賠償金であれば非課税所得に該当すると判示されたことに意義があるだろう。

【高木良昌】

実務へのフィードバック

　損害賠償金は非課税であることには異論がない。本事案では、別件訴訟において不法行為であることが認定され、成立した和解により支払われたことから、損害賠償金と判定された。訴訟を経ず、交渉により投資金額の一部が返金された場合の受領金と課税関係が異なるとするならば、訴訟提起の経済的効果は大きいといえるだろうか。

II 所得税関係

10 準確定申告における所得税の負担割合
－遺留分減殺請求があった場合－

東京地判 平成25年10月18日（TAINS Z888-1829・TKC 25515326）

本事例の着目点

■遺言書により相続分が零とされたことから遺留分減殺請求を行っている法定相続人が負担すべき被相続人の所得税準確定申告における納税額の負担割合について明示した事例である。

1 問題の所在

　相続対策として遺言を薦める意見は多い。遺言を薦める最大に理由は、遺産分割の争い、いわゆる"争族"を未然に防止することにあると説明される。ということは遺産をめぐって相続人間での争いを想定しているのだろうか。

　確かに遺言により相続人たちは、法的に拘束されるから、遺言者の意思が実行される。その結果、遺言者の思惑どおりに遺産は分割されるが、相続人間の絆も分割されることも生じる。遺言の内容によって、法定相続分と異なる割合で相続を指示する場合にはなおさらである。遺留分を侵害する内容の遺言のため、家庭裁判所で長期

にわたって調停が行われる事例が後を絶たないことも事実である。

2 事例の概要

　納税者は平成19年に死亡した被相続人Aの法定相続人である。被相続人Aの法定相続人は納税者の他に配偶者と子が4人いるため、Aの孫であり既に亡くなっている親の代襲相続人である納税者Bの法定相続分は10分の1であった。

　Aは遺言書を残していた。遺言は割合を指示したものではなく、財産それぞれをどの相続人に相続させるかを指示したものであったが、結果として、Bの相続分は零とされており、その遺言書は平成20年3月4日に東京家庭裁判所によって検認された。そのため納税者は平成20年3月26日に内容証明郵便をもって他の相続人らに対し、遺留分減殺請求権を行使する旨の意思表示を行った。

　Bは相続分が零であったため、Aの平成19年分所得税について確定申告書を提出しなかった。しかし、課税庁は、遺言書には割合の指示がされていないため、Bの相続分は零ではないとして、平成22年にAの平成19年分所得税約2億8,000万円のうち納税者の法定相続分である10分の1は、Bが納める義務を承継したとして決定処分を行った。

　納税者がこれを不服として審査請求にいたった結果、国税不服審判所の裁決は、遺留分減殺請求の結果、民法902条による納税者の指定された相続分は20分の1であるとして、20分の1の所得税を納める義務を承継するとした。

3 判決の要旨

❶　遺言書において遺産のうちの特定の財産を共同相続人のうちの

特定の者に相続させる趣旨の遺言者の意思が表明されている場合、その趣旨が遺贈であることが明らかであるか又は遺贈と解すべき特段の事情のない限り、遺産の分割の方法を定めたものと解するのが相当であり、本件遺言においてはこうした特段の事情はいずれも認められないから、Ａのすべての遺産はＡの死亡の時に直ちにそれぞれ本件遺言で定められた他の相続人らのいずれかに承継されるというべきである。

❷　Ａのすべての遺産を他の相続人らに承継させるものとすれば、本件遺言については、Ａの共同相続人のうち納税者の相続分をないもの、すなわち零と定めたものと認めるのが相当である。

❸　本件遺言はＢの相続分を零と定めるものと認められるところ、これは民法902条の遺言による相続分の指定に当たるから、Ｂが納める義務を承継するＡの平成19年分の所得税の額は、通則法5条2項の規定に従い、Ａの平成19年分の所得税の額に零を乗じて計算した額である０円となるというべきである。

❹　課税庁は、遺留分減殺請求により、Ｂの指定相続分は遺留分の割合に相当する割合に修正されるから、Ｂが納める義務を承継するＡに課されるべき国税の額は、その遺留分割合に相当する割合である20分の1の割合により按分して計算されることになるなどと主張する。

❺　Ｂの遺留分の侵害額の算定に際しては、本件遺言で納税者の相続分が零と定められたことを前提に、Ｂの法定相続分に応じた相続債務の額は遺留分の額に加算することなく計算されることとなると解される（最判平成21年3月24日）。その上で、特定遺贈又は遺贈の対象となる財産を個々的に掲記する代わりに、これを包括的に表示する実質を有する包括遺贈に対して遺留分権利者が減殺を請求した場合、これらの遺贈は遺留分を侵害する限度において失効し、受遺者が取得した権利は遺留分を侵害する限度で当然

に遺留分権利者に帰属するところ、このようにして帰属した権利は、遺産分割の対象となる相続財産としての性質を有しないものであって、このような性質のものとして権利が帰属したことに伴い、当該遺留分権利者の遺留分の侵害額の算定に当たりその基礎とされた指定による相続分について、その内容が修正されることとなるものと解すべき根拠は格別見いだし難い。そして、遺産のうちの特定の財産を共同相続人のうちの特定の者に相続させる旨の遺言により生じた、当該財産を当該相続人に帰属させる遺産の一部の分割がされたのと同様の遺産の承継関係に基づき、被相続人の死亡の時に直ちに当該財産が当該相続人に相続により承継された場合についても、当該遺言による被相続人の行為が特定の財産を処分するものであることにおいて、特定遺贈又は包括遺贈と同様のものであることに照らすと、当該遺言による当該財産の承継に対して遺留分権利者が減殺を請求したときに遺留分権利者に帰属する権利に関し、上記に述べたところと異なって解すべき理由は見当たらないところである。

❻ 本件においては、Bがした本件遺留分減殺請求について、本件遺言による他の相続人における上記のような財産の取得以外の事由に対してされたものと認めるべき格別の証拠等は見当たらず、上記に述べたところからすると、納税者が本件遺留分減殺請求をし、その効果として一定の権利を取得したことをもって、本件遺言でされたBについての相続分の定めが課税庁の主張するように修正されるものとは解し難いというべきである。

4 事例の検討

相続人である納税者が負担すべき被相続人Aの所得税は、遺言で定められた相続分の割合により計算されるが、相続分が遺留分減殺

請求によって修正されるかどうかが争点となった事案である。

国税通則法5条2項は、相続人が承継する国税の額は民法900条から902条までの規定によるその相続分により按分計算した額とする、としており、遺留分減殺請求により納税者が取得する権利が相続分といえるかどうかの民法解釈が問題となった。

裁判所は遺留分減殺請求により納税者Bに帰属した権利は遺産分割の対象となる相続財産として性質を有しないものであるとして、納税者の主張を認め被相続人Aの所得税を納める義務はないとした。

相続債務は指定がない限り法定相続により相続人が承継する。しかし、本事案の場合、債務については指定がなかったが、すべての相続財産に指定があり相続債務についても同様に納税者以外の他の相続人が承継することとなるとされた。そうなると納税者の相続分は零であり、被相続人の所得税は相続分により按分計算されるため零となる。ただ、遺留分の計算の際には、被相続人の平成19年分所得税は相続債務であるが、納税者は負担しないため、納税者の遺留分侵害額には加算せずに計算されることとなるだろう。

【林　仲宣】

実務へのフィードバック

いわゆる"争族"状態においても遺産分割協議の重要性はいうまでもない。あくまでも遺産分割は相続人らが自ら決議する行為であるから、後日、紛争を招くような助言を慎むことは税理士業務の基本であり、相続人らの結論に基づき速やかに遺産分割協議書を作成することになる。それも10か月後の相続税申告期限を最終目標にしたタイムスケジュールで進行する。

これに対して所得税の準確定申告は機械的である。還付申告の場

合もあり、仮に納税となっても相続財産にある現預金で処理できることから、税理士任せとなることが多い。

しかし、本事案のように遺留分減殺請求がなされており、しかも納税額が極めて高額の場合には課税関係は混乱する。おそらく請求人は、他の法定相続人との交渉はなく、準確定申告書を提出しなかったのではなく、連絡すらもされなかったのかもしれない。

遺留分減殺請求により相続財産を取得した場合、相続税は課税されることとなるが、本事案で問題となった相続人が承継する国税は、民法で定められる相続分の割合により計算すると通則法で定められている。遺留分減殺請求により納税者は相続財産の20分の1の権利を得るが、これにより相続分までもが修正されるわけではないということを確認した事案である。

II 所得税関係

11 特約年金の相続税と所得税の二重課税

－長崎年金訴訟－

長崎地判 平成18年11月 7日（TAINS Z256-10564・TKC 28130343）
福岡高判 平成19年10月25日（TAINS Z257-10803・TKC 25400382）
最　　判 平成22年 7月 6日（TAINS Z260-11470・TKC 25442386）

本事例の着目点

1. 相続税又は贈与税の課税対象となる経済的価値に対しては所得税を課さないことによって、同一の経済的価値に対する相続税又は贈与税と所得税との二重課税の排除を行ったとした事例である。
2. 被相続人の死亡日を支給日とする第1回目の年金の支給額と、被相続人死亡時の現在価値とが一致することから、第1回目の年金に対しては所得税が課税できないとした事例である。

1 問題の所在

相続財産に対しては相続税が課税されている。一方で、相続財産の取得は、相続人に対する経済的利得の流入と捉えることができることから、所得税が課税されると理解することもできる。しかしながら、これは、同一の課税物件に対して二重に課税することを意味している。そこで、相続税と所得税との二重課税を防止するため

に、所得税法9条1項15号は、「相続、遺贈又は個人からの贈与により取得するもの」は、非課税所得として所得税の課税対象から除外している。

保険契約に基づく保険金支払の形態によって、課税関係が異なっていたという実務上の取扱いが問題となっていた。本事案で問題となっているのは、年金払特約付きの生命保険契約に基づいて支払われた年金は、所得税法上の非課税所得に該当するか、あるいは、年金が支払われた各年度の雑所得に該当するかという点である。

2 事例の概要

納税者の夫は、B生命保険相互会社との間で、夫を被保険者、妻である納税者を保険金受取人とする年金払特約付きの生命保険契約を締結して、保険料を支払っていたが、平成14年10月28日に死亡した。納税者は、保険契約に基づく特約年金として、同年から同23年までの毎年10月28日に230万円ずつを受け取る権利を取得した。

納税者は、同年11月に、B生命から、同年10月28日を支給日とする第1回目の特約年金として、230万円から源泉徴収税額約22万円を控除した金額の支払を受けた。

納税者が、平成14年分の所得税について、年金の額を収入金額に算入せずに所得税の申告をしたところ、課税庁から年金の額から必要経費を控除した額を納税者の雑所得の金額として総所得金額に加算する課税処分を受けた。なお、納税者は、相続税の申告においては、相続税法の規定により計算した年金受給権の価額1,380万円を相続税の課税価格に算入していた。

納税者が、年金が相続税法3条1項1号の保険金に該当し、いわゆるみなし相続財産に当たるから、所得税法9条1項15号により所得税を課すことができないと主張して、処分の取消しを求めたのが

本事案である。

　控訴審は、所得税法9条1項15号が、相続等により取得し又は取得したとみなされる財産についての相続税又は贈与税と所得税との二重課税を排除する趣旨の規定であるとした。しかし、相続税法3条1項1号により相続等により取得したとみなされる「保険金」は保険金請求権を意味するから、年金受給権はこれに当たるが、年金は、年金受給権に基づいて発生する支分権に基づいて納税者が受け取った現金であり、年金受給権とは法的に性質を異にするから、「保険金」に当たらず、非課税所得に該当しないと判断した。

3 判決の要旨

❶ 「相続、遺贈又は個人からの贈与により取得するもの」（所法9①十五）とは、相続等により取得し又は取得したものとみなされる財産そのものを指すのではなく、当該財産の取得によりその者に帰属する所得を指すものと解される。そして、当該財産の取得によりその者に帰属する所得とは、当該財産の取得の時における価額に相当する経済的価値にほかならず、これは相続税又は贈与税の課税対象となるものであるから、同号の趣旨は、相続税又は贈与税の課税対象となる経済的価値に対しては所得税を課さないこととして、同一の経済的価値に対する相続税又は贈与税と所得税との二重課税を排除したものであると解される。

❷ 相続税法3条1項1号は、被相続人の死亡により相続人が生命保険契約の保険金を取得した場合には、相続により取得したものとみなす旨を定めている。上記保険金には、年金の方法により支払を受けるものも含まれると解されるところ、年金の方法により支払を受ける場合の上記保険金とは、基本債権としての年金受給権を指し、これは同法24条1項所定の定期金給付契約に関する権

利に当たるものと解される。

❸ 年金の方法により支払を受ける上記保険金（年金受給権）のうち有期定期金債権に当たるものについては、同項1号の規定により、その残存期間に応じ、その残存期間に受けるべき年金の総額に同号所定の割合を乗じて計算した金額が当該年金受給権の価額として相続税の課税対象となるが、この価額は、当該年金受給権の取得の時における時価（相法22）、すなわち、将来にわたって受け取るべき年金の金額を被相続人死亡時の現在価値に引き直した金額の合計額に相当し、その価額と上記残存期間に受けるべき年金の総額との差額は、当該各年金の上記現在価値をそれぞれ元本とした場合の運用益の合計額に相当するものとして規定されているものと解される。したがって、これらの年金の各支給額のうち上記現在価値に相当する部分は、相続税の課税対象となる経済的価値と同一のものということができ、所得税法9条1項15号により所得税の課税対象とならないものというべきである。

❹ 年金受給権は、年金の方法により支払を受ける上記保険金のうちの有期定期金債権に当たり、また、年金は、被相続人の死亡日を支給日とする第1回目の年金であるから、その支給額と被相続人死亡時の現在価値とが一致するものと解される。

4 事例の検討

　租税は各人の担税力に応じて課されるので、担税力のないところには課税をしないのが原則である。二重課税は過酷な負担を強いるので避けなければいけない。相続税と所得税の二重課税は禁じられるべきである。

　これまでの租税行政上も、保険金を一時に受け取るときには当該保険金に相続税を課すが、所得税を課していなかった。しかし、保

険金を年金の形で受け取るときには、年金の支払を受ける権利（年金受給権）には相続税を課した上で、年金受給時には所得税を課すという実務的対応がとられてきた。課税庁は、年金形式で受け取る保険金に相続税と所得税の両方を課すのを、相続税の課税対象は年金受給権であり、所得税の課税対象は支払われた現金であるから、それぞれの課税対象が違うので二重課税ではないと説明してきた。

最高裁は、所得税法9条1項15号の立法趣旨が同一の経済的価値に対する相続税と所得税との二重課税の排除であることを明らかにした。その上で、年金受給権の額は将来にわたって受け取る年金の金額を被相続人死亡時の現在価値に引き直した金額であることから、その価額（1,380万円）と実際に受ける年金の総額（2,300万円）との差額は、当該各年金の現在価値をそれぞれ元本とした場合の運用益にあたり、当該各年金のうち現在価値に相当する部分は相続税の課税対象と経済的価値が同一であり、所得税の課税対象とならないとした。同法の立法趣旨を明らかにして、経済的価値の同一のものに対して相続税と所得税の二重課税をしていた状態に終止符を打った最高裁判決は評価できる。

ところで本事案では、第1回目の年金に所得税が課税されるべきかが争われたが、第1審と最高裁は、納税者勝訴という同じ結論に達している。もっとも、第1審判決では受け取る年金すべてに所得税が課されないとしていたのに対して、最高裁判決は、第1回目の年金には所得税が課されないが、第2回目以降の年金の運用益部分には所得税が課されるとしている。

いずれの判決が妥当であるかを判断することは難しい。租税法律主義の下での租税法の解釈は厳格な文理解釈によるべきであるとする立場からは、元本と増加益はいずれも所得税法9条1項15号にいう「相続、遺贈又は個人からの贈与により取得するもの」に該当するといえることから、第1審判決が評価されるべきであろう。

11　特約年金の相続税と所得税の二重課税

【谷口智紀】

実務へのフィードバック

　本事案は、マスコミなどでも大きく取り上げられ耳目を集めた。しかしこの運用益課税の論理まで一般に理解されたかは疑問が残る。最高裁判決の直後、救済措置について財務大臣の選挙対策とも取られかねない発言もあり、また保険会社の今後の対応も注目を集めた。ともかく、最高裁判決は、長年に渡る保険金に対する課税取扱いの是正を迫るものであり、税務に多大な影響を及ぼすことは間違いない。いわゆる相続税対策において、生命保険金は必ず論議される財産であることを踏まえると興味深い。

II 所得税関係

12 譲渡所得における取得費の意義
－遺産分割に係る弁護士費用－

東京地判 平成22年4月16日（TAINS Z260-11420・TKC 25472781）
東京高判 平成23年4月14日（TAINS Z261-11668・TKC 25472782）
最　　決 平成25年6月14日（TAINS Z888-1765）

本事例の着目点

■遺産分割の際に要した弁護士費用は、遺産分割により取得した資産を譲渡した場合の譲渡所得の取得費には算入できないとして納税者の訴えを付けた事例である。

1 問題の所在

　分離課税の対象となる土地や建物を売ったときの譲渡所得は、土地や建物を売った金額から取得費と譲渡費用を差し引いて計算する。譲渡費用とは、土地や建物を売るために支出した費用をいい、取得費は所得税法38条で「別段の定めがあるものを除き、その資産の取得に要した金額並びに設備費及び改良費の額の合計額とする」とされている。

　遺産分割により取得した財産を譲渡した場合における取得費は、死亡した人や贈与した人がその土地建物を買い入れたときの購入代金や購入手数料などを基に計算し、業務に使われていない土地建物を相続や贈与により取得した際に相続人が支払った登記費用や不動

産取得税の金額も取得費に含まれる。

この取得費に、遺産分割の際に支払った弁護士報酬が含まれるかが問題となる。

2 事例の概要

　Aは、昭和41年に死亡したBの法定相続人のうちの1人であった。遺産分割は難航し、Aや他の法定相続人から繰り返し遺産分割の調停の申立てがされたが、調停が成立するには至らなかった。

　そこでAは、昭和48年、C法律事務所に所属するD弁護士との間で委任契約を締結し、同弁護士を各遺産分割調停事件の代理人とした。その後、遺産分割調停事件は、平成元年に審判事件に移行し、平成16年6月18日確定の審判により、Aは土地（以下「本件土地」という。）や現金他の遺産等を取得することとなった。その後Aは、前記遺産分割調停及び審判事件の弁護士報酬としてC法律事務所へ約1,300万円を支払った。

　Aは、本件土地を私的に利用することもないまま、平成17年3月31日、株式会社Eへ本件土地を1億500万円で譲渡し、平成18年3月15日、本件土地の譲渡について、分離長期譲渡所得に係る収入金額1億500万円、分離長期譲渡所得の金額9,078万6,261円と記載した確定申告書を提出した。Aは、その確定申告書における分離長期譲渡所得の金額の計算において、C法律事務所に対して支払った弁護士報酬のうち本件土地に対応する金額である989万181円を本件土地の譲渡に係る取得費として控除した。その後Aは、平成18年8月8日に死亡し、Aの相続人である納税者がAの所得税の納付義務を承継した。

　課税庁は、Aの平成17年分所得税について、上記弁護士報酬を取得費に算入することはできないという理由で更正処分及び過少申告

加算税の賦課決定処分をした。

3 判決の要旨

❶ 所得税法は、相続による資産の所有権移転の場合には、限定承認のときを除き、その段階において譲渡所得課税を行わず、相続人がその資産を譲渡したときに、その譲渡所得の金額の計算についてその者が当該資産を相続前から引き続き所有していたものとみなすと規定しており、被相続人が当該資産を取得するのに要した費用は相続人の譲渡所得金額の計算の際に取得費としてその譲渡収入金額から控除されることとなる。これは、相続（限定承認を除く。）の時点では、資産の増加益が顕在化しないことから、その時点における増加益に対する課税を留保し、その後相続人が資産を譲渡することによってその増加益が具体的に顕在化した時点において、これを清算して課税することとしたものであり、この規定の本旨は、増加益に対する課税の繰延べにあると解される。

❷ 相続人が相続した不動産を譲渡した場合の譲渡所得の金額の計算において譲渡収入金額から控除される取得費のうちの「資産の取得に要した金額」は、被相続人と相続人の両者について、その不動産を取得したときにおける、①その不動産の客観的価格を構成すべき取得代金の額と、②その不動産を取得するための付随費用の額を合算すべきことになる。このうち、相続人については、相続は被相続人の死亡という事実に基づいて何らの対価なくして財産の承継が生ずるものであるから、①は考えられず、相続により取得した不動産の所有権移転登記手続等をするために要する費用（登録免許税等）が、②の付随費用に当たるものである。本件においては、遺産分割に要する費用が、相続人の上記②の付随費

用に当たるかどうかが、問題となる。

❸　遺産分割は、共同相続人が、相続によって取得した共有に係る相続財産の分配をする行為であり、これによって個々の相続財産の帰属が定まり、相続の開始の時に遡って、各相続人が遺産分割により定められた財産を相続により取得したものとなるのである。

❹　このような法的性質に照らして考えると、遺産分割は、まず、これにより個々の資産の価値を変動させるものではなく、遺産分割に要した費用が当該資産の客観的価格を構成すべきものではないことが明らかである。そして、遺産分割は、資産の取得をするための行為ではないから、これに要した費用（例えば、遺産分割調停ないし同審判の申立手数料）は、資産を取得するための付随費用ということもできないといわざるを得ない（これに対し、例えば、既に共同相続人の共有名義の相続登記がされているときに、遺産分割の結果に基づいて単独名義に持分移転登記手続をするために要する費用は、単独で相続したことを公示するために必要な費用であるから、単独名義の相続登記をする費用と同様に、資産を取得するための付随費用に当たるというべきである。）。

　したがって、遺産分割の手続について弁護士に委任をした場合における弁護士報酬は、相続人が相続財産を取得するための付随費用には当たらないものというべきである。

4　事例の検討

　遺産分割の際の弁護士報酬がその遺産分割により取得した資産の取得費となりうるかが争われた事案である。審判所の裁決では、遺産分割の際の弁護士費用は相続人間の紛争を解決するための費用であり、本件土地を取得するために通常必要と認められる費用とはい

えないため、資産の取得に要した金額には該当しないとされていた。「通常」という文言は所得税法38条には用いられておらず、通達から導出されたとみられ、疑問の残る判断であった。

これに対し、1審、2審とも裁判所は、遺産分割は資産の取得をするための行為ではないからこれに要した費用は資産を取得するための付随費用には含まれないとした。審判所の裁決に対し裁判所は、遺産分割の際に支出した弁護士費用が資産を取得するために通常必要と認められる費用であるか否かが問題なのではなく、遺産分割に要した費用はそもそも取得費を構成しない、とした。

【高木良昌】

実務へのフィードバック

本事案においては、相続開始後遺産分割が完了するまで40年弱もかかっておりまさに"争続"といえる事情がある。確かに遺産分割は資産を取得するための行為ではないが、弁護士の代理がなければ相続はまとまらず、Aは本件土地を取得することはできなかった。そういった観点からは必要な費用であったといえるのではないだろうか。現状では、本事案におけるような弁護士費用は、税法上考慮される機会がない費用ということになる。

資産の多少に関わらず相続が争続となってしまい、代理人を立てざるを得なくなる、という状況はそれほど珍しいものではない。当事者としてはやむを得ず支出した費用である、と認識しているケースが多い。相続財産を取得するために要した費用と考えるのが人情であるともいえ、取得費とできないのか相談を受ける税理士も多くなるのではないだろうか。本事案は、そういった際の弁護士費用の経費性について検討すべきことを提起している。

だがしかし、「資産の取得に要した金額」には、当該資産の客観

的価格を構成すべき取得代金の額のほか、登録免許税、仲介手数料等の当該資産を取得するための付随費用の額も含まれるが、他方、当該資産の維持管理に要する費用等居住者の日常的な生活費ないし家事費に属するものはこれに含まれない。この取得費の要件を再確認しつつ、現状では遺産分割に係る弁護士費用は相続財産を取得するための付随費用とはいえず、取得費に含めることはできないという点について留意しなければならない。

Ⅱ 所得税関係

13 居住用財産の特別控除
－贈与により取得した家屋と生活の本拠－

松江地判 平成25年12月26日（TAINS Z888-1809）

本事例の着目点

❶居住期間、居住実態を基本として居住意思をも併せて考慮し、社会通念に照らして総合判断すると、納税者は、土地建物の所有権取得後、所有者として、その家屋を生活の本拠としていたとは言い難いとして居住用財産の譲渡所得の特別控除の適用を否認された事例である。

❷居住用財産の譲渡所得の特別控除を受けるには住民票等の形式だけではなく、客観的な居住実態と居住意思などを確認する必要があると示唆した事例である。

1 問題の所在

　居住用財産を譲渡した場合には、新たに居住用財産を取得しなければならない。そのため一般的には譲渡代金を自由に処分することはできない。したがって、居住用財産の譲渡による所得は担税力がないため、課税を緩和する様々な特例が用意されている。その内の一つが居住用財産の譲渡所得の特別控除である。この適用を受ける

ためには一定の適用要件があるが、当然「居住用財産の譲渡であること」が適用要件の一つである。

本事案では譲渡した財産が居住用財産といえるかどうかが問題となった。この特別控除を受けることができない場合、当然ながら納税額は大きく増加することとなる。納税者は居住用財産の譲渡所得の特別控除を受けるため親子間贈与をし、登記をするなど様々な行動をとっている。ただ、居住開始後すぐに売買契約を結ぶなど譲渡の前に納税者の生活の本拠が実際そこにあったといえるような状況ではなかったため納税者の主張は認められなかった。

実際、居住の用に供していたかどうかを判断する場合にはどういった基準を用いるべきなのであろうか。居住の用に供する財産とは、生活の本拠として使用していることを意味する。そのため、居住の用に供していたかどうかの判断は生活の本拠性があったかどうかを判断するということとなる。生活の本拠性の判断は、住民票や登記などの形式だけではなく、客観的な居住の事実や、主観的な納税者の居住意思などを考慮して総合的に判断するということを確認する必要がある。

2 事例の概要

納税者は、平成18年5月17日、その後売却することとなる家屋の所在地に住民票上の住所を定めた。納税者の母Aは、平成18年7月1日付けで、前記土地建物を納税者に贈与し、贈与証書を作成した。そして、同月18日付けで、贈与を原因とする所有権移転登記をした。

納税者及びAは、移転登記の翌日である平成18年7月19日、Bとの間で、前記土地建物を含む不動産を代金6,500万円で売り渡す旨の売買契約を締結した。Bは、同日付けで、A及び納税者に対し、

上記売買契約の手付金として、1,000万円を交付した。

　納税者は、平成19年4月19日、改めてBとの間で、上記土地建物を3,000万円で売り渡す旨の売買契約を締結し、手付金の内500万円を充当し残金2,500万円を受領した。また同日Aも、Bと改めてA所有分の土地建物を3,500万円で売り渡す旨の売買契約を締結し、手付金の内500万円を充当し残金3,000万円を受領した。

　納税者は、平成18年12月末まで、本件家屋を使用し、その後、他所に転居していた。当時納税者は一人暮らしであったが、同年7月ないし12月当時、本件家屋を使用し、本件家屋でのガス使用料と電気料金は単身世帯1か月当たりの平均的支出額より少額であり、水道料金も平成17年と比較すると、約半額程度であった。なお納税者は、父が平成18年12月26日に死亡して以降、仕事を終えると、実家で食事及び風呂を済ませてから本件家屋に帰っており、実家で生活する時間が長くなっていた。

　納税者は上記土地建物の譲渡につき居住用財産の譲渡所得の特別控除を適用して申告したが、課税庁は、納税者が平成18年7月19日、Bとの間で、売買契約を締結していることからすると、納税者が、真に居住の意思をもって、本件家屋を使用していたとはいえないし、また、納税者が、同年末まで、本件家屋を使用していたとしても、実家において、主に生活し、本件家屋を生活の本拠としていなかったのであるから、本件不動産譲渡に、上記居住用財産の譲渡所得の特別控除は、適用されないというべきであるとして所得税の更正処分を行った。

3 判決の要旨

❶　措置法35条1項の「居住の用に供」するという文言は、文言の通常の意味からすると、当該家屋を生活の本拠（民法22条）とし

て使用していることを意味するものと解される。

❷　制度趣旨に照らして解釈すると、当該個人が、当該家屋を、譲渡所得の帰属者の立場において、すなわち、その所有者として、生活の本拠に利用していた家屋を意味するものと解するのが相当である。生活本拠性が求められることは、措置法35条1項の委任を受けて制定されている措置法施行令23条1項が、個人が居住の用に供している家屋を二以上有する場合には、これらの家屋のうち、その者が主としてその居住の用に供していると認められる一の家屋に限るものとする、と規定していることからも明らかである。

❸　生活本拠性の有無については、民法22条の解釈を参考にして、客観的な居住の事実を基本として、居住意思という主観的事実をも考慮して、社会通念に照らして、総合的に生活本拠性を判断するのが相当である。そして、課税庁が主張する真に居住の意思があるかどうかという点及び継続的居住の事実があるかどうかという点は、それぞれ、独立の要件事実というよりは、生活本拠性（要件事実）を推認させる間接事実として考慮されることになるものと考える。

❹　本件家屋への客観的な居住事実を基本として、納税者の居住意思という主観的事実をも考慮し、社会通念に照らして、総合的に本件家屋の生活本拠性を判定すべきことになる。

❺　納税者は、平成18年7月1日の時点で、住民票の住所を本件家屋の所在地に定めていたとはいえ、同年12月末には、本件家屋から転居しているのであり、しかも、平成19年4月19日の売買と同日付けで、再び、P県Q市R町2104番地に住民票上の住所を定めているのである。加えて、納税者が、平成18年7月ないし12月当時、本件家屋を使用していたとしても、それを主たる生活の拠点とまではしていなかったことが推認されるのである。

❻　そうすると、平成18年7月1日から起算してその居住期間を考慮すると、納税者の居住期間は、わずか半年程度に過ぎず、しかも、その居住実態は、本件家屋を主たる生活の拠点とするものとは認め難いものである。

❼　加えて、納税者は、本件土地建物の所有者となった同日から、わずか18日後の同月19日には、Aとともに、Bに対し、後の本件土地建物に相当する不動産を含む不動産を、代金6,500万円で売り渡し、Bは、A及び納税者に1,000万円の手付金を交付したものの、本件手付金は、Bに返還されることはなく、かえって、平成19年4月19日、納税者とB、AとBとの間でなされた売買契約の各代金に充当され、その残額がBから納税者及びAに対して、それぞれ、支払われているのであって、平成19年4月19日の後、納税者から、平成18年7月19日の売買に関して、不動産仲介業者に対して、仲介手数料の支払がなされていることをも併せ考慮すると、両契約は、全体として、一連・一体の取引であると評価すべきである。納税者は、本件土地建物の所有権取得後、所有者として、本件家屋を生活の本拠とする意思を有していたかどうかにつき、相当に疑問が残るものといわざるを得ない。

❽　以上、認定による納税者の本件家屋への居住期間、居住実態を基本として、その居住意思をも併せ考慮し、社会通念に照らして総合判断すると、納税者は、本件土地建物の所有権取得後、所有者として、本件家屋を生活の本拠としてその用に供していたとはいい難い。

4　事例の検討

居住用財産の譲渡所得の特別控除が適用されるか否かが問題となった事案である。裁判所は、居住実績が半年しかなく居住実態も

主たる生活の拠点としていたとはいえず、居住開始後すぐに売買契約を結んでおり、生活の本拠性なしとし、特別控除の適用を認めなかった。

【高木良昌】

実務へのフィードバック

　本事案は、確かに居住開始後半年後には転居しており、加えて居住開始後すぐに売買契約を結んでいるなど、生活の本拠がそこにあったかというと疑わしい点が多い。裁判所の判断は妥当といえるかもしれない。しかし、水道光熱費が少額であることや実家で風呂や食事を済ませていたことが、生活の本拠性を否定する根拠の一つとされた点には疑問が残る。

　ガス料金と電気料金は平均より少額であっただけであり、全く生活のあとがうかがえないほど少額であったわけではない。また、実家が近所であれば風呂や食事をそちらですませることはそれほど不自然なこととはいえない。本事案ではその他の状況からいずれにしても本拠性は否定されるであろうが、実家で食事を済ませた後、寝に帰る場所があるというのであればそちらが生活の本拠といえるのではないだろうか。

Ⅱ 所得税関係

14 居住用財産の特別控除

―共有家屋の一部を取り壊して敷地を譲渡した場合―

東京地判 平成21年11月 4日（TAINS Z259-11304・TKC 25463662）
東京高判 平成22年 7月15日（TAINS Z260-11479・TKC 25463663）

本事例の着目点

1 個人が、居住用家屋の敷地である土地を更地として譲渡する目的で取り壊して、当該土地のみの譲渡をした場合も、措置法35条1項の要件に該当するとした事例である。

2 一部取壊し後にも居住の用に供する建物が存在していたが、納税者は建物の共有持分を喪失していたから、残存建物は納税者の居住の用に供しえないとした事例である。

1 問題の所在

　租税特別措置法35条1項は、個人用居住財産に係る譲渡所得についての特別控除を規定している。この規定は、一般に、人が自ら居住の用に供している家屋や敷地等を譲渡する場合は、代替となる居住用財産を取得するのが通常であることから、一般の資産の譲渡と比べると担税力が高くないという点を考慮した特例である。特別控除額が3,000万円と大きいことから、納税者にとっては措置法が適用できるかどうかは重大な関心事である。措置法の適用を受けるに

は、措置法の要件が満たされなければならない。

本事案では、土地と建物について共有持分を有する納税者が、居住の用に供している家屋部分の敷地に相当する部分を分割取得していたが、この分割取得した土地と建物に代わる居住資産を取得するために、居住の用に供している家屋部分を取り壊して、分割取得した土地を更地で譲渡したという事情が存在する。本事案で問題となっているのは、共有家屋の一部を取り壊して敷地を譲渡した場合も、措置法の要件を満たすかどうかという点である。

2 事例の概要

平成15年12月に亡親の相続財産について、遺産分割協議に基づき、納税者は、本件建物の居住状態に応じて分筆された土地の所有権と、建物の持分4分の1を取得した。残りの4分の3の建物の持分は、納税者とともに建物に居住している義理の姉Aが取得した。

その後、納税者は、平成16年6月、建物から退去して、建物のうち自身の居住部分を取り壊した上で、同年12月、第三者との間で土地を1,925万円で売却する旨の売買契約を締結し、平成17年1月、第三者に土地を引き渡した。また建物の一部取壊し後の平成16年7月、納税者は、建物の持分を、建物の残存部分に居住するAに贈与した。

納税者は、宅地の譲渡に係る譲渡所得に対する所得税の確定申告をしたが、本件譲渡は租税特別措置法35条1項（平成18年法律第10号による改正前のもの）に定める居住用財産の譲渡所得の特別控除の要件を満たすとして、更正の請求をした。税務署長から更正すべき理由がない旨の通知処分を受けた納税者が通知処分の取消しを求めて出訴したのが本事案の概要である。

第1審は、措置法35条1項の趣旨を踏まえて、一部の取壊しが当

該部分の敷地の用に供されていた土地の部分を更地として譲渡するために必要な限度のものであり、かつ、取壊しによって当該家屋の残存部分がその物理的形状等に照らし居住の用に供し得なくなったときには、当該家屋の全体が取り壊された場合に準ずるとの基準の下で、本件建物の一部取壊し後も、Aが建物の残存部分に居住し続けているから、建物の残存部分が居住の用に供し得なくなったとはいえないと判断して、措置法適用を否定した。

3 判決の要旨

❶ 措置法35条1項に定める特別控除は、個人が自ら居住の用に供している家屋又はその敷地等を譲渡するような場合は、これに代わる居住用財産を取得するのが通常であるなど、一般の資産の譲渡に比して特殊な事情があり、担税力も高くない例が多いことなどを考慮して設けられた特例であると解される。

❷ 家屋の存する土地の取引において、当該家屋を必要としない買主が、当該家屋を売主の負担において取り壊すことを求めることがしばしば見られるのは公知の事情であり、上記に述べた措置法35条1項の趣旨からすれば、個人が、その居住の用に供している家屋をその敷地の用に供されている土地を更地として譲渡する目的で取り壊した上、当該土地のみの譲渡をした場合は、上記の家屋をその敷地の用に供されている土地とともに譲渡をした場合に準ずるものとして、措置法35条1項の要件に該当すると解することができる。

❸ 土地建物について共有持分を有する個人が、その居住の用に供している家屋部分の敷地に相当する部分を分割取得し、これに代わる居住資産を取得するために、当該居住の用に供している家屋部分を取り壊し、そのうえで分割取得した土地を更地で譲渡した

場合についても、個人が自ら居住の用に供している家屋又はその敷地等を、これに代わる居住用財産を取得するために譲渡するという点では同じであり、一般の資産の譲渡に比して特殊な事情があり、担税力も高くないということができる。

❹ 土地上に1棟の建物が存する場合において、土地建物それぞれについて共有持分を有し、同建物に居住する者同士が、お互いの共有持分に相当する土地部分の分割に加え、建物についてもお互いの取得する土地上の建物部分についてこれを建物として区分することに合意し、その上で一方が自らが分割取得した共有土地部分上に存する建物部分を取り壊した上で、その敷地に相当する共有土地部分を譲渡し、他の共有者が同じく分割取得した土地上の残存家屋について単独で所有権を取得し、その結果、分割取得した共有土地部分を譲渡した共有者が建物の共有持分を喪失したと認められる場合においては、これを全体としてみる限りは、共有者の1人が自らの土地上に存する自らが所有し居住する建物を取り壊した上で、その敷地部分を譲渡した場合と同視することができる。

❺ 合意の趣旨としては、建物の一部取壊しに際しては、その部分に対するAの共有持分の放棄がなされることの見合いで、残存家屋部分に対する納税者の共有持分の放棄がなされることが合意されていたものとみるべきであるから、納税者は、上記一連の手続の結果、建物の共有持分を喪失したことが明らかである。

❻ 納税者による土地の第三者への譲渡は、自らの所有する土地上に存する自らが所有し居住する建物を取り壊した上で、その敷地部分を第三者に譲渡した場合と同視することができるというべきであり、措置法35条1項の要件に該当する。

4 事例の検討

　租税法実務や裁判例においては、個人が自ら居住の用に供している家屋等を譲渡する場合の優遇措置である措置法35条1項の趣旨を踏まえて、個人が、居住の用に供している家屋をその敷地の用に供されている土地を更地として譲渡する目的で取り壊した上、当該土地のみを譲渡した場合には措置法の要件を満たし、当該資産に関する長期譲渡所得の金額から3,000万円の控除が認められる。

　本事案では、建物と土地を他の親族と共有し、同建物に居住していた納税者が、同土地を第三者に譲渡するに当たり、納税者の居住部分となっていた建物部分を取り壊した上で土地を譲渡した場合にも、措置法35条1項の要件を満たすか否かが争われている。

　控訴審判決は、土地建物に共有持分を有する個人が、居住の用に供している家屋部分の敷地に相当する部分を分割取得し、これに代わる居住資産を取得するために、当該居住の用に供している家屋部分を取り壊した上で分割取得した土地を更地で譲渡した場合であるとした。その上で実質的には個人が自ら居住の用に供している家屋等に代わる居住用財産を取得するための譲渡であり、措置法の要件を満たすと判断した。

　確かに、建物は物理的形状に照らすと、一部取壊し後にも居住の用に供する建物として存在していた。しかし、納税者は一部取壊し後の建物の共有持分を喪失しており、残存建物は納税者の居住の用に供しえないものであった。譲渡が土地上に存する自らの所有する居住建物を取り壊した上での譲渡であるとした判断は、措置法35条1項の立法趣旨を踏まえた判断であるという点から評価できる。

【谷口智紀】

実務へのフィードバック

　納税者の事情は、裁判所も指摘するように、「しばしば見られる」日常的な話であるにもかかわらず、納税者の負担が控訴審まで継続した事実は重い。今後の実務に影響を及ぼす注目すべき判決といえる。

　なお、事例の概要にもあるように、納税者は、当初は、特例の適用をせずに宅地の譲渡に係る譲渡所得に対する所得税の確定申告をしたが、特例の適用を求めて更正の請求をしている。更正の請求に至る経緯は不明であるが、結果として納税者にとって有利に運んだことを考慮すると、税の繁忙期を過ぎた時点において、再検討する余裕が必要かもしれない。

II 所得税関係

15 譲渡損失に係る税制改正と遡及適用の合憲性

千葉地判所 平成20年 5月16日（TAINS Z258-10958・TKC 25440143）
東京高判所 平成20年12月 4日（TAINS Z258-11099・TKC 25440930）
最　　判 平成23年 9月22日（TAINS Z261-11771・TKC 25443752）

本事例の着目点

■譲渡損失の損益通算が廃止になった所得税法の改正が、当該年の1月に遡って適用されることの可否が問われたが、報道された税制大綱の周知期間が約2週間しかなかったことから、納税者の税制改正に対する予測可能性が議論され、話題となった事例である。

1 問題の所在

　憲法30条は、「国民は、法律の定めるところにより、納税の義務を負う」と定め、憲法84条で、「あらたに租税を課し、又は現行の租税を変更するには、法律又は法律の定める条件によることを必要とする」と定めている。これを租税法律主義といい、税法の基本原則を構成する重要な要素の一つとされている。今日的な表現で示せば、租税法律主義は、まさしくコンプライアンスの理念ということになるが、いうまでもなく法令遵守は、納税者側ではなく、課税側に課せられることが、税法領域での本質であるべきである。

租税法律主義に関する議論は、決して疎かにはなされていないが、実務では、通達課税の恒常化や租税行政立法の氾濫など、租税法律主義の形骸化は著しいという見解も少なくなく、その実情も否定できない。

　この租税法律主義は、さらに課税要件法定主義、課税要件明確主義、合法性の原則、手続保障の原則及び遡及立法の禁止などの理念から構成される。なかでも遡及立法の禁止は、課税に関する予測可能性を保障する意味から構築されている。例えば、毎年、税制に関する法律改正に関する国会審議は、3月から5月に行われ、その改正が遡って1月とか4月から適用されるなど、年度をまたぐことから、遡及の時期についての議論がある。

　本事案は、予測可能性の見地から、納税者にとって不利益な税制改正が論議を呼んだ事例である。

2　事例の概要

　租税特別措置法31条の改正によって、平成16年分以降の所得税につき長期譲渡所得に係る損益通算が廃止された。改正の内容は、平成15年12月17日に、与党の平成16年度税制改正大綱として決定され、翌日の新聞で報道された。改正法は平成16年3月26日に成立して、同年4月1日から施行された。この改正後の規定は平成16年1月1日以後に行う土地等又は建物等の譲渡にも適用された。

　納税者は、平成5年4月以来所有する土地を譲渡する旨の売買契約を同16年1月30日に締結し、同年3月1日に買主に引き渡した。納税者は平成16年分の所得税の確定申告書を税務署長に提出したが、その後、本件譲渡によって長期譲渡所得の金額の計算上生じた損失の金額と他の各種所得との損益通算の適用を求めて更正の請求をしたが、税務署長は更正をすべき理由がない旨の通知処分をし

た。納税者は、改正法を施行日である同年4月1日以前に行われた本件譲渡に適用して損益通算を認めないことは納税者に不利益な遡及立法であって憲法84条に違反する等と主張して通知処分の取消しを求めて出訴した。

控訴審は、期間税である所得税の納税義務の成立は暦年の終了時点であるから、本件改正法は遡及立法ではなく、納税者に不利益を与える改正法の遡及適用は合理的な理由があるとして憲法84条に違反しないと判断して、納税者の主張を棄却した。

3 判決の要旨

❶ 所得税の納税義務は暦年の終了時に成立するものであり、措置法31条の改正等を内容とする改正法が施行された平成16年4月1日の時点においては同年分の所得税の納税義務はいまだ成立していないから、損益通算廃止に係る改正後の同条の規定を同年1月1日から同年3月31日までの間にされた長期譲渡に適用しても、所得税の納税義務自体が事後的に変更されることにはならない。

❷ 暦年途中で施行された改正法による損益通算廃止に係る改正後措置法の規定の暦年当初からの適用を定めた改正附則が憲法84条の趣旨に反するか否かについては、諸事情を総合的に勘案した上で、暦年途中の租税法規の変更及びその暦年当初からの適用による課税関係における法的安定への影響が納税者の租税法規上の地位に対する合理的な制約として容認されるべきものであるかどうかという観点から判断する。

❸ 改正附則において損益通算廃止に係る改正後措置法の規定を平成16年の暦年当初から適用することとされたのは、その適用の始期を遅らせた場合、損益通算による租税負担の軽減を目的として土地等又は建物等を安価で売却する駆け込み売却が多数行われ、

上記立法目的を阻害するおそれがあったため、これを防止する目的によるものであった。

❹ 長期間にわたる不動産価格の下落により既に我が国の経済に深刻な影響が生じていた状況の下において、改正附則が本件損益通算廃止に係る改正後措置法の規定を暦年当初から適用することとしたことは、具体的な公益上の要請に基づくものであった。

❺ 法改正により事後的に変更されるのは、納税者の納税義務それ自体ではなく、特定の譲渡に係る損失により暦年終了時に損益通算をして租税負担の軽減を図ることを納税者が期待し得る地位にとどまる。納税者にこの地位に基づく上記期待に沿った結果が実際に生ずるか否かは、当該譲渡後の暦年終了時までの所得等のいかんによるものであって、当該譲渡が暦年当初に近い時期のものであるほどその地位は不確定な性格を帯びる。

❻ 改正附則は、平成16年4月1日に施行された改正法による損益通算廃止に係る改正後措置法の規定を同年1月1日から同年3月31日までの間に行われた長期譲渡について適用するというものであって、暦年の初日から改正法の施行日の前日までの期間をその適用対象に含めることにより暦年の全体を通じた公平が図られる面があり、また、その期間も暦年当初の3か月間に限られている。納税者においては、これによって損益通算による租税負担の軽減に係る期待に沿った結果を得ることができなくなるものの、それ以上に一旦成立した納税義務を加重されるなどの不利益を受けない。

4 事例の検討

本事案では、平成16年3月に成立した譲渡損失の損益通算を廃止する改正税法を同年1月以降の土地・建物取引に遡及適用すること

の可否について、最高裁は、所得税が期間税であることを根拠に、本事案は遡及立法の問題ではなく遡及適用の問題であるとし、遡及適用の合憲性の判断は、当該法規定が納税者の租税法規上の地位に対する合理的な制約であるか否かによって判断すると示した。これ受け改正税法には納税者の駆け込み売却を防止する目的があること、改正税法を遡及適用することで暦年全体を通した納税者間の公平が図られることなどを理由に、遡及適用は憲法84条の趣旨に反しないと結論づけた。

本事案は、遡及適用の合憲性について、すでに類似事例における控訴審において、納税者敗訴で確定していたことから（福岡高判平成20年10月21日・平成20年（行コ）第5号）、最高裁の判断が注目されていた。納税者敗訴の結果を受けて、判決直後には訴訟の在り方、とくに納税者側の主張内容の是非について、法曹界・学界を巻き込んだ論争まで発展するなど、斯界に及ぼした影響は大きい。

【林　仲宣】

実務へのフィードバック

期間税の遡及適用について、例えば減税措置を考慮すれば、あながち否定するものでもない。減税措置は1月に遡り、給与所得者等にとっては年末調整で、それ以外は確定申告で、講じられる。もっとも本事案の場合は、納税者にとって不利益な結果をもたらす改正であることが論点となる。もちろん租税法律主義の定める租税負担の変更は、増税のみを対象にするものではないから、遡及適用の是非は、減税の場合においてもその合憲性を議論すべきという見解も出てくる。

これに対して、最高裁は、「改正税法には納税者の駆け込み売却を防止する目的がある」とまで言及し、「納税者間の公平を図る」

ことができるとしているが、税制改正が例年実施されることを考えると疑義がでてくる。まさしく庶民感覚でいえば、本事案の争点は、納税者の租税負担の予測可能性である。

通常、不動産取引において当事者は租税負担を検討することは日常的であり、その場合に損益通算を想定することは自然である。最高裁は、「平成16年分以降の所得税につき長期譲渡所得に係る損益通算を廃止する旨の方針を含む上記大綱の内容について上記の新聞報道がされた直後から、資産運用コンサルタント、不動産会社、税理士事務所等が開設するホームページ上に次々と、値下がり不動産の平成15年中の売却を勧める記事が掲載されるなどした」という。しかしながら、課税関係を予測するためには十分な情報とそれを得る時間が必要であるから、一般の納税者にとって、年末までの2週間という期間は、議論に値しない短さである。

最高裁の指摘に従うなら、いわゆる情報格差による納税者間の不公平が発生する。税制改正に対応して、短期間に迅速な不動産取引を履行するためには、適切で有益な指導や助言が必要となる。前掲類似判例でも不動産業者は税制改正を認識していたが、影響までは理解していなかったという。やはり税法の専門家による個別事情に応じた直接のアドバイスが不可欠となる。結局、経済格差が情報格差につながり、租税負担が減少するという申告納税制度の負の面が露呈することになる。

なお、興味深いことは、この税制改正による損益通算廃止の遡及適用を争点とする訴訟は、本事案と既に述べた福岡高裁判決により納税者が敗訴した2例のみ公表されている。それ以外の事例を寡聞にして知らない。聞くところによれば、本事案において、納税者は控訴審裁判に至るまで法律の専門家の援助を受けることがなかったといわれている。つまり納税者の主張に対して、法律家は消極的だったのである。このことは税理士等の税法の専門家にあっても同

様である。その結果、税制改正が多く納税者に影響を及ぼした割には、この遡及適用を問題提起した訴訟が他になかったのだろう。

　少なくとも税法の常識を踏まえれば、遡及適用は納税者にとって有利不利の関係なく当然と理解されてきた。その意味で本事案は結果はともかく一石を投じたことは明らかである。同時に、税法の常識にとらわれることのない納税者の視点に基づく税法解釈という視野を広げるべきと示唆した事例として留意すべきである。

II 所得税関係

16 不動産所得で生じた損失の損益通算
－船舶リース事件－

名古屋地判 平成17年12月21日（TAINS Z255-10248・TKC 28110422）
名古屋高判 平成19年 3月 8日（TAINS Z257-10647・TKC 28140940）
最　　　決 平成20年 3月27日（TAINS Z258-10933・TKC 25470651）

本事例の着目点

1. 動機、意図などの主観的事情によって、通常は用いられることのない契約類型であるか否かを判断することはできず、税負担を伴うあるいは税負担が重い契約類型こそが当事者の真意であると認定することを許されないとした事例である。
2. 選択された契約類型における「当事者の真意の探求」は、当該契約類型や契約内容自体に着目して、客観的な見地から判断すべきであるとした事例である。

1 問題の所在

　民法上の組合を組成した上で、個人出資者を募り、組合が高額の事業用資産を取得して、その資産を他者にリースして収益を獲得しつつ、高額の減価償却費を計上するよって、各出資者は出資に応じて、実質的には事業による損失が生じることになる。これによって、納税者は、事業所得でマイナスを生じさせ、他のプラスの所得との損益通算を試みるという税負担減少手法が存在する。本事案で

用いられたのは船舶リースであるが、航空機リースによる手法も存在する。また、法人税をめぐって減価償却費の計上を用いた税負担減少行為の事例としては、映画フィルムリースを用いた手法も存在する。

本事案では、賃貸事業における減価償却費等を他の所得と損益通算することができるか否かが争われる中で、納税者が行った契約は、民法上の組合契約に該当し、当該収益は不動産所得に区別されるか、あるいは、利益配当契約に該当し、当該収益は雑所得に区分されるかが問題となっている。

2 事例の概要

A株式会社は、平成6年頃、個人を対象として、民法上の組合形式で行う船舶賃貸事業を企画・研究し、平成7年頃から、「船舶用船事業のご案内」と題するパンフレット等を示して、賃貸事業への参加の勧誘を開始した。

Aが企画し、勧誘した賃貸事業の基本的な仕組みは、A及び同社の100％子会社であるB株式会社は、大型船舶の共有持分権を出資し、これを利用して賃貸事業を行うことを目的とする民法上の組合を設立し、その組合員を募集する。組合に参加を希望する個人は、Bが取得した大型船舶の共有持分権を購入する（1口5,000万円）と同時に、出資して、組合に参加するとの契約を締結する。組合参加希望者が共有持分権を購入するに際しては、AないしBから購入金額の一部の融資（セットローン）を受けることができ、その場合には、購入した共有持分権に譲渡担保権を設定する。

民法上の組合は、英国領ケイマン諸島において、Aの現地法人と共に、同現地法人がゼネラル・パートナー、組合がリミテッド・パートナーとなり、双方が最初に100円ずつ出資し、更に組合が船

舶を出資して、リミテッド・パートナーシップ（LPS）を成立させる。LPSは、事業者と裸傭船契約を締結して船舶をリースし、約定に従ったリース料を受領すると、これを出資口数に応じて組合の組合員に配分する（セットローン利用者は、まず返済債務に充当する）。10年間経過後は、その時点における経済情勢により、船舶を売却し、売却代金を同様に配分する。

　A及びBは賃貸事業を共同して行うことを目的として、民法上の組合であるC組合、D組合及びE組合を設立するとともに、Bは、Aのケイマンにおける現地法人から、大型船舶の各購入契約を締結した。各組合は、ケイマンにおいて、各船舶購入元と共に、LPSを成立させるとの契約を締結した。

　他方、賃貸事業の勧誘を受けた納税者Xは、Bから各船舶の共有持分権を購入するとの契約を締結すると同時に、各共有持分権を出資して、各組合に参加する旨の契約を締結するとともに、セットローン契約を締結した。

　各LPSは、傭船者とする裸傭船契約を締結して各船舶を賃貸した。各傭船先は、更に海運業者との間で、各船舶についての定期傭船契約を締結している。

　納税者Y、Zは、平成11年12月8日、C組合理事の承認を得て、納税者Xから、C組合の出資持分各1口の譲渡を受ける（同月31日付け）とともに、同出資持分に係るAに対する債務を引き受け、C組合の理事長宛てに通知し、確認書を差し入れた。

　納税者らが、それぞれ組合員となっている民法上の組合として行った船舶賃貸事業に係る収益が不動産所得に当たることを前提に、減価償却費等を損益通算して所得税の確定申告を行った。

　税務署長らが、納税者らの締結した契約は民法上の組合契約ではなく、利益配当契約にすぎないことを理由に、同収益は雑所得であって損益通算は許されないとして、各更正処分等を行ったことに

対して、納税者らが各処分の取消しを求めて出訴した。

3 判決の要旨

❶ 租税回避行為として有効性が問題となり得るが、租税法律主義の観点からは、当該法的手段、形式が私法上は有効であることを前提としつつ、租税法上はこれを有効と扱わず、同一の経済目的を達成するために通常用いられる法的手段、形式に対応する課税要件が充足したものとして扱うためには、これを許容する法律上の根拠を要する。

❷ 動機、意図などの主観的事情によって、通常は用いられることのない契約類型であるか否かを判断することを相当とするものではなく、まして、税負担を伴わない、あるいは税負担が軽減されることを根拠に、直ちに通常は用いられることのない契約類型と判断したうえ、税負担を伴う、あるいは税負担が重い契約類型こそが当事者の真意であると認定することは許されない。

❸ 現代社会における合理的経済人にとって、税負担を考慮することなく法的手段、形式を選択することこそ経済原則に反するものであり、何らかの意味で税負担を考慮するのがむしろ通常であると考えられるから、このような検討結果を経て選択した契約類型が真意に反するものと認定されるのであれば、それは事実認定の名の下に、法的根拠のない法律行為の否認を行うのと異ならない。

❹ 選択された契約類型における「当事者の真意の探求」は、当該契約類型や契約内容自体に着目し、それが当事者が達成しようとした法的・経済的目的を達成する上で、社会通念上著しく複雑、迂遠なものであって、到底その合理性を肯認できないものであるか否かの客観的な見地から判断する。

❺ 合理的経済人が、減価償却費と損益通算による所得の減少を考慮して、事業計画を策定することは、ごく自然なことと考えられる上、現実の納税額の総額が減少するのは、所得税法が採っている累進課税制度、長期譲渡所得の優遇措置などを適用した結果であり、税法自体が容認している範囲内のものにすぎない。

❻ 各組合参加契約は、民法上の組合契約として成立していると認められ、各組合が行う賃貸事業による収益は、納税者ら一般組合員についても、不動産所得として区分されるべきである。

4 事例の検討

　裁判所は、租税法律主義の下では、租税回避行為の否認は、法律上の根拠規定が必要であることを指摘した上で、事実認定の問題では、動機、意図などの主観的事情によって、通常は用いられることのない契約類型であるか否かを判断することは許されず、税負担を伴わないあるいは税負担が軽減されることを根拠に、直ちに通常は用いられない契約類型であると判断し、税負担を伴うあるいは税負担が重い契約類型が当事者の真意であると認定することも許されないとした。

　合理的経済人が、減価償却費との損益通算による所得の減少を考慮して、事業計画を策定することは、ごく自然であるとして、本事案の各組合参加契約は、民法上の組合契約として成立していることから、各組合が行う賃貸事業による収益は、納税者らの不動産所得として区分されるべきであるとの判断を下した。

　租税法は侵害規範であることから、租税法律主義の下で租税法の厳格な解釈・適用がなされなければならない。また、租税法が私的経済取引を課税の対象とすることからは、租税法はこれらの私的経済取引を規律する私法に従って、解釈されなければならない。

課税庁が、当事者の真実の意図として租税回避の意図の存在を認定し、当事者の真実に意図した法形式を認定する権限は法律上で認められていない。

　脱税行為の場合には、仮装行為という違法行為を取り除き、真実の法形式に従った課税がなされる。脱税行為と租税回避行為は、当該行為が私法上有効か否かという点が異なる別類型の税負担減少行為であり、同列に論じることはできない。

　以上の視点からは、租税法律主義の視点を重視した裁判所の判断は妥当であったと評価できよう。租税回避行為の否認は明確な個別否認規定によって否認すべきことを明らかにした判例と位置付けることができる。

【谷口智紀】

実務へのフィードバック

　本事案は、民法上の組合における一般組合員とされた納税者らが、賃貸事業における減価償却費等を他の所得と損益通算することができるか否かが争われた。富裕層を対象とした、いわゆる節税スキーム・投資ともいうべき取引である。具体的には、各組合参加契約は、民法上の組合契約に該当し、当該収益は不動産所得に区分されるか、あるいは、実質的には利益配当契約に該当し、当該収益は雑所得に区分されるかが争点であるが、やはり事実認定の在り方がポイントである。

Ⅱ 所得税関係

17 収益の計上時期
－一括収受した公的年金－

山形地判 平成18年12月 5日（TAINS Z256-10594・TKC 28141416）
仙台高判 平成19年 3月27日（TAINS Z257-10669・TKC 28141415）
最　　決 平成19年 9月25日（TAINS Z257-10789・TKC 25463453）

本事例の着目点

1. 公的年金を遡って一括収受した場合の計上時期について、社会保険庁の裁定日基準ではなく、受給権確定基準による、いわゆる権利確定主義によると判定された事例である。
2. 累進課税の見地からすれば、当然、納税者にとってもこの方が有利ではあることは、いわば税法の常識であるが、納税者の個別事情が垣間見られる事例である。

1 問題の所在

　通常、収益の計上方法は、企業会計の領域では、発生主義と現金主義があり、これに対して、税法の領域では発生主義を厳格に捉えた権利確定主義が採用されているとされる。一方、企業会計上の実現主義との差異についても議論もある。ともかく権利確定主義は、所得計算上の収益の認識基準の一つであり、法律上の権利が確定したときに、所得計算の基礎となる収益に計上するという考え方とされている。

所得税法が総合課税を採用しているのは、各人の担税力に即して課税することを目的としているためである。所得税法は、担税力に応じた課税をなすために所得区分、人的諸控除及び累進税率構造を設けている。特に累進税率構造を採用する所得税法の下では、一定期間における所得の大きさに応じて適用される最高税率が異なることから、所得の計上時期を操作すると適正な担税力に応じた課税がなされないという結果を招く。したがって、所得の計上基準となる収入金額の計上時期の問題は税負担の多寡に大きな影響を与えることから、税法上の大きな論点である。

　所得金額計算の通則として所得税法36条1項は、その年分の各種所得の金額の計算上収入とすべき金額は、その年において収入すべき金額とする旨を規定する。これは、現実に収入がなくても収入すべき権利の確定した金額を計上すべきことを命じているものと理解されている。

　公的年金においては、一般に一定期間（支給事由が生じた日）の到来によって収入すべき権利が確定することとされるから、いわゆる支給日（受給権確定）基準が採用されている。収入金額をこの支給日基準にすれば、納税者が恣意的に所得の帰属年度を操作する余地を排することになり、課税の公平を図ることができる。

　何らかの事情により、年金給付の裁定を求める手続が行われ、裁定に基づき年給の給付が確定した場合に、この裁定の期日を計上時期とする、いわば裁定日基準が有効とするならば、例えば、裁定の請求を遅らせることによって所得の年度帰属を人為的に操作することも可能になり、納税者の恣意を許すことで、課税の公平を害することとなる。

　ただ実際は、所得の分散効果から、支給日基準による計上の方が、税負担の軽減が見込まれることが多いことはいうまでもない。

2 事例の概要

　本事案の争点の一つは、一括で収受した老齢厚生年金の収入の帰属時期であり、納税者の主張は、次のとおりである。

　平成14年10月10日、社会保険事務所長から、老齢厚生年金について社会保険庁長官により裁定が行われた旨の「厚生年金保険裁定通知書」の送付を受け、同通知書には平成9年10月に受給権を取得した旨記載されていた。

　平成14年11月15日付け年金支払通知書を受け、同日郵便貯金口座に社会保険庁から年金26万0766円が振り込まれたことにより、老齢厚生年金の金額を知ることができた。自己の郵便貯金口座に本件年金が振り込まれた時点で、これを自らの認識と判断により管理ないし処分することが可能となったのであり、それ以前にはその金銭を所得として管理又は使用することができなかった。よって平成14年10月10日以前には、老齢厚生年金の受給権の存在を知らず、同年11月15日になって老齢厚生年金を受給したのであり、本件年金は平成14年分の所得である。

　これに対する課税庁の主張は次のように内容である。

　本件年金は、老齢厚生年金であり、平成9年10月にその受給権を取得した。本件年金の支給開始年月は、平成9年11月、平成10年4月、平成11年4月、平成12年4月である。本件年金は、実際に支払われたのは平成14年11月であるが、これは「さかのぼって支払われ」たものである。社会保険庁は、本件年金について、源泉徴収票に平成9年分から平成13年分に分けて、それぞれ老齢厚生年金の支払があったものとしての扱いをしている。

　厚生年金法に基づく年金の支給時期の規定、所得税法における収入すべき金額の規定、公的年金等の収入すべき時期についての通達

の規定、本件年金の帰属年度についての取扱いからすれば、本件年金が裁定を受けて現実に支払われたのは、平成14年10月ないし11月であっても、源泉徴収票に記載された金額がそれぞれ平成9年分ないし同13年分に帰属するものとして支給されたものとみるべきである。

3 判決の要旨

❶　所得税法は、現実の収入がなくても、その収入の原因となる権利が確定した場合には、その時点で所得の実現があったものとして権利確定の時期に属する年分の課税所得を計算するという建前（いわゆる権利確定主義）を採用しているものと解される。そして、収入の原因となる権利が確定する時期はそれぞれの権利の特質を考慮して決定されるべきである。

❷　社会保険庁長官が行う裁定は、基本権たる受給権の存在を公権的に確認する行為であるにすぎず、裁定を受けることによって具体的に請求できるとされているのも、画一公平な処理により無用な紛争を防止し、給付の法的確実性を担保するためであって、厚生年金法の定める年金給付に係る受給権は、同法の定める受給要件を満たした時点で基本権が発生し、その後支給期日が到来することにより支分権が発生し、受給権者が裁定の請求さえすればいつでも年金の支給を受けることができる状態にあるから、その支給期日が到来した時点で年金の支給を受ける権利が確定したものと解される。

❸　法令により定められた支給日をもって当該年金の収入すべき時期と解すれば、納税者が恣意的に所得の帰属年度を操作する余地を排して課税の公平を図ることができるのに対し、裁定により一時に支払われることとなった老齢厚生年金の収入すべき時期を当

該裁定時と解したのでは、受給権者が裁定の請求を遅らせることによって所得の帰属年度を人為的に操作する余地が生じるなど、納税者の恣意を許し、課税の公平を害することとなる。

❹　老齢厚生年金については、厚生年金法36条に規定された支払期月が到来した時にその支給を受ける権利が確定すると解されるのであるから、裁定により前年分以前の老齢厚生年金が一時に支払われることとなった場合には、厚生年金法36条が定める支払期月の属する年分の収入金額として課税所得を計算すべきである。

❺　公的年金の支払者に源泉徴収義務が成立するのは年金の支払のときであり（通則法15②二）、他方、源泉徴収票は、当該年中に支払の確定した公的年金につき作成されるものであるから（所規94の2①三）、社会保険庁が、平成14年に、平成9年分ないし平成13年分の年金を一括して遡って支払うにつき、各年分の源泉徴収票をそれぞれ作成して交付した手続に何ら誤りはなく、これをもって虚偽の源泉徴収票ということはできない。

4　事例の検討

　本事案においては、社会保険庁長官の裁定を受けるまでの経緯は不明である。当事者である納税者の妻は、昭和35年7月に厚生年金保険の被保険者の資格を取得したが、その後、約20年間にわたってブラジルに居住し、帰国後、厚生年金及び国家公務員共済に加入したのち、平成10年6月から国家公務員共済から退職共済年金を受給していた。そのため、この未払年金は、世情を騒がせた年金漏れ騒動とは異なるが、未払年金の受給に伴う課税の本質は変わらない。

　納税者は、修正申告すべきことを極めて重い負担である旨の主張に対して、課税庁は、負担が極めて重いと評価されるべきか否かはともかく、この負担を避けるべき要請が、納税者の恣意を許し、課

税の公平を期し難いという弊害の生じることを避けるべき要請に優先するとは解し難い、と反論する。申告納税制度における納税者の責任は重い。ともかく、金額の多寡の問題だけではないが、様々な家庭の事情があることを本事案は示している。

税法の常識という感覚があるとするならば、本事案には異論をはさむ余地はなく、当然という裁判所の判断である。

【林　仲宣】

実務へのフィードバック

実務では、源泉徴収票に記載された年次により粛々と処理するだけである。いわばこの源泉徴収票の記載内容が唯一、納税者の申告内容を保証する資料といえるわけであり、申告書作成の拠り所といってよい。

税法の常識では、権利確定主義の見地から高額な税負担は免れることは理解できる。というより権利確定主義という理論を持ち出すまでもなく、また改めて税法の常識と再認識する必要もなく、俗にいえば皮膚感覚的な手続なのである。

本事案のような場合は、この税法の常識から、納税者有利と考えることはいうまでもない。ところが、本事案における納税者の妻は、公的年金を遡って受給したため、納税者が受けていた過年度分の配偶者控除及び配偶者特別控除の適用が否認されということが背景にある。配偶者控除等の減税にまで考えが及ばないのは無理もないが、課税庁より処分を受けた所得税額は各年とも１万数千円である。

Ⅱ 所得税関係

18 収入を得るために支出した金額
－受取人以外の法人が支払った保険料－

福岡地判 平成22年 3月15日（TAINS Z260-11396・TKC 25480998）
福岡高判 平成22年12月21日（TAINS Z260-11578・TKC 25443549）
最　　判 平成24年 1月16日（TAINS Z262-11856・TKC 25444111）
福岡高判 平成25年 5月30日（TAINS Z888-1804・TKC 25446025）

本事例の着目点

■所得税法34条2項にいう「その収入を得るために支出した金額」は、これを修正する法令の規定が存するなどの特段の理由がない限り、一時所得の所得者本人が負担した金額に限られるとした事例である。

1 問題の所在

所得税法34条2項は、
一時所得の金額＝「その年中の一時所得に係る総収入金額」－「その収入を得るために支出した金額の合計額」－「一時所得の特別控除額を控除した金額」（50万円）
によって算定するとしている。

同条にいう「その収入を得るために支出した金額」には、本人が支出した金額の他に、本人以外が支出した金額も含まれるかどうかは、条文からは明確に判断することができない。

本事案では、法人が契約者となって保険料を支払った養老保険契

約に基づいて、納税者が満期保険金の支払を受けた。本事案で問題となっているのは、納税者が受け取った満期保険金の金額を一時所得に係る総収入金額に算入した場合に、納税者の支払った保険料の他に、法人が支払った保険料も一時所得の金額の計算上控除できるかどうかという点にある。

本事案は、租税法律主義の下では、租税法の解釈は厳格な文理解釈によるべきであるが、「所得」の意義を踏まえて、所得税法34条2項にいう「その収入を得るために支出した金額」を趣旨解釈した事例である。

2 事例の概要

平成12年12月1日、納税者の経営する法人が契約者となり、被保険者を納税者の子ら、子らが満期日前に死亡した際の死亡保険金合計3,000万円の受取人を法人、子らが満期日まで生存した場合の満期保険金合計3,000万円の受取人を納税者とする、3口の養老保険契約を締結した（満期日平成17年11月30日）。保険料は、納税者と法人が各2分の1ずつ負担していた。支払保険料の経理処理について、納税者負担分の2分の1は、納税者に対する役員報酬として経理処理したため、納税者は当該部分を給与として課税された。他方、法人負担分の2分の1は、法人が保険料として損金処理したため、納税者は給与として課税されていない。

養老保険契約の満期保険金を受領した納税者は、法人が負担した分も含む保険料全額を、納税者の一時所得の金額の計算上控除し得る「収入を得るために支出した金額」（所法34②）に当たるとして平成17年分所得税の確定申告をした。これに対して、税務署長が、保険料は、納税者が「収入を得るために支出した金額」に当たらないとの更正処分等をした。納税者は各処分の取消しを求めた。

第1審は、憲法84条の租税法律主義の要請から租税法の解釈に当たっては法令の文言が重視すべきであることを明らかにした上で、「所得税法34条2項及び所得税法施行令183条2項2号本文の文言からは、一時所得の計算における控除の対象が所得者本人が負担した部分ないし積立分に限られるのか否か明らかでないこと」等を理由に、支払保険料全額が、所得税法34条2項にいう「収入を得るために支出した金額」に該当するとの判断を下した。

3　判決の要旨

❶　所得税は基本的に個人の所得に対する租税であるところ、所得とは、一般に、人の担税力を増加させる経済的利得であり、具体的には、個人が稼得した収入金額から、その収入を得るために支出した金額を控除した純所得をいうが、担税力が個人単位で把握される以上、純所得並びにその基礎となる収入及び支出もそれぞれ個人単位で把握されるべきものである。また、法34条2項の文理解釈としても、同項が、「支出された」とは規定せず、「支出した」と規定しているのは、「その収入を得」た者と「支出した」者とが同一人であることを前提にするものと解するのが自然である。

❷　法34条2項所定の「その収入を得るために支出した金額」には、これを修正する法令の規定が存するなどの特段の理由がない限り、一時所得の所得者本人が負担した金額に限られ、それ以外の者が負担した金額は含まれないと解するのが相当である。そして、このことは、所得概念の本質的要素であるとともに（「所得」という文言自体がこの趣旨を内包しているのであって、限定解釈ではない。）、所得税法の根幹をなす基本原則を構成する。

❸　所得税法施行令183条2項2号の解釈に当たっては、同号は法

34条2項の細則として制定されたものであるから、一時所得の金額の計算上、総収入金額から控除することができるのは、一時所得の所得者本人が負担した金額に限られ、それ以外の者が負担した金額は含まれないという同項の解釈を踏まえるべきこととなる。

❹ 同号における「総額」という文言は、負担者が複数存在する場合にその複数の者が負担した金額の合計額を示す趣旨ではなく、特定の負担者が負担した金額について、当該年度に支払った分だけでなく、過去に支払った分も合わせた複数年分の金額の合計額を示す趣旨のものと解するのが自然である。

❺ 所得税基本通達34-4は、本文のみならず注書も併せて実質的に解釈すれば、形式的文言はともかく、一時所得の金額の計算上控除することができる金額は、給与課税等をされることにより所得者本人が負担した金額とする趣旨のものと解するのが相当である。これによって、法34条2項及び施行令183条2項2号の解釈とも整合するのであって、基本通達34-4に、上記各法令の解釈と異なる立法者の意思が示されているということはできない。

4 事例の検討

本事案は、養老保険契約により受領した満期保険金を一時所得として申告するに当たり、一時所得金額の計算上控除可能となる所得税法34条2項にいう「その収入を得るために支出した金額」に会社負担支払保険料が含まれるかどうかにある。

控訴審判決は、所得税が個人単位で担税力を把握する租税であるから、所得の基礎となる収入及び支出も個人単位で把握すべきであるとして、所得税法34条2項にいう「その収入を得るために支出した金額」は、法令による修正など特段の理由がない限り、一時所得

の所得者本人が負担した金額に限られると判断した。その上で、所得税法施行令182条2項2号や所得税基本通達34－2は、所得税法34条2項を修正する法令ではないとしている。

本事案の争点は租税法解釈のあり方である。租税法の解釈は、租税法が侵害規範であるから、憲法30条と84条を法的根拠とする租税法律主義の下では、厳格な文理解釈によるべきである。趣旨解釈が許容される場合もあるが、条文を文理解釈した上で複数の解釈が生じるとき、条文の趣旨を明らかにして、どちらの解釈を取るべきかを決定するという手法により許容されなければならない。文理解釈と趣旨解釈を同列に扱うべきではない。租税法の解釈においては、租税法規の文言が重視される必要がある。

ところで、租税法の文言には、固有概念、借用概念、固有概念と借用概念のいずれにも属さない概念（一般概念）がある。このうち、本事案で問題となっている一般概念は、納税者の予測可能性を確保するために、通常一般人が用いる意味に理解すべきである。この税法解釈のあり方は、所得税法施行令322条の「当該支払金額の計算期間の日数」の意義が争われた最高裁平成22年3月2日判決など最近の判例で確認されている。

所得税法34条2項の「その収入を得るために支出した金額」が、一時所得の所得者本人が負担した金額に限られるかを条文の文言から明らかではない。そうすると、支払保険料全額が、所得税法34条2項にいう「収入を得るために支出した金額」に該当するとした第1審の判決は、租税法律主義の要請を重視した租税法解釈を行ったとして評価できる。一方で、「所得」の意義を明らかにした上で、所得税法34条2項にいう「その収入を得るために支出した金額」が特段の理由がない限り、一時所得の所得者本人が負担した金額に限られるとした控訴審判決には疑問がある。

最高裁は、所得税が個人の担税力の増加に着目した税であるとし

た上で、所得税法34条2項にいう「その収入を得るために支出した金額」に該当するには、当該収入を得た個人において自ら負担して支出したものに限られるとして、控訴審と同じ結論を導出している。

【谷口智紀】

実務へのフィードバック

　法人が役員等を被保険者として、保険料の全部又は一部を負担する保険契約を締結することは日常的といってもよい。その趣旨は、死亡時の生命保険金を目的とするいわば本来の生命保険契約と異なるが、目先の利益調整ばかりとは言い切れない。家庭で負担すべき保険料を会社負担として、役員給与を減額し、所得税及び社会保険料の負担軽減を図ることや、保険契約解約による返戻金を資金繰り対策とすることなど、保険契約は中小企業経営には不可欠な存在である。多岐にわたる保険商品があるが、契約時には、満期又は解約時における受取保険金に対する課税関係を確認するということは、やはり重要といえる。

II 所得税関係

19 必要経費の範囲
－弁護士会役員による交際費等の支出－

東京地判 平成23年8月 9日（TAINS Z261-11730・TKC 25472529）
東京高判 平成24年9月19日（TAINS Z262-12040・TK 25482739）
最　　決 平成26年1月17日（TAINS Z888-1815）

本事例の着目点

■本事案は、弁護士団体の活動費に対する見解ではあるが、判旨は、「ある支出が業務の遂行上必要なものであれば、その業務と関連するものでもある」と明言した事例である。

1 問題の所在

　必要経費という言葉は、税法の領域以外でも日常的に使用されるが、所得税法で示される必要経費の概念と範囲は、極めて限定されたものといえる。所得税法では、「その年分の不動産所得の金額、事業所得の金額又は雑所得の金額の計算上必要経費に算入すべき金額は、別段の定めがあるものを除き、これらの所得の総収入金額に係る売上原価その他当該総収入金額を得るため直接に要した費用の額及びその年における販売費、一般管理費その他これらの所得を生ずべき業務について生じた費用（償却費以外の費用でその年において債務の確定しないものを除く。）の額とする」と規定している（所法37①）。

なかでも事業所得の必要経費は、法人税法の規定と本質的には差異はないものと考えられ、個々の費目も法人所得計算上の損金と、ほぼ一致するといっていい。もっとも、法人が専ら営利を追求し事業を遂行するのに比べ、個人の場合は、事業による所得の追求と同時に、消費経済の担い手として家庭生活を営んでいるので、個人が支出する費用を、事業所得の計算上、必要経費として認定する際には、収益の対応がかなり厳しく解釈される傾向にある。

　この場合に、事業所得における必要経費に関する基本的な考え方は、次の2つの基本判例で、その趣旨と理由に示されていた。

　すなわち、「当該事業について生じた費用、すなわち業務との関連性が要求されるとともに、かつ、業務の遂行上必要であること、すなわち必要性が要件となるものと解する。しかして、事業遂行のために必要か否かの判断は、単に事業主の主観的判断のみではなく、通常かつ必要なものとして客観的に必要経費として認識できるものでなければならないものと解すべきである（東京地判昭和53年4月24日）。

　したがって、「必要経費に算入されるのは、それが事業活動と直接の関連を有し、当該業務の遂行上必要なものに限られるべきであり、それ以外の費用は、家事費に該当し、必要経費には算入されないというべきである」（最判平成9年10月28日）としている。

　所得税法の規定する必要経費は、「業務について生じた費用」であり、業務との関連性が問われる。この業務関連性を文字どおり解釈すれば、業務に関連して支出されたもののすべてとなるが、かなり広範な概念となる。一方、業務関連の範囲を業務遂行上に不可欠な支出と厳密に定義づけるとするならば、当然、狭義なものとなる。

　したがって、事業所得を生ずべき事業について生じた費用とは、客観的にみて、その支出した費用がその事業と関連性があり、事業

の遂行上必要な支出であることを要しかつ、費用収益対応の原則からすれば、収入すべき金額を生ぜしめる事業に係る費用に限られるものと解される。

2 事例の概要

納税者は、仙台市内に事務所を構えて弁護士業を営み、仙台弁護士会の会員である納税者は、仙台弁護士会会長及び日弁連理事を務め、また日弁連副会長を務めるなどしていた。納税者は、これらの役員としての活動に伴い支出した懇親会費等を事業所得の金額の計算上必要経費に算入して、所得税の確定申告をした。これに対して、課税庁は、これらの費用については、所得税法に規定する必要経費に算入できないとして更正処分等を行ったため、納税者が、これらの支出が事業所得の金額の計算上必要経費に該当すると主張した事案である。

3 判決の要旨

(1) 第1審判決

❶ 納税者が弁護士会等の役員として行う活動を社会通念に照らして客観的にみれば、その活動は、納税者が弁護士として対価である報酬を得て法律事務を行う経済活動に該当するものではなく、社会通念上、弁護士の所得税法上の「事業」に該当するものではない。

❷ 弁護士が弁護士の地位に基づいて行う活動のうち、所得税法上の「事業」に該当する活動とは、弁護士がその計算と危険において報酬を得ることを目的として継続的に法律事務を行う経済活動

をいうところ、弁護士会等の役員としての活動は、弁護士会等との関係ではその任期中において継続性や反復性を有するといえるものの、それらの活動自体が当該弁護士個人にとって営利性や有償性を有するとはいえず、その活動から生じる成果は弁護士会等や弁護士全体に帰属するものであって、所得税法上の「事業」ということはできない。

② 控訴審判決

❶ 所得税法施行令96条1号が、家事関連費のうち必要経費に算入することができるものについて、経費の主たる部分が「事業所得を…生ずべき業務の遂行上必要」であることを要すると規定している上、ある支出が業務の遂行上必要なものであれば、その業務と関連するものでもある。これに加えて、事業の業務と直接関係を持つことを求めると解釈する根拠は見当たらず、「直接」という文言の意味も必ずしも明らかではない。

❷ 納税者の弁護士会等の役員等としての活動が納税者の「事業所得を生ずべき業務」に該当しないからといって、その活動に要した費用が納税者の弁護士としての事業所得の必要経費に算入することができないというものではない。なぜなら、納税者が弁護士会等の役員等として行った活動に要した費用であっても、これが、納税者が弁護士として行う事業所得を生ずべき業務の遂行上必要な支出であれば、その事業所得の一般対応の必要経費に該当するということができるからである。

❸ 弁護士会等の活動は、弁護士に対する社会的信頼を維持して弁護士業務の改善に資するものであり、弁護士として行う事業所得を生ずべき業務に密接に関係するとともに、会員である弁護士がいわば義務的に多くの経済的負担を負うことにより成り立っているものであるということができるから、弁護士が人格の異なる弁

護士会等の役員等としての活動に要した費用であっても、弁護士会等の役員等の業務の遂行上必要な支出であったということができるのであれば、その弁護士としての事業所得の一般対応の必要経費に該当する。

❹ 弁護士会等の目的やその活動の内容からすれば、弁護士会等の役員等が、①所属する弁護士会等又は他の弁護士会等の公式行事後に催される懇親会等、②弁護士会等の業務に関係する他の団体との協議会後に催される懇親会等に出席する場合であって、その費用の額が過大であるとはいえないときは、社会通念上、その役員等の業務の遂行上必要な支出である。

❺ 弁護士会等の役員等が、①自らが構成員である弁護士会等の機関である会議体の会議後に、その構成員に参加を呼び掛けて催される懇親会等、②弁護士会等の執行部の一員として、その職員や、会務の執行に必要な事務処理をすることを目的とする委員会を構成する委員に参加を呼び掛けて催される懇親会等に出席することは、それらの会議体や弁護士会等の執行部の円滑な運営に資するものであるから、これらの懇親会等が特定の集団の円滑な運営に資するものとして社会一般でも行われている行事に相当するものであって、その費用の額も過大であるとはいえないときは、社会通念上、その役員等の業務の遂行上必要な支出である。

最高裁は、上告不受理を決定したため、控訴審の判断が確定した。

4 事例の検討

本事案の争点は、納税者が弁護士会の役員としての活動に伴う支出が事業所得の金額の計算上必要経費に算入できるか否かである。

納税者は、所得税法37条に定める必要経費のうち、一般対応の必

要経費については、その文言及び性質上、支出と収入の直接関連性は必要とされていないから、会務活動に伴う支出はいずれも必要経費に該当すると主張した。

これに対して、課税庁の主張は、一般対応の必要経費に該当するか否かは、当該事業の業務と直接関係を持ち、かつ、専ら業務の遂行上必要といえるかによって判断すべきであるから、本件支出はいずれも必要経費に該当しないというものである。課税庁の主張は、いわゆる業務関連性に基づく見解であり、経費性を収入に影響を及ぼす支出かどうかという見地で判断する通説的な内容である。

第1審の判断は、課税庁の主張に沿った判旨であったが、控訴審は、業務関連性について画期的な解釈を示し、最高裁もその判断を容認した。今後、収入額と必要経費に係る業務関連性の理解について、及ぼす影響は大きい。

控訴審は、所得税法施行令96条の解釈からは、一般対応の必要経費について、事業の業務と直接関係を持つことを求めると解釈する根拠は見当たらず、「直接」という文言の意味も必ずしも明らかではないとした上で、弁護士会等の活動は、弁護士として行う事業所得を生ずべき業務に密接に関係するとともに、会員である弁護士がいわば義務的に多くの経済的負担を負うことにより成り立っていることから、弁護士が弁護士会等の役員等としての活動に要した費用であっても、弁護士会等の役員等の業務の遂行上必要な支出は、その弁護士としての事業所得の一般対応の必要経費に該当すると判示した。この基準を用いて、納税者の弁護士会の役員としての活動に伴う各支出について、一般対応の必要経費の該当性を判断している。

【林　仲宣】

実務へのフィードバック

　本事案は、弁護士が弁護士会等の役員等としての活動に要した費用が、弁護士としての事業所得の一般対応の必要経費に該当すると判示するが、この論旨は、当然、弁護士会の一般会員が弁護士会等の活動に要した費用が一般対応の必要経費に該当することはもちろん、法的に強制加入団体である税理士会の会員などにも同様の適用されることになるだろう。

　しかし、本事案の重要性は、士業団体の活動費に対する見解ではない。判旨は、「ある支出が業務の遂行上必要なものであれば、その業務と関連するものでもある」と明言している。もちろん本事案は、いわばギルド的な業務団体である士業団体内の活動ということで、すでに業務を前提としているという見方もできる。しかし、これまで課税庁は、一般対応の必要経費にも「直接」の文言を付すことで、必要経費の範囲を狭く解してきた。この「直接」の文言が見直されたことは、実務上、極めて重大な問題を提起している。

II 所得税関係

20 必要経費の算入時期
－社会保険診療報酬の不正請求に係る返還債務－

東京地判 平成22年12月17日（TAINS Z260-11576・TKC 25443737）
東京高判 平成23年10月 6日（TAINS Z261-11780・TKC 25444466）
最　　決 平成24年 9月27日（TAINS Z262-12055・TKC 25503570）

本事例の着目点

1. 不当利得の返還義務は不当に利得を得た時点で確定しているが、通常の債務と異なり、債務確定時期に必要経費に算入することはできない。実際に弁済が行われたときに必要経費に算入されるとした事例である。
2. 必要経費の算入時期を考える際には債務確定時期がいつなのか、を考えることが基本であるが、無効な行為に関する所得の返還等に係る損失についてはその限りではないことを示した事例である。

1 問題の所在

個人事業の所得計算における必要経費算入時期の問題である。通常は債務確定主義により、その年に債務が確定しているものはその年の必要経費になる、とされている。そのため必要経費の算入時期が問題となる場合においては通常、債務の確定時期が問題とされることが多い。

しかし、不当な利得の返還に係る債務というものは、当然返還すべきものである。そのため、返還請求された時点で発生、確定するものではなく、収入とされたときに当然返還義務が発生しその債務も確定はしている。

これを上記に挙げた通常の債務と同様に全額その債務確定時、還元すれば、不当な利得を収入に算入した年の必要経費とできるのか、それとも実際に弁済した年の必要経費としなければならないのかが問題となった。

2 事例の概要

納税者は、北海道帯広市において、病院を経営していたが、平成17年3月、北海道社会保険事務局等の調査の結果、病院において、不正又は不当な診療報酬請求が行われていたものと判断され返還請求を受けた。不正請求分等の返還対象期間は同13年2月から同17年2月までの間であり、不正請求分には40％の加算金が賦課されるとされた。

納税者は、平成17年10月、北海道社会保険事務局等に対し、不正請求分等について、返還の対象となる同13年2月診療分から同17年2月診療分までの診療報酬の金額を該当する保険者へ直接返還することに同意する旨の返還同意書を提出した。なお、不正請求分等に係る返還すべき金額の合計額は、同18年11月半ばの時点では約10億円であるとされた。本件返還債務について、平成17年10月以降、納税者は順次履行し、同20年10月23日までに約4,165万円履行した。

上記を受けて納税者は平成16年中における不正請求等の金額を同16年分の収入金額から減算して同16年分の所得を計算し、同17年3月15日に同16年分の所得税の確定申告書を提出した。

その後、平成17年中における不正請求等の金額を同17年分の収入

金額から減算し、同13年から同15年までの不正請求等の金額と同13年分から同17年分の不正請求金額に加算される加算金を前期損益修正損として同17年分の必要経費に算入して同17年分の所得を計算し、翌年以後に繰り越す純損失を約7億8,000万円とする同17年分所得税の確定申告書を平成18年3月15日に提出した。

これに対し課税庁が、返還債務のうち現実に履行していない部分の金額及び加算金の金額を総収入金額から控除し、又は必要経費に算入することはできないなどとして、本件各年分につきそれぞれ更正処分及び過少申告加算税賦課決定処分をしたという事案である。なお、納税者は平成17年9月20日をもって本件病院を廃業し、本件病院の勤務医である訴外Bに対し、本件病院の営業譲渡を行い、その営業を引き継いだ。

3 判決の要旨

❶ 無効な行為により生じた所得であっても、納税者が現実にその利得を支配管理し、自己のためにそれを享受して、その担税力を増加させている以上は、課税の対象とされるのであるが、本来、無効な行為は、当事者の意思表示等を必要とせず当然にその効力が当初から否定されるものであるから、取消しの場合等と異なり、その行為が無効であることによる利得の返還義務等の発生時期を観念することは困難であり、また、その行為が無効であることが当事者において認識されるに至る経緯や態様も種々あり得るところであって、これによる損失の発生時期を「債務の確定」という基準で律することは、適切でないものといわざるを得ない。そこで、所得税法施行令141条3号は、無効な行為があった場合において、その行為が無効であることに基因して損失が生じると認められる明確なメルクマールの一つである、利得の返還義務等

が現実に履行されたことをもって、必要経費に算入できる損失の発生の要件としたものと考えられるのであり、このことを、「無効な行為により生じた経済的成果がその行為の無効であることに基因して失われ」たとの文言で表したものと解するのが相当である。

❷　本件において、原告は本件各返還同意書を提出するなどしており、他方各保険者からは原告に対する返還請求が行われているのであるから、原告が本件返還債務を負っていることは、当事者間において既に確認されているものといえるのであるが、このことのみで、原告が診療報酬の不正請求等をしたことにより生じた経済的成果が失われたということはできないのであり、原告が本件返還債務を現実に履行した場合に初めて、その部分についてその経済的成果が失われたものとして、その履行した日の属する年分の事業所得等の金額の計算上、必要経費に算入することができるものというべきである。

❸　不正請求等をすることによって得た経済的成果は、所得税法施行令141条3号所定の「無効な行為により生じた経済的成果」にほかならないものであり、納税者が、その経済的成果を当該行為の無効であることに基因してこれを失ったときに、これによって生じた損失の金額を必要経費に算入できるにすぎないものであることは、所得税法51条2項、同法施行令141条3号の規定から明らかというべきである。

❹　本件加算金は、前提事実のとおりの経緯で、偽りその他不正の行為によって診療報酬の支払を受けたとして課せられたものであり、納税者は、これを受けて、本件加算金の額を3億9,422万1,070円と計算し、平成17年分の総勘定元帳の前期損益修正損勘定の借方に記載したものである。したがって、本件加算金は、所得税法施行令98条の2にいう事業所得を生ずべき業務に関連して、故意

又は重大な過失によって他人の権利を侵害したことにより支払う損害賠償金又はこれに類するものに該当するというべきであるから、その額は必要経費に算入することはできない。

❺ 加算金は、その全体が損害の賠償たる性質を有しているというべきであって、そこに併せて行政上の制裁としての性質が含まれているとしても、加算金の額がそれぞれの性質に分けて区分されているものではないから、その一部を必要経費に算入できると解することはできない。

4 事例の検討

　診療報酬の不正請求分等の返還請求を受けた納税者が、返還請求があった時点で返還請求を受けた金額全額を必要経費に算入することができるかどうかが争われた事案である。

　納税者は、社会保険事務局等の監査等の結果に基づき、保険者によって不正請求等に係る診療報酬の支払が取り消され、その結果として返還請求がされた。この取り消された返還すべき債務が確定した時点で損失が発生したこととなり、納税者は、未履行債務の金額も含めて必要経費に算入することができると主張した。しかし、不正請求等に係る分は、納税者が受け取るべきものではなかった金員であるから、当然に返還義務を負っている。納税者は不正請求等によって得た利得の返還請求を受けたのであり、その返還を保険者が求める際に、保険者が何らかの行為を取り消すことは前提として予定されてはいない。

【高木良昌】

実務へのフィードバック

　必要経費算入時期が争われる際には債務確定時期が争点となることが多いが、本事案の場合は、そもそも納税者が得た不当な利得の返還請求である。不正請求等が発覚した時点で直ちに債務確定であるから必要経費の算入が可能、とはならない。裁判所のいうとおり、債務を現実に履行した際に初めて損失発生の要件を満たしたとして必要経費に算入することができるといえる。本事案は、申告手続上、納税者の行為自体に不自然を感じるが、すでに納税者は廃業していることから苦肉の策であったかもしれない。

　実務では必要経費算入時期を考える際にどうしても債務確定時期から考えてしまうが、不当な利得の返還請求を受けた場合は安易に債務確定主義により請求を受けた時点で債務を計上するのではなく、実際に弁済するまで必要経費に算入できない、ということを確認しておくべきである。

II 所得税関係

21 保証債務の履行における求償権の行使不能
―所得税法64条2項の適用の可否―

福岡地判 平成23年11月11日（TAINS Z261-11807・TKC 25480116）
福岡高判 平成24年 9月20日（TAINS Z262-12041・TKC 25503561）

本事例の着目点

1. 所得税法64条2項の趣旨は、求償権を行使することができなくなった限度で資産の譲渡による所得に対する課税を免れさせることによって、課税上の救済を図る点にあるとした事例である。
2. 共同保証人間の人的関係に基づく心情的な困難性をもって、求償権の全部又は一部の行使ができなくなったとはいえず、所得税法64条2項は適用できないとした事例である。

1 問題の所在

　租税公平主義の下では、担税力に応じた課税がなされるべきである。所得税法64条2項は、納税者の実質的担税力に着目し、保証債務を履行したが求償権を行使できない場合には、保証債務の履行のために行った「資産の譲渡」による所得に課税しないとしている。
　一方で、保証債務を履行した納税者が連帯保証人に対して求償権を行使し、譲渡代金を回収できる場合には、納税者は資産の値上り

益を享受でき、実質的担税力は増加することから、同規定は適用できない。

本事案では、会社の借入金債務を代表取締役である納税者が代位弁済したところ、会社に対して求償権を行使できず、また連帯保証人である妻乙に対しても求償権を行使できないという場合である。本事案では、所得税法64条2項の適用の可否をめぐって、事実認定が問題となっている。

2 事例の概要

株式会社A酒店の代表取締役であり、平成18年11月30日に解散した株式会社B社の清算人である納税者と、A酒店及びB社の取締役である納税者の妻乙は、C銀行等に対するA酒店及びB社の借入金債務を連帯保証していた。納税者は、平成18年11月30日、所有する土地を約4億4,825万円でD社に売却し、その売却代金の一部をA酒店及びB社の債務の代位弁済に充てた。

その後、納税者は、平成18年12月30日付け内容証明郵便により、債務の支払能力がないことを理由に、A酒店及びB社に対する債務を代位弁済したことによる求償権について債務免除し、求償権を放棄すると通知した。また、納税者は、同日付け内容証明郵便により、乙には支払能力がないことを理由に、納税者の代位弁済のため連帯保証人乙に対して有する求償権について、求償権を放棄すると通知した。

納税者は、平成19年3月14日、平成18年分の所得税の確定申告において、所得税法64条2項を適用して、代位弁済等に伴って生じた求償権の一部のうち行使できなった部分の金額について、分離長期譲渡所得の金額の計算上なかったものとみなす等として、長期譲渡所得の金額を計算し、確定申告を行った。

これに対して、税務署長は調査を経由して平成20年10月31日、同法64条2項は適用できないとして更正処分及び過少申告加算税の賦課決定処分を行ったのに対して、処分の取消しを求めて原告納税者が出訴したのが本事案である。

3 判決の要旨

❶ 所得税法64条2項の趣旨は、保証人が、将来保証債務を履行したとしても、主たる債務者に対する求償権の行使によって実質的な経済的負担を免れ得るとの予期の下に、保証契約を締結して他人の債務の履行について契約上の義務を負担したところ、その義務を履行するために資産の譲渡を余儀なくされ、しかも保証契約の締結時の予期に反して求償権を行使することができなくなった場合においては、これらの経緯を全体としてみると、当該資産の値上がり益を現実に享受する機会を失ったものとして、資産の譲渡代金が回収不能になった場合と類似した利益状況にあるということができるから、求償権を行使することができなくなった限度で当該資産の譲渡による所得に対する課税を免れさせることによって、特に課税上の救済を図ろうとする点にある。

❷ 連帯保証債務を履行した場合において、他に連帯保証人が存する場合には、共同保証人に対しても求償権を有するものであるところ、所得税法64条2項は、求償権の相手方について何ら限定を設けておらず、文理上、これを主債務者に対する求償権に限定すべき根拠は何ら見当たらないし、同条同項の趣旨に照らして実質的に考慮しても、共同保証人に対して求償権を行使することができるときは、その限度で、資産の値上がり益を現実に享受することができるのであるから、上記求償権の相手方には、共同保証人も含まれる。

❸ 納税者のほか乙も連帯保証人となっており、連帯保証人の１人である納税者が本件債務を弁済したのであるから、納税者は、乙に対して負担割合に応じて求償権を有する。共同保証人は、特約のない限り平等の負担部分を有する。

❹ 納税者は、黙示的な特約があったとし、その根拠として、納税者が本件各社の代表者であり、乙が取締役にすぎなかったこと、乙が納税者の妻であり、金融概関の要請により形式的、名目的に保証人となったことを挙げているところ、そもそもこれらの事情は一般的外形的な事情にすぎず、これらが存在したとしても、直ちに求償権についての黙示の特約を認めるに足りるものではない。

❺ 納税者と乙との間において、負担部分に関する特約が成立していたとは認めるに足りないというべきであり、他に負担部分を左右する事情も見当たらないから、納税者は、乙に対して、求償権を有していた。

❻ 乙は、合計約2,933万円の資産を有していたと認められるから、納税者は、同額について求償権を行使することができたものであり、同額については、所得税法64条２項の適用はない。

❼ 納税者の主張は、せいぜい共同保証人間の人的関係に基づく心情的な困難性をいうものにすぎず、これをもって、求償権の全部又は一部の行使ができなくなったといえるものではない。

4 事例の検討

本事案は、会社の借入金債務を代表取締役である納税者が代位弁済したところ、会社に対して求償権を行使できず、また連帯保証人である妻乙に対しても求償権を行使できないとする場合に、所得税法64条２項に規定する、保証債務の履行により資産の譲渡代金が回

収不能となった場合の所得計算の特例規定が適用できるか否かが争点とされた事例である。

　裁判所は、所得税法64条２項にいう「求償権」行使の相手方には主債務者だけでなく、連帯保証人も含まれるとした上で、乙に対して代位弁済に係る求償権を行使できるから、同規定を適用できないとの判断を下した。

　所得税法は「資産の譲渡」による所得に対して所得税を課すことを定めている。しかし、保証債務を履行するために「資産の譲渡」を行い、求償権の全部又は一部を行使できない場合には、納税者は資産の値上がり益を享受できず、納税者の実質的担税力は増加しない。所得税法64条２項は、納税者の実質的担税力に着目し、保証債務を履行したが求償権を行使できない場合に、保証債務の履行のために行った「資産の譲渡」による所得に課税しないと規定している。

　一方で、保証債務を履行した納税者が連帯保証人に対して求償権を行使し、譲渡代金を回収できる場合には、納税者は資産の値上がり益を享受でき、実質的担税力は増加するといえるから、同規定は適用できない。所得税法64条２項にいう「求償権」行使の相手方には連帯保証人も含まれると判断した本判決は、納税者の実質的担税力に着目して同規定の適用の可否を判断したものと評価できる。

　もっとも、所得税法12条は実質帰属者課税の原則を定めているのであるから、同法64条２項の適用の可否は実質に即して判断すべきである。要するに、納税者は形式的に求償権を有するが、実質的にその行使ができない場合には同規定を適用できることになる。

　確かに判決が示すように、配偶者に対する求償権行使の心情的困難性のみを理由に同規定は適用できないが、とりわけ夫婦・家族間の資産では資産の形式的名義人と実質的所有者が異なる場合があることを前提とすると、求償権の相手方が配偶者である場合には、配

偶者が所有する資産について、資産の帰属者が誰であるかを実質的に認定すべきであり、その認定に基づいて求償権の行使の可否を判断すべきである。具体的には、妻が資産の形式的名義人であり、当該財産が夫に実質的に帰属する場合には、資産を保有しない妻に対する求償権の行使は不可能であるから、同規定は当然に適用できるものといえよう。

判決が乙名義の資産があることのみを理由に、求償権を行使できると判断した点にはいささか疑問が残る。

【谷口智紀】

実務へのフィードバック

連帯保証人に就任することは極力避けるべきことは、社会の常識である。それでも連帯保証人になるのは、当事者が法人と経営者間、親族間など特殊な関係にあることは多い。当然、相手のふところ具合を熟知している。複雑な取引が登場するのも特殊関係にあるからこそ可能なのである。極論をいえば、所得税法64条2項の適用を想定した行為と疑念を持たれることも否定できない。

II 所得税関係

22 雑損控除の意義

－アスベスト除去費用の性格－

大阪地判 平成23年 5月27日（TAINS Z261-11692・TKC 25472599）
大阪高判 平成23年11月17日（TAINS Z261-11810・TKC 25444586）
最　　判 平成25年 1月22日（TKC 25500310）

本事例の着目点

■納税者が自宅建物の取壊しに伴い支払ったアスベスト除去工事費用は、雑損控除の対象とはならないとされた事例である。

1 問題の所在

　所得控除の中に、居住者等の有する資産について災害又は盗難若しくは横領による損失が生じた場合に、その一定額を所得から控除する雑損控除がある（所法72）。この雑損控除の趣旨は、災害、盗難、横領という納税義務者の意思に基づかない災難による損失が発生した場合に、租税負担の公平の見地から、その損失により減少した担税力に即応することで課税するものである。そのため、一定の範囲で、納税者の負うべき責任の範囲も考慮され、いわば自己責任が求められるような行為や結果は、雑損の対象とならないとされている。

　災害については、震災、風水害、火災のほか（所法2①二七）、

自然現象の異変による災害、人為による異常な災害、生物により異常な災害などが挙げられている（所令9）。いわば人間の力では対抗できない現象を指しているが、当然、納税者の責任も問われない。

一方、盗難・横領については、特に定義を置いていないが、その意義・内容については刑事法の概念と同様である。例えば、かつていわゆる豊田商事事件の被害者が、提起した雑損控除の適用を求めた事例において（最判平成2年10月18日）、純金投資に関する預託契約の勧誘行為を、「客観的にみて不当ないし違法であり、委託者に損害を与える結果となったとしても、横領罪を構成しないことは明らかであり、このことは、右委託の意思が行為者の欺罔行為によって形成されたものであるとしても、同様である」から、「所得の計算上、雑損として控除ができない」と判示している。

本来、投資行為は、まさしく自己責任であり、その損得も自己判断の帰することである。あえていえば自己責任と欲得は表裏一体の関係にあり、その欲得の有無が判定基準の根底にあるといってよい。

2 事例の概要

本事案は、納税者が、自宅建物の取壊しに伴い支払ったアスベスト除去工事費用及びアスベスト分析検査試験費を、所得税法72条の雑損控除の対象として、確定申告をしたのに対し、課税庁が、除去費用等は雑損控除の対象とはならないとしたものである。

納税者は、建物に吹き付けアスベストが使用されていたことを納税者が認識したのは、建物が解体されたときであり、通常の生活をしている限り、およそ一般人であれば発見・認識できない状態にて吹き付けアスベストが使用されており、なお、実際に、納税者も建

物の解体時までアスベストを含有しているとは知らなかったという。つまり、納税者は、アスベストに対する世間一般の危険性の認識の変化、吹き付けアスベストの使用が建物の建築当時何ら禁止されていなかったにもかかわらず、数十年もの年月が経過した後に撤去義務まで課されるようになったこと等の経緯を捉えて通常あり得ないと主張した。

3 判決の要旨

本事案では、第1審判決を控訴審判決が引用し、最高裁は上告不受理としていることから、地裁判決の要旨を掲示する。

❶ 建物は、昭和50年5月頃に建築が開始され、昭和51年に竣工したものであること、建物には、建築部材の一部にクリソタイル（白石綿）が0.6％含まれていたことの事実が認められる。これらの事実及びアスベスト（石綿等）に関する規制に照らせば、本件において納税者の損失（除去費用等の支出又はこれに相当する建物価値の下落）の原因としては、①建物の建築施工業者が建築部材を使用して建物を建築したこと及び②建物の建築後アスベスト（石綿等）に関する規制が行われたことを考えることができる。

❷ 建築施工業者が本件建築部材を使用して建物を建築したことに関しては、建築部材は、昭和50年又は昭和51年当時、労働安全衛生法等の各法令において規制の対象とはされておらず、これを建築部材として使用することは何ら違法ではなかったことが認められる。この点に加え、納税者が、建築施工業者に対し、建築部材又はアスベストを含有する建材の使用を拒否したといったような特段の事情もうかがわれないことからすると、建物の建築工事において本件建築部材を使用することは、建築請負契約の内容に含まれていたか、少なくとも、包括的に建築施工業者の選択に委ね

られていたと解するのが相当である。そうすると、建築施工業者が建築部材を使用して建物を建築したこと（その結果建物にアスベストが含まれていたこと）は、建築請負契約又は納税者の包括的委託（承諾）に基づくものであって、納税者の意思に基づかないことが客観的に明らか、納税者の関与しない外部的要因を原因とするものということはできない。

❸　建物が建築された当時、アスベストを含む建築部材の使用は法的に何ら問題はなかったのであるから、予測及び回避の可能性、被害の規模及び程度、突発性偶発性（劇的な経過）の有無などを詳細に検討するまでもなく、建築施工業者が本件建築部材を使用して本件建物を建築したことが社会通念上通常ないということはできず、上記原因に異常性を認めることもできない。

　建物の建築後アスベスト（石綿等）に関する規制が行われたことに関しては、建築部材など一般に用いられていたアスベスト（石綿等）について、人体に与える有害性が判明したことに伴い、解体建物周辺への飛散や解体労働者の曝露を防止するべく、公共の福祉の観点から法的な規制が行われたものであり、そのような公共のために必要な規制がされたことについては、建物の建築後に規制が行われた経緯等を考慮しても、社会通念上通常ないことには該当せず、これを異常な災害であると認めることはできない。

❹　納税者は、「建物にアスベストが含まれていたこと」が災害である旨主張するが、「建物にアスベストが含まれていたこと」は納税者の損失を構成する結果の一部であって原因ではなく、これを前提に原因としての人為による異常な災害の該当性を判断することはできない。仮に「建物にアスベストが含まれていたこと」が納税者の損失の原因であると考えれば、上記原因は単なる現象であって人の行為ではなく人為性を有するものではないし、ま

た、アスベストを含む建築部材は一般に広く用いられていたのであり、社会通念上通常ない異常な災害といえるようなものでもない。

❺ 建物にアスベストが含まれていたこと（建物の建築施工業者が建築部材を使用して建物を建築したこと及び建物の建築後アスベスト（石綿等）に関する規制が行われたこと）が、所得税法施行令9条にいう「人為による異常な災害」に該当するということはできず、本件における納税者の損失が「人為による異常な災害」により生じたものということができない以上、雑損控除の適用に関する原告の主張は採用することができない。

4 事例の検討

　裁判所は、雑損控除の趣旨について、従来からの定説ともいうべき見解を前提として結論を導いている。すなわち、所得税法72条が定める雑損控除の対象となる損失の発生原因である「災害又は盗難若しくは横領」について、納税者の意思に基づかないことが客観的に明らかな事由であり、所得税法施行令9条が規定する災害についても、所得税法72条の「災害」と同様、納税者の意思に基づかないことが客観的に明らかな事由であるとしている。

　さらに、所得税法施行令9条が定める災害として例示する内容を考慮すれば、「（人為による異常な）災害」というためには、納税者の意思に基づかないことが客観的に明らかな、納税者が関与しない外部的要因を原因とするものであることが必要というべきという。

　結局、雑損控除とは、納税者の意思に基づかない、いわば災難による損失が発生した場合に、租税負担公平の見地から損失により減少した担税力に応じた範囲での課税を行うとする制度である。そのため、一定の範囲で、納税者の負うべき責任の範囲も考慮されるこ

とになり、いわば自己責任が求められるような行為や結果は、雑損の対象とならない。

【林　仲宣】

実務へのフィードバック

　災害については、人間の力では対抗できない現象を指している。納税者の責任も問われない。裁判所は、納税者が主張する「災害」に該当するかどうかは、所得計算上考慮しないことが不合理であるかどうかという妥当性の判断に大きく左右されることとなり、課税行政の明確性、公平性の観点を著しく損なうと指摘している。

　ただ、アスベストの弊害が表面化し、危険視されることになったのは最近のことである。本事案でも、納税者は、建物に吹き付けアスベストが使用されていたことを納税者が認識したのは、建物が解体されたときであり、通常の生活をしている限り、発見・認識できない状態にて吹き付けアスベストが使用されていた。アスベストの使用が建物の建築当時何ら禁止されていなかったにもかかわらず、数十年もの年月が経過した後に撤去義務まで課され、それを履行するための経済的負担が救済されないとなると、解体工事に係る経済的負担を回避する思惑が納税者に涌くことも否定できない。

　なお、最高裁は、いわゆる泉南アスベスト訴訟において、平成26年10月9日、アスベストの危険性が明らかになった昭和33年以降、事業者に排気装置を昭和46年まで義務づけなかったことは違法だとして、国の不作為を認めた判決を出した。

II 所得税関係

23 医療費控除
－居宅サービス利用の対価－

鳥取地判 平成20年 9月26日（TAINS Z258-11038・TKC 25463156）
広島高判 平成21年 7月10日（TAINS Z259-11241・TKC 25463157）
最　　決 平成21年11月13日（TAINS Z259-11312・TKC 25462831）

本事例の着目点

1. 医師からすすめられ受け始めた通所介護等に係る費用であっても「療養上の世話」には当たらず医療費控除の対象外とされた事例である。
2. 通所介護費用は、医療系居宅サービスと併せて利用する場合を除き一般的には「療養上の世話」に該当せず、医療費控除の対象とはならないことを示した事例である。

1 問題の所在

　医療費控除は通常年末調整で課税関係が完結し確定申告を要しない給与所得者を含め、多くの納税者にとって身近な制度である。病院にかかった費用がその対象となることについては多くの納税者が認識しているところであるといえるだろう。しかし、最近では介護費用の中でも医療費控除の対象となるものは領収証の中で区分して表示されているが、医療の周辺サービスに関係する費用について、医療費控除の対象となるかどうかまで詳細に把握している納税者は

多くない。

2 事例の概要

　納税者の妻Aは、平成14年5月、脳梗塞になり、その後遺症に加え糖尿病も発症し、入院するなどして治療を受けていた。Aは、その後、平成15年に身体障害者等級表第1級の身体障害者の認定を受け、さらに、平成16年2月3日には、要介護状態区分3に認定された。

　納税者はAの退院に先立ち、主治医から介護保険制度下のサービスの受給を勧められ、外来での通院加療と福祉サービスの受給に関する平成14年10月24日付け退院療養計画書を受け取った。同書面には、「退院後の治療計画」として「当科外来での通院加療を継続して下さい」と、「退院後必要となる保険医療サービスまたは福祉サービス」として「適宜、福祉サービスを利用して下さい」とそれぞれ記載されていた。また主治医は、その後の計画書のうち平成16年2月4日作成の居宅サービス計画書に先立ち提出した意見書において、Aの介護に関して、医学的管理の必要性につき、医療系居宅サービスに該当する「訪問リハビリテーション」「通所リハビリテーション」「短期入所療養介護」を相当とする意見を付していた。

　納税者は、平成14年10月3日ころ、指定居宅介護支援事業者である社会福祉法人A町社会福祉協議会（以下「社会福祉協議会」という。）と利用契約を締結し、居宅サービス計画書を作成してもらい、以降社会福祉協議会が運営するデイサービスセンターD（以下「Dセンター」という。）でサービスの提供を受けることになった。居宅サービス計画書は、主治医から徴求した意見書を参考にして要介護者の家族と相談をした上で、ケアマネージャーによって作成されることになっており、Aに係る上記居宅サービス計画書も、納税

者とAの介護士の資格を有する長女とケアマネージャーが相談し、主治医から提出された意見書を参考にして内容が決められた。

　Aは、居宅サービス計画書に基づき、Dセンターから、介護保険制度下で通所介護、介護福祉用具の貸与及びレンタルとされる各種の居宅サービスの提供を受けた。その内容は、大要、送迎、入浴、絵画、昼食、特殊寝台、介助バーの貸与、昼食の提供、血圧測定、定期的な受診、服薬管理、他者との交流（コミュニケーションの確保）、午睡、衣類着脱介助、動作訓練（建物内のトイレや浴室まで歩行する訓練）、機能訓練（ベッド上での関節可動域の維持、拡大訓練やベッドサイドでの足の屈伸運動）であった。

　納税者は以上の通所介護等の費用を所得税法73条の医療費控除の対象に含めて、平成16年分の所得税の確定申告をしたところ課税庁は上記費用を医療費控除の対象と認めないとする更正処分を行った。

3 判決の要旨

❶　「療養上の世話」に関する法的な区別については、介護保険法施行規則において、介護保険法7条11項の「通所介護」に関する同法施行規則10条の「法第7条第11項の厚生労働省令で定める日常生活上の世話は、入浴及び食事の提供（これらに伴う介護を含む。）、生活等に関する相談及び助言、健康状態の確認その他の居宅要介護者等に必要な日常生活上の世話とする」という規定と、同法7条8項の「訪問看護」に関する同法施行規則6条の「病状が安定期にあり、居宅において看護師又は次条に規定する者が行う療養上の世話又は必要な診療の補助を要することとする」という規定や、同法7条12項の「通所リハビリテーション」に関する同法施行規則11条の「法第7条第12項の厚生労働省令で定める基準は、病状が安定期にあり、次条に規定する施設において、心身

の機能の維持回復及び日常生活上の自立を図るために、診療に基づき実施される計画的な医学的管理の下における理学療法、作業療法その他必要なリハビリテーションを要することとする」という規定との違い（「療養上の世話」と「日常生活上の世話」が対置されていることなど）においてもあらわれている。

❷　介護保険法上の「療養上の世話」には、病傷者の病気や傷の治癒や症状の改善に向けられた医療的な世話が含まれることは明らかであるものの、介護保険法7条12項及び同法施行規則11条が、リハビリの対象者について病状が安定期にある者を、その目的において機能の維持を含めていることからすると、治癒や症状の改善の見込みがない場合に直ちに「療養上の世話」に当たらないと判断できるものではないといわざるを得ない。

❸　所得税法施行令207条5号の「療養上の世話」を看護師等によるもの以外に拡張するとしても、基本的には、医学的管理の状況や看護師等による専門的な世話の状況（病傷者の病気や傷の治癒や症状の改善に向けられた医療的な世話かどうかといった個別の事情もこの問題に含まれる。）といった前記介護保険法等から窺われる区分も踏まえて個別に検討するのが相当である。

❹　平成12年6月8日付け課所4－11「介護保険制度下での居宅サービスの対価に係る医療費控除の取扱いについて」は、通所介護等のサービスの費用についても、本件個別通達が定義する医療系居宅サービスと併せて利用する場合には、療養上の世話として医療費控除の対象となることを認めているが、一般的に通所介護等のサービスが療養上の世話に当たることを認めたものではなく、一般には通所介護等のサービスが療養上の世話に当たらないことを前提にして、一定の条件を満たす場合のみその対象費用を医療費控除の対象と認めたものであると解するのが相当であり、Dセンターにおける通所介護等の実情により「療養上の世話」に

❺　以上を前提とすると、平成16年にAに対しDセンターにおいて行われていた通所介護（食事の提供を含む。）及び福祉用具の貸与の各サービスについては、いずれも所得税法施行令207条5号の「療養上の世話」に当たると認めることはできず、通所介護費用（食費を含まない。）及び福祉用具の貸与費用については医療費と認められない。また食費については、同費用に対応するサービスが認められない以上、医療費に当たらないことは明らかである（所令207各号のうち5号以外の規定にも当たらない。）。

4　事例の検討

　納税者の感覚からすれば、主治医からすすめられ受け始めた療養の一環として受けていた通所介護が、療養上の世話には当たらない、とされたのは驚きであっただろう。脳梗塞による重い後遺障害のあったAの医学的管理のために通所介護という方法がとられていたのであるが訴えは認められなかった。療養上の世話に当たるかどうかは個別に実情により判断する、といいながら医療費控除の範囲をかなり限定的にとらえた残念な判断となった。

【高木良昌】

実務へのフィードバック

　本事案では医師からすすめられ受け始めた介護サービスについて納税者は当然医療費控除の対象となると考え申告した。結果として納税者の主張は認められなかった。「療養上の世話」とはどういったものを含むのかが問題となったが、介護と医療についての境界について考慮が必要である。

Ⅱ 所得税関係

24 医療費控除
－児童福祉施設負担金－

沖縄地判 平成18年7月18日（TAINS Z256-10455・TKC 28130811）
福岡高判 平成19年2月 1日（TAINS Z257-10626・TKC 28140935）
最　　決 平成19年6月 5日（TAINS Z257-10723・TKC 25463364）

本事例の着目点

1 知的障害児施設の入所に伴い支出した児童福祉法に基づく児童福祉施設負担金について医療費控除の対象となるか否かをめぐり争われた事例である。

2 児童福祉施設負担金の性格が医療費控除の対象となる医療行為の対価と認められないことから、納税者の訴えが斥けられた事例である。

1 問題の所在

　医療費控除は、庶民のささやかな節税対策として喧伝された時代があった。還付申告が増えることで簡便な給与所得者用の還付申告専用用紙も出現した。その結果、疲労回復、健康増進、生活改善などに効果があるとされるマッサージ（リラクゼーション）、サプリメント、健康補助食品、眼鏡や補聴器などの器具に係る費用が、控除対象となる医療費の解釈に対する偏向も、長年にわたって蔓延してきている。これらの拡大解釈は、納税者自身の意図的なものも少

なくないが、同時に医療関係者の誤解や事業者の販売対策も見え隠れすることも否定できない。

控除対象医療費とは、医師等による診療・治療を原則として、治療・療養に関連して支出される費用が含まれるが、医療費控除の適用範囲の拡大も着実に行われてきた。それは高齢化社会を踏まえた介護費用を控除対象とする医療費控除の制度的な見直しである。

確かに、高齢者が医療機関で直接負担する医療費は少額であるから、いわば治癒・完治するまでという期間限定から、ある程度の期間を要する費用も容認されてきたことは、高齢化社会の施策として当然といえよう。

もっとも医療とは、傷病・疾病の治療を目的とする行為と考えた場合に、完治・治癒という見地では考えることが難しい、いわゆる老化現象に対処する介護に係る費用を、医療費に包含することはいささか疑問も出てくる。そのため医療費控除は改廃するなどして、所得控除として、介護費用控除を創設した方が時代に即した税制であるとする見解もある。

これに対して、慢性的な疾患や難病などに苦しむ人々も少なくなく、医療費控除の重要性も指摘されてきた。とくに子ども医療は、その費用を金銭的支援する制度を導入している地方自治体も増加傾向にあるとはいえ、長期的なものであり、精神面ではもちろんであるが、経済面でも親の負担が大きい。

本事案は、障害者を持つ親と子どもの生活事情を通じて、あまり一般的に認識されていない社会福祉活動と税制の矛盾が露呈した事例である。

2 事例の概要

納税者は、Aの父であり、扶養義務者である。Aは、精神障害者

であり、社会福祉法人が設置、運営する知的障害児施設に入所していた。入所していた期間、県知事に対し、児童福祉法56条２項（費用の徴収・負担）の規定に基づき、児童福祉施設負担金を納付した。この負担金が医療費控除の対象に含まれるか否かが争点となった事案である。

納税者の主張は、おおむね次のとおりである。

❶　所得税基本通達73－３(3)は、「児童福祉法56条（費用の徴収、負担）の規定により都道府県知事又は市町村長に納付する費用のうち、医師等による診療等の費用に相当するもの」を控除対象医療費とし、保護義務者が児童福祉法56条の規定に基づき納付する負担金のうち、医師等による診療等の費用に相当するものが控除対象医療費に当たることを認めているところ、本件施設は知的障害の治療のための施設であり、Ａはその治療を受けるため、本件施設に入所した者である。したがって、納税者が児童福祉法56条２項の規定に基づき納付した本件負担金は、医療行為の対価であり、控除対象医療費に当たる。

❷　所得税基本通達73－３(1)には、控除の対象となる医療費の範囲として、「医師等による診療等を受けるための通院費若しくは医師等の送迎費、入院若しくは入所の対価として支払う部屋代、食事代等の費用又は医療用器具等の購入、賃借若しくは使用のための費用で、通常必要なもの」と規定しているが、本件負担金は、「部屋代、食事代」に該当する。

3　判決の要旨

❶　児童福祉法42条は「知的障害児施設は、知的障害のある児童を入所させて、これを保護するとともに、独立自活に必要な知識技能を与えることを目的とする施設」と定義しているから、知的障

害児施設は入所者に医療行為（知的障害の治療）を行うこと自体を目的とするものではない。また、最低基準48条1号の準用する41条5号は、自閉症児施設を除く知的障害児施設には、「児童30人以上を入所させる施設には、医務室を設ける。」と規定しているが、入所児童数が30人に満たない施設には医務室を設けることを要しないとし、また、同基準49条2項は、「精神科の診療に相当の経験を有する嘱託医を置かなければならない。」と規定しているが、常勤の医師を置くことまでは求めていない。したがって、一般的に知的障害児施設が知的障害の治療のための施設であるということはできない。

❷　知的障害児施設において、医師による診療又は治療が行われることは考えられることであり、そのための費用が「入所後の養育につき児童福祉法45条の定める最低基準を維持するための費用」（児童福祉法50条7号）に当たるとして都道府県がこれを支弁し、保護義務者が同法56条2項の規定に基づき、その費用の全部又は一部を都道府県知事に負担金として納付した場合には、上記費用に対応する負担金は控除対象医療費に当たると解する余地がある。

❸　納税者が引用する所得税基本通達73－3が、「児童福祉法56条（費用の徴収・負担）の規定により都道府県知事又は市町村長に納付する費用のうち、医師等による診療等の費用に相当するもの」を控除対象医療費に当たるとしているのは、このような場合を想定したものと解される。

❹　証拠及び弁論の全趣旨によれば、本件施設は、本件の課税対象期間において、2人の医師との間で嘱託医師業務契約を締結していたが、そのうちの1人の医師の嘱託業務は、①入所者の健康保持増進の指導、助言、②入所者の緊急事態に対し対応を行う、③月1回以上、来園し入所者の検診及び医療相談を行う（第3水曜

日の午後2時から4時までの2時間）というものにすぎず、また、同医師は、精神科の医師ではなかったため、Aの精神障害の治療は行なっていなかったことが認められる。

❺ 証拠及び弁論の全趣旨によれば、本件施設のもう1人の嘱託医であるF医師（精神科医）は、本件施設の児童に対して随時、保護者と本人の要請によって健康相談を行ない、他の医療機関の医師に対してAの診療情報を提供するなどしていたことが認められるが、これをもって、本件施設においてAの精神障害の治療がされていたと認めることはできない。

❻ 一般的に知的障害児施設が知的障害の治療のための施設であるということはできず、実際にも、本件施設では医師によるAの精神障害の治療は行われていなかったのであるから、本件負担金が、本件施設で行われる医療行為に対する対価に当たるということはできず、控除対象医療費に当たるということはできない。

❼ 納税者は、D病院の医師が処方した薬剤を本件施設の看護師がAに与えていることや、Aが自閉症に罹患しており、その治療が必要であることなどを挙げて、本件負担金が控除対象医療費に当たる旨主張する。しかしながら、D病院医師の処方した薬剤の投与が本件施設内で看護師によって行われたとしても、それをもって本件施設で医療行為が行われた評価することはできないことは明らかであり、またAが自閉症の治療を必要としているからといって、これをもって、本件負担金が自閉症の治療の対価であるということはできない。

❽ 本件負担金は、所得税基本通達73-3(1)の「部屋代、食事代」に該当すると主張するが、部屋代、食事代」は、医師等による診療等を受けるため」のものであることを必要とするものであって、記のように本件施設においてAに対する医療行為が行われていたとは認められない以上、本件負担金は、「部屋代、食事代」

には該当しない。

4 事例の検討

　障害者については、別途障害者に係る税法上の措置もあるが、社会福祉にかかり、長期に渡る費用負担については、考慮すべきである。ただ本事案で納税者が主張するように、医師との接触だけで治療が伴う医療費と判断することは難しいといえる。

　裁判所は、一般的に知的障害児施設が知的障害の治療のための施設であるということはできないとした上で、知的障害児施設であっても、医師による診療又は治療が行われることは考えられると判示し、その場合には、医療費用に対応する負担金は控除対象医療費に当たると解する余地があると指摘している。そして裁判所は、一定規模の施設には医務室が設置されることを例示している。つまり、知的障害児施設内で本事案と同様程度の処遇であっても、医務室の存在や医師の勤務状況により、都道府県知事への負担金が医療費控除の対象となる可能性があるなら、問題である。

【林　仲宣】

実務へのフィードバック

　本事案では、納税者が平成6年分の確定申告の際、課税庁から本件負担金は医療費に当たるとの積極的指導を受け、それ以降、平成14年分本件処分を受けるまで、同負担金について医療費控除を受けて、上記指導のもと、平成5年分所得税について誤って納付していた分の還付も受けたと主張している。

　これに対して、課税庁は、納税者に対し誰がいかなる対応をしたのかは、現段階では資料もなく、明らかではないが、平成14年分本

件処分は、同年分の確定申告書類整理の段階で担当職員が調査した上でなされたものであり、従来の法的見解を変更したものではないし、本件負担金が控除対象医療費に当たるとの公的な見解を示したこともないと反論した。

　納税指導に対する信義則は、この公的見解論でことごとく否定されているので、ここでは、あえて言及しないが、ほぼ10年にわたって行ってきた還付申告の内容が否認された事実は、実務上、深刻な内容であることはいうまでもない。通常の医療機関に係る、いわば単純な医療費はともかく、病院等と異なる期間的な療養を目的とする施設を利用する費用等については、改めて検討する必要があることを、本事案は如実に示している。

II 所得税関係

25 住宅借入金等特別控除
－新築か増築かの判断－

国税不服審判所 平成23年10月17日裁決（TAINS J85-2-12・TKC 26012511）

本事例の着目点

■住宅の建直しをする際に旧家屋の一部を残し、その隣に新築し廊下でつなげたところ、登記上は増築とされたが、実態判断により新築として住宅借入金等特別控除の適用が認められた事例である。

1 問題の所在

　住宅借入金等特別控除は、居住者が住宅ローン等を利用して、マイホームの新築、取得又は増改築等をし、自己の居住の用に供した場合で一定の要件を満たす場合において、その取得等に係る住宅ローン等の年末残高の合計額等を基として計算した金額を、居住の用に供した年分以後の各年分の所得税額から控除する制度である。個人の住宅購入の援助や、景気対策の一環として設けられている制度といえる。減税額は、適用年によって増減するが、税額控除であり個人に対しての減税政策のなかでは非常に大きなものといえる。

　そのため、一般の住宅借入金等特別控除では対象を住宅の新築・

取得、住宅の取得とともにする敷地の取得及び一定の増改築等に限り、床面積50㎡以上や既存住宅の取得の場合には築後20年以内に限る等、対象住宅に一定の要件を設定し、所得要件も設定されている等、様々な要件を設けている。

　本事案の場合は新築ではなく、増築であると認定されその適用を課税庁に否認された。増築の場合も住宅借入金等特別控除の適用を受けることはできるが、自己が所有し、かつ、自己の居住の用に供する家屋について行う増改築等に限られる。本事案の場合、増築であるとすると、この自己が所有する建物に対する、という点を満たさなかった。

　旧家屋の一部を残し隣に新築し廊下でつなげた、というのが本事案であるが、登記上は増築となっていた。これを課税庁は新築といえないとして住宅借入金等特別控除の適用を認めなかった。

　増築か新築かを判断するには、登記等の書類だけではなく、実態としてどうであったのかで判断するべきであることは本制度の趣旨からいって当然であろう。そのことを改めて示した事案である。

2 事例の概要

　納税者は、両親が所有し居住している旧家屋を取り壊し、家屋を新築して両親と同居する予定であったが、旧家屋の寝室は西座敷と呼ぶ特別な部屋であったのでその部分（以下「寝室」という。）だけを残して、隣に家屋を建築することとなった。

　家屋新築工事契約時や、その着工時は寝室と離して家屋を新築することとされており、実際に離れて建築されていた。しかし、家屋の工事が終わりかけた際に棟梁から家屋と寝室を廊下でつないで行き来したらどうかといわれ、最後に家屋と寝室をつなぐ廊下を造ることとした。

その結果、家屋の登記簿の主たる建物の表示に関する登記は、床面積の錯誤並びに構造及び床面積の変更、増築を原因として、構造が木造瓦葺平家建から木造瓦葺２階建へ、床面積が211.16㎡から１階224.11㎡、２階85.72㎡へと、それぞれ変更された。

納税者は家屋を新築したとして、家屋の取得に係る借入金を、住宅借入金等を有する場合の所得税額の特別控除の適用対象とし平成13年に所得税の確定申告をしたところ、課税庁の指摘を受け、納税者は同申告を撤回した。しかし、9年を経過した平成22年に、再び新築家屋を取得したものであるので適用が受けられるとして、平成17年分ないし平成21年分の確定申告をしたのに対し、課税庁が、当該家屋は新築に該当せず、また、納税者が所有している家屋に行った増築でもないので納税者はこの適用を受けることができないとして所得税の更正処分を行った。

3 裁決の要旨

❶ 措置法41条における「新築」の定義については特段の規定がないにも関わらず、単に、登記簿その他関係書類上、それが、「増築」と記載されていることだけを理由として、形式的にその「新築」性を否定するのは相当ではない。

❷ 登記簿その他関係書類に記載された内容が実情にそぐわない場合にまで、あくまでもそれに基づいて判断することを求めたものと解するのは、上記の住宅借入金等特別控除が創設された目的からみても相当ではなく、そのような場合には、建築家屋の現況及び建築経過等を総合し、措置法41条における「新築」に該当するかを実質的に判断するべきである。

❸ 本事案についてみると、建築家屋は、家屋として、納税者夫妻とその子、両親の全員が十分生活できる設備が整っている一方、

本件寝室は、居住に必要な設備として電灯設備及び旧トイレがあるだけで、寝室のみで生活ができる設備が整っているとはいえない。また、建築家屋と寝室の梁は一体となっていないこと、廊下と建築家屋の床の高さは約18cmの段差が生じていることからみても、建築家屋は廊下によって寝室とつないでいるものの、建築家屋と寝室とは、構造的に一体となっているとは認めらない。すなわち、建築家屋は、本件寝室とは別棟であり、これは正に新築住宅にほかならない。

❹ 納税者は、平成10年の秋頃、両親との話合いにより、建築家屋を建て、同居することになったが、寝室については、両親の要望により取り壊さないこととなったにすぎず、そもそも建築家屋は、旧家屋（ただし、寝室を除く。）を取り壊した後、同一の場所に納税者夫妻と両親が同居する目的で建築する予定になっており、老朽化した寝室と離して建築家屋を建てる予定で工事を進めたが、建築家屋の完成間近になって、廊下によって寝室とをつなぐこととなったものである。そして、廊下の工事が当初から予定されたものではないこと、建築家屋と寝室の梁は一体となっていないこと、廊下と建築家屋の床の高さは約18cmの段差が生じており、その段差部分では、廊下の北側の端から南側の端まで、防腐剤を施した建築家屋の土台の一部が露出していること、建築家屋の南側の広縁に面した雨戸の戸袋の柱は廊下の外壁に埋め込まれていること、廊下の北側の基礎は、建築家屋の基礎と一体として形成されたものでなく別に作られていることによれば、廊下の北側の基礎工事は建築家屋の基礎工事とは異なる時期に行われたものと認められることからみても、建築家屋と廊下は、構造的に一体となっているとは認められず、寝室が古いため、いずれ取り壊すことを考えた工法によって接合されていることからすると、建築家屋と寝室は、廊下によってじ後的かつ簡易に接合されたも

❺ 建築家屋と寝室とが廊下を介して接合されることとなった時期が居住開始日の前であるか後であるかは明らかではないが、少なくとも、契約時から建築家屋の工事が終わり近くとなった平成12年5月中旬までは、廊下を介して接合されることが予定されていたとは認められない。

❻ 建築家屋は、建築された当時、寝室と構造的に一体となっておらず、機能的にも十分に整っている一方で、建築家屋と寝室は、廊下によってじ後的かつ簡易に接合されたものであるから、建築家屋は、納税者の家族が同居するために新築された家屋と認めるのが相当である。

4 事例の検討

旧家屋の一部を残し隣に新築したが、廊下で旧家屋とつなげたため登記上は増築となり、住宅借入金等特別控除の対象外とされた事案である。家屋が新築といえるかどうかが問題となった。

当初の申告時はともかく、課税庁は、更正処分時においては現場調査を行った上での処分だったのであろうか。最近、固定資産税においては、現況確認不足による評価間違いが多くみられ、問題となっている。不動産に関する税務については、現地を確認することが最も重要であり、多くの税理士は実践しているはずである。措置法41条に関して新築の定義は特に規定されていない。仮に現場調査を行わず、登記簿だけをみて増築であるから住宅借入金等特別控除は適用できないと判断したのであれば、課税庁の怠慢といわれても仕方がないかもしれない。

【高木良昌】

実務へのフィードバック

　本事案は、現地の実地調査を痛感させる事例といえる。新築か増築かの判断は登記だけではなく実態としてどうであったのかにより行われることを再認識した内容といえる。

　さらに、本事案は、当初の課税庁の指摘から9年を経て新たに問題提起されたものであるが、結果として課税庁の処分の全部が取り消された。審判所の画期的な判断に敬意を表すると共に、納税者の要望を真摯に受け止め積極的に行動された関与税理士の熱意に敬服する次第である。

II 所得税関係

26 ホステス報酬の源泉徴収義務

東京地判 平成18年 3月23日（TAINS Z256-10351・TKC 28130009）
東京高判 平成18年12月13日（TAINS Z256-10600・TKC 2813960）
最　　判 平成22年 3月 2日（TAINS Z260-11390・TKC 25441824）

本事例の着目点

1 租税法律主義の下では、租税法の解釈は厳格な文理解釈によるべきであることから、租税法規はみだりに規定の文言を離れて解釈すべきものではないとした事例である。

2 所得税法施行令322条にいう「当該支払金額の計算期間の日数」は、ホステスの実際の稼働日数ではなく、当該期間に含まれるすべての日数を指すとした事例である。

1 問題の所在

　一般に源泉徴収というと、給与所得における源泉徴収が思い浮かぶ。多くのサラリーマンの場合には、勤務先が源泉徴収した所得税を納め、年末調整で納税額の精算が行われるので、結果的に申告・納付を行う必要がない。ここにいわゆる"痛税感"がないといわれる。
　源泉徴収は、サラリーマンの給与支払に限られず、弁護士や税理士の報酬支払や、原稿料の支払においても、所得税法は、報酬や原

稿料の支払者に源泉徴収義務を課している。

源泉徴収を行うことによって、租税行政庁は徴税コストを大幅に縮減できるが、一方で源泉徴収義務者は事務的負担を負うが、源泉徴収に対する対価が支払われることはない。

本事案で問題となっているのは、源泉徴収義務者は、規定の文言どおりに解釈し、源泉徴収を行うべきか、あるいは、規定の趣旨も踏まえて解釈し、源泉徴収を行うべきか、という点である。

2 事例の概要

パブクラブを経営する納税者は、毎月1日から15日まで及び毎月16日から月末までをそれぞれ1集計期間と定め、集計期間ごとに各ホステスの報酬の額を計算し、毎月1日から15日までの報酬を原則としてその月の25日に、16日から月末までの報酬を原則として翌月の10日に、各ホステスに対してそれぞれ支払っていた。

納税者は、ホステスに対して半月ごとに支払う報酬に係る源泉所得税を納付するに際し、当該報酬の額から、所得税法205条2号、所得税法施行令322条所定の控除額として、5,000円に上記半月間の全日数を乗じて計算した金額を控除するなどして源泉所得税額を計算し、その金額に近似する額を各法定納期限までに納付していた。

課税庁は、各ホステスの各集計期間中の実際の出勤日数が施行令322条の「当該支払金額の計算期間の日数」に該当するとして、納税者に対し、源泉所得税について、納付額との差額の納税の告知及び不納付加算税の賦課決定を行った。

3 判決の要旨

❶ 一般に、「期間」とは、ある時点から他の時点までの時間的隔

たりといった、時的連続性を持った概念であると解されているから、所得税法施行令322条にいう「当該支払金額の計算期間」も、当該支払金額の計算の基礎となった期間の初日から末日までという時的連続性を持った概念であると解するのが自然であり、これと異なる解釈を採るべき根拠となる規定は見当たらない。

❷ 租税法規はみだりに規定の文言を離れて解釈すべきものではなく、控訴審のような解釈（筆者注：後述・経費性控除）を採ることは、文言上困難であるのみならず、ホステス報酬に係る源泉徴収制度において基礎控除方式が採られた趣旨は、できる限り源泉所得税額に係る還付の手数を省くことにあったことが、立法担当者の説明等からうかがわれるところであり、この点からみても、控訴審のような解釈は採用し難い。

❸ ホステス報酬の額が一定の期間ごとに計算されて支払われている場合においては、施行令322条にいう「当該支払金額の計算期間の日数」は、ホステスの実際の稼働日数ではなく、当該期間に含まれるすべての日数を指すものと解するのが相当である。

❹ 納税者は、各集計期間ごとに、各ホステスに対して1回に支払う報酬の額を計算してこれを支払っているというのであるから、上記の「当該支払金額の計算期間の日数」は、各集計期間の全日数となるものというべきである。

4 事例の検討

本事案の争点は、所得税法施行令322条にいう「当該支払金額の計算期間の日数」とは、各集計期間のうち各ホステスの出勤日数か、それとも各集計期間の全日数かということである。

通常、ホステス報酬に対する源泉徴収額は、「（支払額－控除額）×10％」で算出するが、1日から15日までの15日間のうち10日勤務

したホステスに報酬を支払う場合の控除額は、出勤日数なら「5,000円×10日」、全日数なら「5,000円×15日」となる。

控訴審は、「当該支払金額の計算期間の日数」を「同一人に対し1回に支払われる金額」の計算要素となった期間の日数を指すと解し、実際の出勤日数であると判断した。いわば出勤日数説であるが、その理由として、「ホステス等の個人事業者の場合、その所得の金額は、その年中の事業所得に係る総収入金額から必要経費を控除した金額（所法27②）であるから、源泉徴収においても、『同一人に対し1回に支払われる金額』から可能な限り実際の必要経費に近似する額を控除することが、ホステス報酬に係る源泉徴収制度における基礎控除方式の趣旨に合致する」として基礎控除における経費性の存在を求めた。その結果、本事案のように報酬の算定要素が実際の出勤日における勤務時間である場合には、「当該出勤日についてのみ稼働に伴う必要経費が発生すると捉えるのが自然であり、非出勤日をも含めた本件各集計期間の全日数について必要経費が発生すると仮定した場合よりも、実際の必要経費の額に近似する」としている。

最高裁は、改めて租税法規はみだりに規定の文言を離れて解釈すべきではないとする租税法解釈のあり方を確認した。その上で、ホステス報酬に係る源泉徴収制度において基礎控除方式が採られた趣旨は、源泉所得税額に係る還付の手数を省くことにあると明示する。

そこで「期間」とは、ある時点から他の時点までの時間的隔たりといった時的連続性を持った概念と認識することで、「当該支払金額の計算期間」も、当該支払金額の計算の基礎となった期間の初日から末日までという時的連続性を持つと考え、各集計期間の全日数が、「当該支払金額の計算期間の日数」に該当すると判示した。

最高裁が示したように、憲法30条と84条を法的根拠とする租税法

律主義の下では、租税法の解釈は原則として文理解釈によるべきである。つまり文理解釈によって規定の意味や内容を明らかにすることが困難な場合にのみ趣旨解釈がなされなければならない。

「期間」の文言は時的連続性を持った概念であるが、「当該支払金額の計算期間」も異なる解釈を採るべき理由がない限り、税法の領域では同意義に解すべきである。そのため「期間」解釈に当たっては、趣旨解釈にまで言及する必要もないという見方ができる。最高裁が説示するように、施行令322条の立法趣旨が立法担当者の説明により納税手続上の措置であるとするならば、控訴審が示した「期間」解釈は、同規定の趣旨を逸脱した論理展開として、批判されるべきである。

租税法の解釈のあり方は租税法律主義の下では拡張されるべきではない。そうすると、最高裁が、「期間」という文言における時的連続性の意義を根底におき、同時に納税手続の簡素化という施行令322条の趣旨を確認した上で、別異に「期間」解釈をする根拠がないとして、全日数説を採用したことは妥当といえる。租税法律主義の原則を遵守する視点からは、租税法規はみだりに規定の文言を離れて解釈すべきものではないとする最高裁の判決は、当然の帰結である。しかもこのことは租税法解釈の基本原理であることはいうまでもない。

【谷口智紀】

実務へのフィードバック

この「当該支払金額の計算期間の日数」の意義については、類似事案において、東京高判平成19年3月27日が、本事案控訴審と異なり、「当該支払金額の計算期間の日数」を各集計期間の全日数とする全日数説を容認していた。実務に及ぼす影響が大きいことから、

所得税法施行令322条の解釈について、最高裁の結論が、出勤日数説を採るか、あるいは全日数説を採るか、注目されてきた。

　ホステス報酬の計算根拠は、いわゆる体験入店のように日払計算をする場合はともかく、通常は時給・日給を基礎に一定期間における勤務日数を掛けて報酬額を算出する。本事案ではこの一定期間は、1日から15日、16日から末日に区分しているが、月単位で計算する方が一般的とも考えられる。しかし常勤というより、アルバイト感覚の勤務者も多いことから、税務の慣習的な発想では、控除の基礎となる集計期間を出勤日数とすることはありがちであった。その意味で本事案は画期的な判断といえる。

　ただ、気になることは、最高裁判決後もしばらくの間、国税庁ホームページにあるタックス・アンサーの記載内容が変更されていなかったことである。

II 所得税関係

27 破産管財人の源泉徴収義務

－源泉徴収納付義務不存在確認請求事件－

大阪地判 平成18年10月25日（TAINS Z256-10551・TKC 28130182）
大阪高判 平成20年 4月25日（TAINS Z258-10954・TKC 28141432）
最　　判 平成23年 1月14日（TAINS Z261-11593・TKC 25443042）

本事例の着目点

1. 破産管財人の源泉徴収義務が争われた。破産者と雇用関係のあった者に対する給与等の雇用関係に基づく債務に対する配当であっても、これらの者と破産管財人とは雇用関係にないため源泉徴収義務はないとした事例である。
2. 破産管財人の税務については、その債務の内容を確認することも当然重要であるが、債権者と破産管財人との関係を確認することも重要であることを示唆した事例である。

1 問題の所在

　破産管財人はどこまで源泉徴収義務を負うのか。裁判所は破産手続開始の決定と同時に、破産管財人を選任する。選任された破産管財人は担当する会社の代理として、その事業の経営並びに財産の管理及び処分をする権利を有することとなる。

　破産手続開始後、破産管財人は破産者の財産を管理し、処分・換価し、債権者への公正・公平な配当をすすめていくこととなる。法

人の代表者とは求められている役割が異なるのである。

　源泉徴収は徴税コストをおさえるため設けられた制度であり、源泉徴収を行う事務コストは源泉徴収義務者が負担することとなる。破産管財人が上記の職務をすすめていくに当たり、どこまでの源泉徴収義務を負うこととなるのか。ひいてはその源泉徴収に係るコストをどこまで負担させるべきか、という問題ともいえる。

　破産前であれば被雇用者に対する給与や退職金に係る所得税の源泉徴収義務は当然雇用主である法人にある。しかし、その法人が破産した後、破産管財人が管理する破産財団から配当として破産前の雇用関係に基づき請求された退職金等の債権について破産管財人は源泉徴収義務を負うのであろうか。仮に破産前の雇用関係に基づく給与等の債権に対する配当に源泉徴収義務があるとした場合、場合によっては年末調整までをも含め膨大な事務負担が破産管財人に求められることとなるだろう。

2　事例の概要

　A社（破産会社）は、平成11年、大阪地裁において破産宣告を受け、弁護士である上告人が破産管財人に選任された。

　破産管財人である上告人（弁護士）が、破産法（平成16年法律75号による廃止前のもの。以下「旧破産法」という。）の下において、破産管財人の報酬の支払をし、破産債権である元従業員らの退職金の債権に対する配当をしたところ、所轄税務署長から、上記支払には所得税法204条1項2号の規定が、上記配当には同法199条の規定がそれぞれ適用されることを前提として、源泉所得税の納税の告知及び不納付加算税の賦課決定を受けた。

　そのため、源泉徴収に係る煩雑な事務を大量に行うことは、破産管財人にとって過大な負担になり、管財事務が停滞することになる

から、破産法がそのような事態を予定しているとは解されないなどとして、上記源泉所得税及び不納付加算税の納税義務が存在しないことの確認を求めた事案である。

3 判決の要旨

❶ 弁護士である破産管財人が支払を受ける報酬は、所得税法204条1項2号にいう弁護士の業務に関する報酬に該当するものというべきところ、同項の規定が同号所定の報酬の支払をする者に所得税の源泉徴収義務を課しているのは、当該報酬の支払をする者がこれを受ける者と特に密接な関係にあって、徴税上特別の便宜を有し、能率を挙げ得る点を考慮したことによるものである。破産管財人の報酬は、旧破産法47条3号にいう「破産財団ノ管理、換価及配当ニ関スル費用」に含まれ、破産財団を責任財産として、破産管財人が、自ら行った管財業務の対価として、自らその支払をしてこれを受けるのであるから、弁護士である破産管財人は、その報酬につき、所得税法204条1項にいう「支払をする者」に当たり、同項2号の規定に基づき、自らの報酬の支払の際にその報酬について所得税を徴収し、これを国に納付する義務を負うと解するのが相当である。

❷ 破産管財人の報酬は、破産手続の遂行のために必要な費用であり、それ自体が破産財団の管理の上で当然支出を要する経費に属するものであるから、その支払の際に破産管財人が控除した源泉所得税の納付義務は、破産債権者において共益的な支出として共同負担するのが相当である。したがって、弁護士である破産管財人の報酬に係る源泉所得税の債権は、旧破産法47条2号ただし書にいう「破産財団ニ関シテ生シタルモノ」として、財団債権に当たるというべきである。また、不納付加算税の債権も、本税であ

る源泉所得税の債権に附帯して生ずるものであるから、旧破産法の下において、財団債権に当たると解される。

❸　所得税法199条の規定が、退職手当等（退職手当、一時恩給その他の退職により一時に受ける給与及びこれらの性質を有する給与をいう。以下同じ。）の支払をする者に所得税の源泉徴収義務を課しているのも、退職手当等の支払をする者がこれを受ける者と特に密接な関係にあって、徴税上特別の便宜を有し、能率を挙げ得る点を考慮したことによるものである。

❹　破産管財人は、破産手続を適正かつ公平に遂行するために、破産者から独立した地位を与えられて、法令上定められた職務の遂行に当たる者であり、破産者が雇用していた労働者との間において、破産宣告前の雇用関係に関し直接の債権債務関係に立つものではなく、破産債権である上記雇用関係に基づく退職手当等の債権に対して配当をする場合も、これを破産手続上の職務の遂行として行うのであるから、このような破産管財人と上記労働者との間に、使用者と労働者との関係に準ずるような特に密接な関係があるということはできない。また、破産管財人は、破産財団の管理処分権を破産者から承継するが（旧破産法7条）、破産宣告前の雇用関係に基づく退職手当等の支払に関し、その支払の際に所得税の源泉徴収をすべき者としての地位を破産者から当然に承継すると解すべき法令上の根拠は存しない。そうすると、破産管財人は、上記退職手当等につき、所得税法199条にいう「支払をする者」に含まれず、破産債権である上記退職手当等の債権に対する配当の際にその退職手当等について所得税を徴収し、これを国に納付する義務を負うものではないと解するのが相当である。

4 事例の検討

　本事案で、地裁、高裁が破産前の雇用関係に基づく給与債権についても源泉徴収義務を認めたため国税庁は、これを質疑応答集に反映させるなどして破産管財人による給与債権についての源泉徴収をすすめた。しかし最高裁が破産前の雇用関係に基づく退職手当等の債権に対する配当については源泉徴収を要しない、としたため、その後これを還付することとなった。破産管財人はどこまで源泉徴収義務を負うのかが争点となった事案である。

　地裁、高裁は共に破産管財人の報酬にも、元従業員らの退職金債権に対する配当にも破産管財人の源泉徴収義務を認めた。それを受けて国税庁の質疑応答集にも同様の解説が掲載されていた。従来の実務では源泉徴収はされてこなかったが、大阪地裁、大阪高裁が源泉徴収義務を認めたため国税庁もそのように指導を行った。

　しかし、最高裁は破産管財人報酬の源泉徴収義務は認めたが、元従業員らの退職金債権に対する配当には源泉徴収義務は認めなかった。元従業員らからみれば破産管財人から受け取ろうが、それは労務の提供の対価であり、もともと破産会社から受け取るはずであった退職金とその性質はかわらない。一方、破産管財人からみれば、元従業員との間に雇用関係等の密な関係はないのであり、退職金債権の配当であろうと他の債権に対する分配との差はないはずである。

【高木良昌】

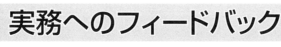
実務へのフィードバック

　本事案については、源泉徴収義務を認めると破産管財人の事務負

担が増え、破産管財人報酬が上がり、結果として配当可能財産が減ることとなる、という議論があった。源泉徴収制度の議論ではその事務負担は常についてまわるものであるが、破産管財人が源泉徴収をすべき者としての地位を破産者から当然に承継すると解すべき法令上の根拠は存しない、とした本判決には大きな意義があるといえる。

　従来の実務を地裁、高裁が否定し、実務上少なからず混乱のあった事案であるが、最高裁は元従業員の退職金に対する源泉徴収義務はないとし、結果として従来の実務を追認するかたちとなった。

　なお、破産宣告前の雇用関係に基づく破産債権である退職手当等に対する配当に関する破産管財人の源泉徴収義務を否定しているが、破産前の雇用関係に基づくものであれば、退職金ではなく、給与債権に対する配当であっても同様に破産管財人の源泉徴収義務は否定されることになると考えられる。事実、本事案後に国税庁がホームページ上に表示した「破産前の雇用関係に基づく給与又は退職手当等の債権に対する配当に係る源泉所得税の還付について」というお知らせでは還付対象を退職手当に係るものに限らず、破産前の雇用関係に基づく給与の債権に対する配当については源泉徴収を要しない、としている。

III 法人税関係

1 収益の帰属時期

－詐欺被害損失と損害賠償請求権－

東京地判 平成20年2月15日（TAINS Z258-10895・TKC 28141628）
東京高判 平成21年2月18日（TAINS Z259-11144・TKC 25451002）
最　　決 平成21年7月10日（TAINS Z259-11243・TKC 25471435）

本事例の着目点

■従業員の不正行為により損害を被った法人は、損害発生と同時に損害額と同額の損害賠償請求権を取得することから、損害賠償請求権は、損害を生じた事業年度と同じ事業年度の益金に含めるべきとされた事例である。

1 問題の所在

　法人税法22条4項は、法人税の対象となる所得は、「一般に公正妥当と認められる会計処理の基準に従って計算されるものとする」と規定する。法人税法は、この公正妥当基準に依存傾向が強い。一方、会計慣行という会計処理も存在する。企業会計の目的は、企業の利害関係者に対して企業の経営成績と財政状態を適正に開示することにある。会計処理と税務手続の矛盾は、その目的にも異なることはいうまでもないが、この法人税法が定める公正妥当処理基準の曖昧さが原因である。公正妥当基準がどのようなものなのかを規定する明確な法律が存在しないため、その解釈としてさまざまな考え

方がある。

　公正妥当とする判断が課税の都合という理由で、課税庁に誘導され、恣意的に変化するならば、その課税に対する規範性は全く存在しないことになる。課税要件を明確にすることが租税法律主義の要請であるとするならば、公正妥当の範疇と意義の明確化は確立すべき課題である。

　企業会計原則や確立された会計慣行を用いることが、必ずしも担税力に応じた課税の実現につながるとは限らず、公正妥当ではないと判断される会計処理の存在に常に注意する必要がある。

　法人税法22条4項による公正妥当な会計処理の基準に従って収益の計上時期は一般にその収益が実現した年に計上すべきものと解されている。結局、権利確定主義は、第三者との取引に際してその収入すべき金額が確定した年分に益金を計上する原則であり、対価又は債権等の経済的利益に着目してその計上時期を決する原則である。

2 事例の概要

　納税者は、ビル総合清掃業務及び建物等の警備保安業務等を営む法人である。納税者の主張は、犯罪者に対する損害賠償請求権は、①加害者がその額等について争う場合が多く、②加害者の無資力により回収可能性が類型的に極めて低く、③その犯罪行為が発覚するまでの間、法人が権利を行使し現実に損失を回復させることを到底見込めないものであるから、当該事業年度において、加害者が損害額について争わずに債務を承認し、かつ、十分な資力を有しているなどの事由がない限り、これを益金に計上すべきではない。したがって納税者の外注費の架空計上は、同社の経理部長の詐欺行為によるものであり、納税者は当該詐欺行為によって架空外注費に相当

する金額の損失を受けており、また同経理部長に対する損害賠償請求権は回収が困難なこと等から益金の額に算入すべきでないというものであった。なお、経理部長は、懲役4年の実刑判決を受け、控訴することなく確定している。

3 判決の要旨

① 第1審判決

❶ 不法行為による損害賠償請求権の場合には、その不法行為時に客観的には権利が発生するとしても、不法行為が秘密裏に行われた場合などには被害者側が損害発生や加害者を知らないことが多く、被害者側が損害発生や加害者を知らなければ、権利が発生していてもこれを直ちに行使することは事実上不可能である。この点、民法上、一般の債権の消滅時効の起算点を、権利を行使することができる時としている(民法166①)のに対し、不法行為による損害賠償請求権については、これを、被害者又はその法定代理人が損害及び加害者を知った時としている(民法724)のも、上記のような不法行為による損害賠償請求権の特殊性を考慮したものと解される。

❷ 権利が法律上発生していても、その行使が事実上不可能であれば、これによって現実的な処分可能性のある経済的利益を客観的かつ確実に取得したとはいえないから、不法行為による損害賠償請求権は、その行使が事実上可能となった時、すなわち、被害者である法人(具体的には当該法人の代表機関)が損害及び加害者を知った時に、権利が確定したものとして、その時期の属する事業年度の益金に計上すべきものと解するのが相当である(最高裁平成4年10月29日第一小法廷判決・裁判集民事166号525頁参照)。

❸ 納税者は、平成9年から平成16年までの間、納税者による詐取行為によって金員を詐取され続け、税務署長が平成16年4月に開始した税務調査を契機として初めてこれが発覚したものであり、納税者が詐取行為を理由として、経理部長を懲戒解雇としたのが同年5月、詐欺罪等で告訴したのが同年7月、損害賠償請求訴訟を提起したのが同年9月であったというのであるから、納税者は、各事業年度においては、いまだ詐取行為による損害及び加害者を知らず、納税者がこれを知ったのは、平成16年9月期であったことが認められる。

したがって、詐取行為によって納税者が経理部長に対して取得することとなる損害賠償請求権の額は、各事業年度の益金の額に算入すべきものではなく、平成16年9月期の益金の額として算入すべきものである（異時両建説）。

② 控訴審判決

経理部長は、納税者の経理担当取締役らに秘して詐取行為をしたものであり、取締役らは当時詐取行為を認識していなかったものではあるが、詐取行為は、経理担当取締役が預金口座からの払戻し及び外注先への振込み依頼について決裁する際に経理部長が持参した正規の振込依頼書をチェックしさえすれば容易に発覚するものであったのである。

また、決算期等において、会計資料として保管されていた請求書と外注費として支払った金額とを照合すれば、容易に発覚したものである。こういった点を考えると、通常人を基準とすると、本件各事業年度当時において、損害賠償請求権につき、その存在、内容等を把握できず、権利行使を期待できないような客観的状況にあったということは到底できないというべきである。そうすると、損害賠償請求権の額を各事業年度において益金に計上すべきことになる

（同時両建説）。

4 事例の検討

　第1審判決は、「納税者は、平成9年から平成16年までの間、経理部長による詐取行為によって金員を詐取され続け、税務署長が平成16年4月に開始した税務調査を契機として初めてこれが発覚したものであり、納税者が詐取行為を理由として、経理部長を懲戒解雇としたのが同年5月、詐欺罪等で告訴したのが同年7月、損害賠償請求訴訟を提訴したのが同年9月であったというのであるから、納税者は、各事業年度においては、いまだ詐取行為による損害及び加害者を知らず、納税者がこれを知ったのは、平成16年9月期であったことが認められる。したがって、詐取行為によって納税者が経理部長に対して取得することとなる損害賠償請求権の額は、各事業年度の益金の額に算入すべきものではなく、平成16年9月期の益金の額として算入すべきものである」として異時両建説を採り納税者勝訴であった。

　これに対して控訴審判決では、逆転し同時両建説を採り課税庁勝訴であった。その後、納税者は上告したが、これは受理されず、納税者敗訴の結果となった。

　つまり、この同時両建説が税務上は通常行われており、定法ともいうべき処理である。ただ、一般的な感覚とすれば益金に計上しても、加害者に求めた損害賠償が履行されなければ、意味のないことになる。実際には履行されないことも多い。結果として翌期以降に損金として処理することは、二度手間といえなくもない。第1審での納税者の主張に、損害賠償請求権が発生しても回収が確定していないのであれば、益金に計上すべきでないとする主張があることからも、一般的な感覚と、税務上通常に判断されている益金計上の基

準との間には、少なからず差があるといえる。

【林　仲宣】

実務へのフィードバック

　従来からの同時両建説を踏襲した控訴審判決であるが、結局、当時の社内決裁の内容に重きをおき、納税者の詐取行為に対する予見・予知の不備をその根拠としている。今後、「損害賠償請求権の行使」に対する状況判断が重視される税務処理が容認されるなら、実務的には複雑になり兼ねない。法人はこれまで以上に、重大な責任の下で従業員を指揮監督することを求められることになり、経理に関わる書類の確認等にも、より負担がかかるようになる可能性もある。

　本事案は、税務調査において、経理部長の横領行為が露見した。また事前に他社の税務調査や反面調査により、課税庁が当該企業の不正行為の事実を把握した上で臨場調査に臨んでくることがある。この場合に、課税庁に、不正取引・不正行為による申告漏れ等が、従業員等による単独の行為ではなく、会社ぐるみの行為・取引という疑念を持たれることは少なくない。社内における経理処理に対する監査体制が不可欠であることは、いまさら言うまでもないことといえる。

　本事案のような場合には、刑事上はともかく、税務上は、会社にとっては、「踏んだり蹴ったり」となることが多い。

Ⅲ 法人税関係

2 収益の帰属

－従業員が仕入業者から受領したリベート－

仙台地判 平成24年2月29日（TAINS Z262-11897・TKC 25444429）

本事例の着目点

1. 従業員が受けていたリベートは、その一部が法人である納税者の備品購入等に当てられていたとしても、従業員らが単なる名義人であり実質的には納税者がリベートを受領していたといえない場合、リベートは納税者に帰属しないとした事例である。
2. 従業員が勝手に行っていたリベートに係る収益は法人に帰属はしないが、そういったことがそもそも起こらないよう経営者は注意する必要があることを示唆した事例である。

1 問題の所在

　従業員が行っていたリベートの授受が従業員に帰属するのか、それとも法人に帰属するのかが問題となった。法人に帰属するとした場合、いったんリベートは法人に帰属し課税され、従業員が個人的に費消した分のみ横領損失となり、従業員に対する損害賠償請求権が発生することとなる。

本事案ではリベートを受けていた従業員が受けたリベートを全額個人的に費消していたのではなく、会社の指示なく旅館の備品等を購入していた。当然、従業員らは会社の指示を受けてリベートを受けていたわけではないが、課税庁は食材の仕入に係るリベートであり、会社名義での取引であるからすべてのリベートは会社に帰属するとしたのである。

　経営者も認めた上でリベートの授受を行っていた、というのであればそれも問題であるが、本事案の場合は、あくまで従業員独自の判断によるものであった。そこには経営状況の悪化により会社の予算だけでは必要なものがそろえられない等、様々な背景があったようであるが、経営者はこれを把握していなかった。

　こういった事情でのリベートの授受は会社に帰属し、従業員が個人的に費消してしまった分だけを横領損失とするのか、それとも勝手にリベートの授受を行った従業員に帰属するのか。この判断が問題となった。

2　事例の概要

　旅館業を営む納税者は、平成8年ころから、売上減が続く一方、金融機関に対する借入金返済の増加等もあって、経営成績が悪化し、資金繰りも困難な状況となったことから、金融機関との取引関係維持のために、役員報酬等のカットを含む大幅な経費削減を行いつつ、減価償却費の計上を一部にとどめるなどして対応してきた。そんな中、平成19年の税務調査の際、従業員が平成12年から18年までの6年間で関係業者から約9,800万円のリベートを受領していたことが発覚した。

　リベートは、お膳料理用等の食材の納入業者である訴外会社の代表者訴外Cが、納税者の調理部従業員である訴外Aらの指示に従っ

て商品原価にリベート額を上乗せした額で食材を納入し、納入後に訴外会社が受領した代金からリベート相当額を訴外Aらに支払う形で交付されていた。

リベートの授受は、旅館からは離れた場所にある飲食店のあまり人目につかないような場所で行われていた。訴外Aらは、受領したリベートを部下との食事会やコンペ等に費消していたほか、納税者の指示なく、自らの判断で旅館における備品等の購入に充てていた。

納税者においては、食材の仕入れに関して入札制度を採用し、総務部仕入課仕入係が発注業務を担当しているため、調理場から直接納入業者に発注をすることは禁止されており、調理部調理課に所属する訴外Aらに仕入業者の選定権限や仕入金額の決定権限は付与されていなかった。また、就業規則上、「会社の許可なく、職務上の地位を利用して、外部の者から金品等のもてなしを不当に受けた時」は解雇する旨の規定があるほか、訴外Aらを含む従業員にもリベートの受領が禁止されている旨が周知されていた。

課税庁は、リベートは納税者に属するものとして、雑収入を計上せずリベートを費消した従業員に対する損害賠償請求権の額を課税資産の譲渡等に算入せずに隠ぺいは又仮装したとして更正処分を行った。

3 判決の要旨

❶ 収益が納税者に帰属するか否かの判断に当たっては、本件手数料を受領した訴外Aらの法律上の地位、権限について検討するとともに、訴外Aらを単なる名義人として実質的には納税者が本件手数料を受領していると見ることができるか否かを検討することが相当である。

❷ 本件手数料は、納税者における本件食材の仕入れに関して授受されていたものであるところ、納税者における本件食材の仕入れに関しては入札制度が設けられていることや、仕入課仕入係に発注権限が存在しており、調理課に所属する訴外Aらには本件食材の発注権限がないことからすれば、訴外Aらが、本件食材の仕入れに関する決定権限を納税者から与えられていたとは認められない。これらの事実に加え、納税者においては、就業規則上もリベートの受領が禁止されており、訴外Aらを含む従業員にその旨周知されていたこと、訴外Aらは、訴外Cからリベートを受領する際、旅館の建物からは離れた所在地にある飲食店の、あまり人目につかないような場所で授受を行っていたことなどを併せ考えると、訴外Aらが、本件食材の仕入れに関して授受されていた本件手数料について、納税者から法的な受領権限を与えられていたと認めることはできない。

❸ 訴外Aらは、個人としての法的地位に基づき訴外Cから本件手数料を自ら受け取ったものと認められるところ、自己の判断により、受領した本件手数料を費消していたというのであるから、訴外Aらが単なる名義人として本件手数料を受領していたとは認め難い。

❹ 課税庁は、納税者代表者による本件手数料受領に関する対応策が不十分であることや、納税者代表者の訴外Aらに対する発言などを根拠に、納税者代表者が、訴外Aらによる本件手数料の受領を黙認していた旨主張するが、訴外Aらが、自らのリベート受領については、納税者代表者に知られていなかったと思う旨供述し、納税者代表者も、納税者の業務の詳細を直接把握していたわけではなく、訴外Aらが上記リベートを受領していたことを知らなかった旨供述していることに加え、先に見たとおり、本件各事業年度当時、納税者は、経営成績悪化の状態にあったことから、

リベートの金額の分だけ食材の仕入額（費用）を過大に計上するような必要も余裕もなかったと見られること、納税者における懲戒の種類及び程度については、就業規則上も懲戒解雇のほかに諭旨退職などが規定されており、情状に応じた対応が認められていること、訴外Ａらの一部の者に対する処分は現在も留保されている状態であることに照らせば、課税庁が指摘する事実を踏まえても、納税者代表者が訴外Ａらによる本件手数料の受領を知って、これを黙認していたと認めるには足りないというべきである。

❺ 課税庁は、訴外Ａらが本件手数料の一部を納税者の備品等の購入に充てていた事実があるとして、本件手数料に係る収益が納税者に帰属する旨主張するが、上記購入行為が納税者の指示なく行われていたものである以上、上記備品等の購入は、訴外Ａらが自らに帰属した本件手数料の使途を自己の判断に基づき決定したことによるものであって、結果的に納税者の利益になった部分があったとしても、そのことから、訴外Ａらが単なる名義人として、訴外会社から本件手数料を受領したものということはできない。

4 事例の検討

　裁判所は、リベートを受領した従業員らが単なる名義人で実質的には納税者が受領しているとみることができるのであれば、実質所得者課税の原則により、リベートによる収益が納税者に帰属していたものとすることができるとした。

　本事案では、納税者の代表者はリベートの存在を把握していなかった。また、従業員らの言動や、減価償却を止め役員報酬を減額し銀行対策を行っていた納税者の状況からみて、従業員らが、納税者からリベートの法的な受領権限を与えられていたと認めることは

できず、まして仕入れを過大計上することになるようなリベートを黙認していたとみることはできないとされた。裁判所の判断は当然であったといえるだろう。

【高木良昌】

実務へのフィードバック

納税者の調理場従業員らが仕入業者と通じ、仕入金額を上乗せさせ、仕入業者からバックマージンをもらっていた。飲食業界では、よくある話である。しかし、課税庁の主張は、従業員らが受領していたリベートに関する収益が従業員に帰属するのではなく、納税者に帰属するというものであった。つまり、課税庁はリベートに関する収益はすべて納税者に帰属し、その内従業員が個人的に費消した分は横領損失となり、従業員に対する損害賠償請求権が発生するというのである。

残念ながら金額の多寡の違いはあれ、リベートの授受はどの業界にもある。ただ本事案のように、業績不振の会社にあっては、多額なリベートの存在は危険であるかもしれない。少なくとも税務調査で発覚した事実を踏まえると、厳正な監査を怠った経営者の責任も重い。

Ⅲ 法人税関係

3 公益法人の収益事業該当性
－檀家以外の者が支払った会館利用料－

国税不服審判所 平成25年1月22日（TAINS J90-5-14・TKC 26012664）

本事例の着目点

■収益事業に該当するか否かは、当該事業に伴う財貨の移転が役務等の対価の支払か、あるいは、喜捨等の性格を有するか、また、当該事業が宗教法人以外の法人の一般的に行う事業と競合するか否か等の観点を踏まえた上で、当該事業の目的、内容、態様等の諸事情を社会通念に照らして総合的に検討するとした事例である。

1 問題の所在

　法人税課税では、公益法人が公益の追求を目的とするために設立されたものであることから、原則として、公益法人の所得は課税対象から除外されている。一方で、公益法人が行う事業が、法人税法施行令5条に規定される34業種の収益事業に該当する場合には、当該事業による所得には、法人税が課税される。公益法人にとって、収益事業に該当するか否かは、課税の有無に直接かかわる問題である。

2 事案の概要

　宗教法人である納税者では、総代会又は責任役員会によって重要事項に関する協議、決定が行われる。納税者が境内に所有する会館を檀家以外の者に利用させること及びその利用料について、1階部分が昭和62年5月の責任役員会において、2階部分が平成14年2月の総代会においてそれぞれ決定され、利用料は、決定以後、各事業年度を通じて変更していない。

　納税者は、各事業年度において、会館を、通夜、葬儀及び告別式並びにこれらに続いて行われる法要（葬儀等）の式場として利用し、又は、法要後の会食会場として檀家に対して利用させていた他、檀家以外の者に対しても葬儀等の式場及び法要後の会食会場として利用させており、その利用料として金員を受領した。

　なお、納税者は、会館を檀家に利用させた場合、又はごくまれではあるものの、檀家以外の者に対し会館を利用させ、その葬儀等に納税者の僧侶が出仕した場合に受領した金員について、「布施収入」として各収入金額を総勘定元帳に計上した。会館を納税者の僧侶が出仕しないで檀家以外の者に対し利用させ受領した金員について、「会館収入」として総勘定元帳に計上していた。

　納税者は、各事業年度の法人税について、「土地収入」欄記載の各収入金額のみが、法人税法2条13号に規定する収益事業に該当するとして確定申告し、各課税期間の消費税等については申告しなかった。

　これに対して、税務署長が、当該会館を檀家以外の者に対し利用させ金員を受領したことは、法人税法上の公益法人等が行う収益事業（席貸業）に該当し、また、消費税法上の課税資産の譲渡等に該当するなどとして、法人税の更正処分等並びに消費税及び地方消費

税の決定処分等を行ったことに対し、納税者が同処分等の取消しを求めたのが本事案の概要である。

3 裁決の要旨

❶ 宗教法人の行う事業が法人税法施行令5条1項各号に規定する事業に該当するか否かについては、当該事業に伴う財貨の移転が役務等の対価の支払として行われる性質のものか、それとも役務等の対価でなく喜捨等の性格を有するものか、また、当該事業が宗教法人以外の法人の一般的に行う事業と競合するものか否か等の観点を踏まえた上で、当該事業の目的、内容、態様等の諸事情を社会通念に照らして総合的に検討して判断する。

❷ 公益法人等の課税対象となる事業の範囲は、収益事業として法人税法施行令5条1項各号において個別に法定されているから、当該事業が同項各号に規定されている収益事業のいずれかに該当する場合には、たとえ当該事業が公益法人等の本来の目的とされているものであったとしても、当該事業から生ずる所得については法人税が課されることになるが、収益事業の範囲は、専ら税法固有の目的に従って法定されているものであるから、公益法人等の本来の事業が税法上の収益事業に該当したとしても、当該事業の公益性を否定するものではない。

❸ 法人税法施行令5条1項14号に規定する席貸業とは、一般にいわゆる席料や利用料を受領して座席、集会場等一定の場所を随時、時間や期間等を区切って利用させるために賃貸する事業をいう。

❹ 会館を利用して行われる葬儀等の行事が檀家以外の者に係るもので、かつ、当該行事に納税者の僧侶が出仕しない場合は、納税者が自ら会館を利用するものではなく、納税者が会館を当該者に

利用させているにすぎず、そして、納税者は、会館を当該者に利用させる場合の利用料を納税者の責任役員会又は総代会において定め、会館を当該者が利用する場合に、当該利用料をあらかじめ当該者に対して明示し、その明示した利用料を受領していることからすれば、会館を当該者に利用させ、その対価として当該者から当該利用料を受領したものと認められ、当該利用料が喜捨等の性格を有しない。

4 事例の検討

本事案では、①納税者の僧侶が出仕しないで檀家以外の者に対して会館を利用させる行為は席貸業として収益事業に該当するか否か、そして、②納税者が当該行為により金員を受領したことは、消費税法2条1項8号に規定する資産の譲渡等に該当するか否かが争われている。

以下では、争点①について検討する。

納税者は、檀家以外の者の会館利用は葬儀等に限定しており、会館の利用料は対価性のない布施として受領していることから、席貸業に該当しないと主張している。これに対して、税務署長は、納税者の行為は、会館を納税者自ら利用するものでなく、他の者に単に利用させているにすぎないから、席貸業に該当すると主張している。

審判所は、宗教法人の行う事業が収益事業に該当するか否かは、①当該事業に伴う財貨の移転が役務等の対価あるいは喜捨等のいずれの性格を有するか（対価性）、②当該事業が宗教法人以外の法人の一般的に行う事業と競合するものか否か（競合性）、等の観点を踏まえて、当該事業の目的、内容、態様等の諸事情を社会通念に照らして総合的に判断すべきであるとした。

納税者の行為は、会館を檀家以外の者に利用させているにすぎず、納税者は、責任役員会又は総代会で定めた会館の利用料をあらかじめ檀家以外の者に対して明示し、利用料を受領している。したがって、受領した金員は会館利用の対価であることから、納税者の行為は、席貸業として収益事業に該当するとの判断を下した。

公益を目的として設立された宗教法人は、法人税法施行令5条に規定される34業種の収益事業に該当する事業による所得に対してのみ法人税が課税される。収益事業に該当するか否かの判断が、課税の有無に直結する。

審判所の判断によると、檀家の利用か否か、納税者の僧侶の出仕の有無を基準に収益事業該当性が判断される。具体的には、檀家に会館を利用させた場合と檀家以外の者に会館を利用させるが、葬儀等に納税者の僧侶が出仕した場合には、当該行為は収益事業に該当しないが、檀家以外の者に会館を利用させ、納税者の僧侶が出仕しない場合は、席貸業として収益事業に該当するとしている。納税者の総勘定元帳の記載内容も同様の基準で区別されており、審判所の判断は妥当であるとも考えられる。

【谷口智紀】

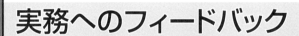
実務へのフィードバック

本事案は、宗教法人における収益事業に関する内容であるが、公益法人の行う収益事業の意義について言及した事例として有益である。

Ⅲ 法人税関係

4 賃貸マンションの管理組合に支出した管理費等の損金算入の可否

福岡地判 平成21年12月22日（TAINS Z259-11353・TKC 25471861）
福岡高判 平成22年 5月27日（TAINS Z260-11445・TKC 25500984）
最　　決 平成23年 4月21日（TAINS Z261-11675・TKC 25501887）

本事例の着目点

■法人が支出したマンション管理費の大部分が支出された会計期間において管理組合によって諸費用として費消されず多額の剰余金が生じるような場合には、実際に管理組合によって諸費用として費消された金額についてのみ損金算入が認められ、その余の剰余金について損金算入は認められないとした事例である。

1 問題の所在

　マンションの管理組合は賃借人から管理費を徴収し、徴収した管理費から実際にマンション管理に要する費用、例えば管理委託費や共同設備の水光熱費等を支払っていく。そして剰余金があれば翌期に繰り越していく、ということとなる。そのため法人が賃貸マンションの管理組合に支出する管理費は、本質的には前払費用としての性格を有し、その期に実際に管理に要した部分だけがその期に要した経費として損金算入できるものであるといえる。

ただ、通常は賃借人とマンションの管理組合は別人格の別組織であるため剰余金があまりに多くなるような高額な管理費は実質的には設定することができない。そのため実務上は賃借人が管理組合に支出する管理費と実際に管理に要する金額はほぼ同額と考え、支出時に全額が損金算入されている。

　本事案の納税者は、あえて高額な管理費を設定し高額な管理費を全額損金算入した上で管理組合に剰余金をプールしていた。

　法人が支出したマンション管理費は、管理組合が実際に管理のために費消しているかどうかにかかわらず支出した事業年度において債務確定したといえ損金算入できるどうかが問題となった。

2 事例の概要

　内装工事等を業とする法人である納税者らが、その区分所有する賃貸用マンションの各管理組合に対して支出した管理費を、全額損金の額に算入して法人税の確定申告をした。これに対して、課税庁は、本件管理費のうち業務費用等に使用されていない剰余金は損金の額に算入されないとして、更正処分及び過少申告加算税の賦課決定処分をした。納税者は、上記各処分はいずれも違法であると主張してその全部の取消しを求めた事案である。

　なお、納税者らは平成15年から平成17年の間に8億円超の管理費を本件各管理組合に支払い、本件各管理組合はいずれも、その管理組合として行う業務等を納税者らのうちの1社に委託していた。本件各管理組合は、本件管理費の70％を超える割合の金額を業務費用等に使用せず剰余金とし、訴外Aに無利息で貸付けを行い、訴外Aは納税者らに対し金銭の貸付けを行っていた。

3 判決の要旨

❶ マンションの区分所有者が法人である場合において、当該区分所有者が当該マンションの管理組合に対して支出した管理費は、通常は、その支出時において、その全額につき、債務の確定しているものに該当するとして、損金算入が認められている。

❷ 区分所有者の支出する管理費は、本来は、その支出時点では前払費用等として区分所有者の資産勘定に計上されるべきところ、一般に、管理費の額は、当該会計期間に管理組合から支出される区分所有建物の共用部分、敷地及び付属施設の維持管理を行うための諸費用（以下「諸費用」という。）の額を過去の実績等に基づきあらかじめ積算した上で、合理的に算出されるものであること、したがって、区分所有者から支出された管理費は、通常は、その大部分が支出された会計期間において諸費用として費消され、たとえ剰余金が生じるとしても少額であること、そもそも管理費が、組合員である区分所有者がその地位に基づいて当然に支払うべき金銭であること等の理由から、当該剰余金に対して課税しないとしても、重要性の原則の観点からみて課税上弊害がないと考えられることを根拠として、支出時において、その全額につき、損金算入が認められているものと考えられる。

❸ したがって、管理費の額が合理的に算出されているとは認められず、また、区分所有者から支出された管理費の大部分が支出された会計期間において管理組合によって諸費用として費消されず多額の剰余金が生じるような場合には、たとえ管理費の名目で区分所有者から管理組合に支出された金銭であったとしても、実際に管理組合によって諸費用として費消された金額についてのみ「債務の確定しているもの」に該当するものとして損金算入が認

められ、その余の剰余金については「債務の確定しているもの」には該当せず損金算入は認められないというべきである。

❹ 本件管理費につき、多額の剰余金が生じているかについて検討するに、納税者が支出した本件管理費の額のうち業務費用等として実際に支出された額と、業務費用等として使用されなかった剰余金の額は、証拠を見るに、本件管理費について多額の剰余金が生じていることは明らかである。

❺ 本件管理費のうち業務費用等として実際に支出された額の割合（以下「実支出割合」という。）は、いずれの会計期間においても、本件各管理組合について平均すると30％に満たない（70％を超える割合の金額が剰余金となっている。）ものである。これに対して、標準管理組合においては、管理費のほとんどが業務費用等として実際に支出されている（実支出割合は95％を超えており、100％を超えている会計期間もある。）。このように、本件各管理組合における実支出割合は、標準管理組合における実支出割合に比して著しく低い割合である。そして、既に検討したとおり、本件管理費について多額の剰余金が発生している。また、認定事実のとおり、本件管理費の額は、本件各マンションのいずれにおいても、マンションの規模、築年数、構造等を考慮することなく、その各住戸の面積に応じて1室当たり8,000円から2万1,500円とされている。

❻ これらを併せて考えると、本件管理費の額は、到底、本件各管理組合において諸費用の額を過去の実績等に基づきあらかじめ積算した上で合理的に算出したものと認めることはできない。

❼ 本件管理費の大部分が、支出された年度において本件各管理組合によって業務費用等として費消されず、多額の剰余金が生じていると認められることなどを併せ考慮すると、実際に本件管理組合によって業務費用等として費消された金額についてのみ損金算

入が認められ、その余の剰余金については損金算入は認められないというべきである。

4 事例の検討

本事案は、法人が区分所有するマンションの管理費について争われたはじめての判決であり、判決の結論は妥当であるといえる。しかし、実支出割合がどの程度であればよいのか等の具体的な基準は示されなかった。ただ、通常の所有者と別組織である管理組合であれば剰余金が積み上がり続けるような高額な管理費を設定できない、ということや設定金額に合理的根拠が必要なことは前述のとおりであり、突飛な金額を設定し全額損金算入をすることはできないといえるだろう。

【高木良昌】

実務へのフィードバック

税務においては、納税者が主張したように、通常、管理費は支出時に全額損金として計上するということが慣行となっている。マンションの区分所有者と管理組合は人格を異にする別組織であり、多額の剰余金が発生するような管理費はそもそも設定することができないはずであり、もし剰余金が継続的に発生するような場合には、管理費の減額等が行われ、剰余金が積み上がり続けるということはないはずである。そのため、標準管理組合においては実支出割合が100％近くとなっているのであり、だからこそ裁判所のいうようにマンションの管理組合に対して支出した管理費は、通常は、その支出時において、その全額につき、債務の確定しているものに該当するとして、損金算入が認められているといえる。

本事案では、納税者らは管理組合がプールした剰余金をＡに貸し付け、Ａは再び納税者らに貸付けを行っていた。Ａに無利息で貸付けを行っていたことからも、このような資金の流れをつくるために、異常な管理費を設定したと思われる。

　納税者らが管理組合に支払った管理費の内、実際に管理のために支出された金額は３割に満たず、管理組合に支払った金額の全額を損金算入することは認められないだろう。マンションに管理組合を設置し、管理費を設定する場合には、その金額設定に何らかの合理的根拠が必要といえる。本判決はそれを確認した点に意義がある。

III 法人税関係

5 少額減価償却資産の範囲
－NTTドコモ中央事件－

東京地判 平成17年5月13日（TAINS Z25510022・TKC 28101934）
東京高判 平成18年4月20日（TAINS Z256-10372・TKC 28111428）
最　　決 平成20年9月 5日（TAINS Z258-11017・TKC 25470910）
最　　判 平成20年9月16日（TAINS Z258-11032・TKC 28141988）

本事例の着目点

1. 減価償却資産に該当するか否かは、当該資産が法人の事業に供され、その用途に応じた本来の機能を発揮することによって収益の獲得に寄与するものであるかどうかで判断するとした事例である。
2. エントランス回線が1回線のみでも、基地局のエリア内のPHS端末の通話等は可能であるから、エントランス回線1回線に係る権利が、PHS事業における機能を発揮し、収益の獲得に寄与するとした事例である。

1 問題の所在

通常、単価が低廉なものは年数経過による陳腐化が早いと考えられることから、少額減価償却資産として、一括して損金算入することが認められている。この損金処理をめぐって、同一資産が大量取得された場合には、少額減価償却資産に該当するか否かが問題となる。

当該資産一つを1単位として少額減価償却資産に該当すると判断すべきか、あるいは、同一資産の大量取得を1単位として少額減価償却資産には該当しないと判断すべきであろうか。

本事案では、エントランス回線利用権をめぐって、当該権利は、エントランス回線1回線を1単位として取扱うべきか、あるいは、エントランス回線をまとめて、接続協定を1単位として取り扱うべきかが問題となっている。

2 事例の概要

納税者は、平成10年12月1日、Ａ株式会社から簡易型携帯電話（PHS）事業の営業譲渡を受け、同事業を開始した。納税者のPHS事業は、Ｂ株式会社の設置するPHS接続装置、電話網等の機能及びデータベースを活用する方式（Ｂ網依存型方式）によるものである。

この方式の通信経路では、例えばPHS事業者との契約により同事業による電気通信役務の提供を受ける利用者（PHS利用者）がＢの固定電話利用者、携帯電話利用者等と通話等をする場合、PHS端末から発信された音声等の情報は、無線電信により当該PHS事業者の設置する基地局において受信され、Ｂの設置するエントランス回線（基地局とＢの設置するPHS接続装置との間を接続する設備）、PHS接続装置及び電話網等を介して、固定電話や携帯電話等に送信される。Ｂの固定電話や携帯電話等からPHS端末に向けて発信される情報は、逆の経路をたどる。

つまり、エントランス回線が1回線あれば、回線が接続する基地局のエリア内のPHS端末とＢの固定電話又は携帯電話等との間で、双方向の通話等が可能になる。一方で、PHS端末と他の基地局のエリア内のPHS端末との間で通話等が行われる場合は、PHS

端末から発信された情報は、基地局、Bのエントランス回線、PHS接続装置を介して電話網に達した後、Bの設置する他のPHS接続装置及び他のエントランス回線を経て、当該PHS事業者の設置する他の基地局に到達から無線電信により他のPHS端末に送信される。

エントランス回線利用権は、B網依存型方式を採用するPHS事業者が、Bの事業用電気通信設備である特定のエントランス回線の設置に要する費用を負担することによって、当該回線を利用して当該PHS事業者の特定の基地局とBの特定のPHS接続装置との間を相互接続することによって、PHS利用者に対してBのネットワークによる電気通信役務を提供させる権利である。

Bの接続約款に基づいてBとの間でその指定電気通信設備との接続に関する協定を締結したB網依存型PHS事業者は、Bに対して設置工事及び手続に関する費用として1回線当たり合計7万2,800円を支払うことになる。

納税者は、営業譲渡に伴い、Aからエントランス回線利用権を1回線に係る権利一つにつき7万2,800円の価格で合計15万3,178回線分を譲り受け（総額約111億5,137万円）、その後、接続約款に基づくB設備と納税者設備との接続に関する協定に従って、エントランス回線の設置工事をするごとに、その費用として1回線当たり合計7万2,800円を支払い、新設された回線に係るエントランス回線利用権を取得していた。

納税者は、PHS事業全部の譲受けに伴い取得した、A社がB社に対して有していたエントランス回線利用権及び新設回線に係るエントランス回線利用権は取得価格が10万円未満であり、法人税法施行令133条にいう「少額減価償却資産」に該当することから、一度に全額を損金処理することができるとして更正の請求を行った。

これに対して、税務署長が、更正すべき理由がないとの通知処分

等を行ったため、納税者が、各処分の取消しを求めて出訴したのが本事案の概要である。

3 判決の要旨

❶ エントランス回線利用権は、エントランス回線1回線に係る権利一つを1単位として取引されている。

❷ 税務署長は、減価償却資産は法人の事業において収益を生み出す源泉として機能することをその本質的要素とし、権利一つでは納税者のPHS事業において収益を生み出す源泉としての機能を発揮することができないと主張する。

❸ 減価償却資産は法人の事業に供され、その用途に応じた本来の機能を発揮することによって収益の獲得に寄与するものであるから、一般に、納税者のようなB網依存型PHS事業者がエントランス回線利用権をそのPHS事業の用に供する場合、当該事業におけるエントランス回線利用権の用途に応じた本来の機能は、特定のエントランス回線を用いて当該事業者の設置する特定の基地局とBの特定のPHS接続装置との間を相互接続することによって、当該基地局のエリア内でPHS端末を用いて行われる通話等に関し、Bをして当該事業者の顧客であるPHS利用者に対しBのネットワークによる電気通信役務を提供させることにある。

❹ エントランス回線が1回線あれば、当該基地局のエリア内のPHS端末からBの固定電話又は携帯電話への通話等、固定電話又は携帯電話から当該エリア内のPHS端末への通話等が可能であるというのであるから、エントランス回線1回線に係る権利一つでもって、納税者のPHS事業において、機能を発揮することができ、収益の獲得に寄与する。

❺ エントランス回線1回線に係る権利一つをもって、一つの減価

償却資産とみるのが相当であるから、法人税法施行令133条の適用に当たっては、権利一つごとに取得価額が10万円未満のものであるかどうかを判断する。

❻ 納税者は、エントランス回線1回線に係る権利一つにつき7万2,800円の価格で取得したというのであるから、その一つ一つが同条所定の少額減価償却資産に当たる。

4 事例の検討

　本事案では、主たる争点であるエントランス回線利用権の法人税法施行令133条にいう「少額減価償却資産」該当性の判断の前提として、取消訴訟の適法性が争われているが、ここでは検討しない。本事案では、納税者がAから取得した資産は、電気通信役務の提供を受ける権利（地位）であるか、あるいは、エントランス回線を利用する権利であるか、という資産の性質が争われている。また、新設されたエントランス回線に係る設置負担金は、法人税法施行令133条にいう少額減価償却資産に該当するか、あるいは、法人税法施行令132条12号にいう資本的支出に該当するかが争われている。

　具体的には、両者は、A社から取得したエントランス回線利用権は、エントランス回線1回線を1単位として取り扱うべきか、あるいは、接続協定を1単位として取り扱うべきかという点と、新設されたエントランス回線に係る設置負担金が、少額減価償却資産の取得価格か、あるいは、資本的支出かという点である。納税者の主張によると、エントランス回線利用権に係る費用は、一度に全額を損金算入できることになる。

　裁判所は、エントランス回線利用権の取引状況を指摘した上で、減価償却資産とは法人の事業に供され、その用途に応じた本来の機能を発揮することによって収益の獲得に寄与するものであることを

前提とすると、エントランス回線が1回線あれば、当該基地局のエリア内のPHS端末からBの固定電話又は携帯電話への通話等と、固定電話又は携帯電話から当該エリア内のPHS端末への通話等が可能であるから、エントランス回線1回線に係る権利一つで機能を発揮し、収益の獲得に寄与するとした。したがって、エントランス回線1回線に係る権利一つにつき7万2,800円の価格で取得したことから、エントランス回線利用権は、同条にいう「少額減価償却資産」に該当し、費用全額を事業年度の損金の額に算入できるとの判断を下した。

　当該資産の性質に着目した場合には、基地局のエリア内では、エントランス回線1回線によって、PHS端末と固定電話等の通話を行うことができる。基地局外での通話においては、エントランス回線1回線では通話できないが、エントランス回線1回線によっても、納税者のPHS事業に係る収益獲得する機会があるといえよう。この点を指摘した裁判所の判断は妥当である評価できる。

　同一多数で構成される資産が少額減価償却資産に該当するか否かは、当該資産一つずつが、用途に応じた本来の機能を発揮し、収益の獲得に寄与するかどうかによって判断されるのである。

【谷口智紀】

実務へのフィードバック

　舞台が電話会社であり、金額及び数量が大きいことに目を奪われるが、少額減価償却資産の判定に他ならないのである。1単位（1個）の機能に基づき評価するという本質は異ならないことは当然のことといえる。

Ⅲ 法人税関係

6 有姿除却
－火力発電設備への適用－

東京地判 平成19年1月31日（TAINS Z257-10623・TKC 28141134）

本事例の着目点

1. 一般に公正妥当と認められる会計処理の基準のほか、電気事業の所管官庁等による解説の趣旨を十分に考慮に入れると電気事業会計規則にいう「電気事業固定資産の除却」とは、「既存の施設場所におけるその電気事業固定資産としての固有の用途を廃止する」ことを意味するとした事例である。
2. 火力発電設備が廃止され、将来再稼働の可能性がないと認められる以上、火力発電設備を構成する個々の電気事業固定資産も、火力発電設備の廃止の時点で固有の用途が廃止されたとした事例である。

1 問題の所在

本来、固定資産が消滅した場合などには、当該資産についての除却損として損金の額に算入することできる。資産価値、使用価値が消滅したことが明確である固定資産については、当該固定資産の使用を廃止し、今後通常の方法により事業の用に供する可能性がない

と認められる場合は、当該資産が現状では有姿のままであっても、除却損として損金の額に算入することができる。このように、対象となる固定資産が物理的に廃棄されていない状態で税務上除却処理をする損金処理方法を有姿除却という。

有姿除却は、今後通常の方法により使用される可能性がないことを除却損としての損金計上の要件としているが、各固定資産の現状を客観的に判断することが難しい。

本事案では、電力会社が有する火力発電設備について、電気事業固定資産の除却に関する公正処理基準に基づき、火力発電設備が廃止された場合に、有姿除却の要件を充足しており、当該設備に係る除却損を損金算入できるかどうかが問題となっている。

2 事例の概要

中部5県を営業区域としている一般電気事業者の電力会社である納税者は、平成3年度以降、高効率の新規発電設備の運転が順次開始していたが、他方で、不況の影響による最大電力の伸び率の鈍化に伴い、急速に最大電力需要に比べて供給力が過大となりつつあった。その後も、長引く不況による需要低迷に加えて、同8年度以降、発電効率が極めて高い火力発電所系列などの最新鋭の大規模発電設備が順次運転を開始したことから、最大電力需要に比べて供給力が過大となった。設備余剰の状態が一層顕著となったという状況を受け、納税者は、①適切な需給バランスを確保すること、②保守保安費用を低減させること、③発電所運転要員を有効活用することを目的に、同10年度以降、火力発電設備を始めとする低効率の既存発電設備について、年間を通じて運用を停止する長期計画停止を行った。

納税者は、保有する5基の火力発電設備について、電気事業法等に基づく廃止のための手続を執った上で、発電設備ごとに一括して

その設備全部を、有姿除却に係る除却損に計上し、損金の額に算入して確定申告をした。納税者、各事業年度において、火力発電設備の有姿除却により約43億5,712万円、約20億4,773万円が損金算入できるとして、法人税の確定申告をした。

これに対して、税務署長は、発電設備を構成する個々の資産のすべてが固定資産としての使用価値を失ったことが客観的に明らかではなく、今後通常の方法により事業の用に供する可能性がないといえない等を理由に、火力発電設備の有姿除却による損金算入は、実際に解体済みと認められる部分を除いて認められないから、各事業年度において、約35億7,578万円、約18億6,465万円は損金算入できないとして更正処分等を行った。

納税者が、有姿除却等に関する法令の解釈を誤った違法な処分等であるとして、各処分の取消し求めて訴えを提起したのが本事案の概要である。

3 判決の要旨

❶ 公正処理基準とは、一般社会通念に照らして公正で妥当であると評価され得る会計処理の基準を意味し、中心となるのは、企業会計原則や商法及び証券取引法の計算規定並びにこれらの実施省令である旧計算書類規則、商法施行規則及び財務諸表等規則の規定であるが、確立した会計慣行をも含んでいる。

❷ 株式会社の貸借対照表、損益計算書、営業報告書及び附属明細書に関する規則の特例に関する省令5条、商法施行規則98条、財務諸表等規則2条などの規定によれば、電気事業会計規則は、公正処理基準の中心となる旧計算書類規則、商法施行規則及び財務諸表等規則の特則として位置付けられている。

❸ 電気事業者が従うべき公正処理基準とは、電気事業会計規則の

諸規定のほか、一般に公正妥当と認められる会計処理の基準を含む。

❹ 電気事業会計規則の諸規定は、旧計算書類規則、商法施行規則及び財務諸表等規則の特則として位置付けられるものであるから、電気事業者における会計の整理（会計処理）においては、電気事業会計規則の規定が、これらの一般に公正妥当と認められる会計処理の基準に優先して適用される。

❺ 一般に公正妥当と認められる会計処理の基準のほか、電気事業の所管官庁等による解説の趣旨を十分に考慮に入れるべきであり、同規則にいう「電気事業固定資産の除却」とは、「既存の施設場所におけるその電気事業固定資産としての固有の用途を廃止する」ことを意味する。

❻ 電気事業固定資産の除却、すなわち、既存の施設場所におけるその電気事業固定資産としての固有の用途の廃止をした場合には、除却時点における除却物品の帳簿価額を電気事業固定資産勘定から減額するとともに、当該除去物品の適正な見積価額をもって貯蔵品勘定その他の勘定へ振り替えることとし、当該帳簿価額と適正な見積価額との差額（物品差損）及び旧工費差損の金額の合計額を除却損として計上する。

❼ 火力発電設備を構成する個々の資産は、電気事業者である納税者が電気事業の用に引き続き供するために建設その他の事由によって取得した資産であると認められるから、電気事業会計規則にいう電気事業固定資産に該当する。

❽ 火力発電設備の除却損を損金に算入することの可否を判断するに当たっては、火力発電設備を構成する個々の電気事業固定資産について、同規則14条にいう除却の要件が充足されているか否かを検討する。

❾ 電気事業会計規則上、電気事業固定資産の除却とは、既存の施

設場所におけるその電気事業固定資産としての固有の用途を廃止したことをいうところ、火力発電設備を構成する電気事業固定資産の「施設場所」とは、各火力発電所であり、その「固有の用途」とは、発電の用に供されることであるから、火力発電設備がその廃止により発電という機能を二度と果たすことがなくなった以上、火力発電設備を構成する電気事業固定資産の「既存の施設場所」における「固有の用途」も完全に失われたことになる。火力発電設備を構成する電気事業固定資産については、「既存の施設場所におけるその電気事業固定資産としての固有の用途を廃止」することという除却の要件が充足されているので、有姿除却が認められる。

⑩　電気事業会計規則上、電気事業固定資産の除却とは、既存の施設場所におけるその電気事業固定資産としての固有の用途を廃止したことをいうものと解すべきであり、火力発電設備が廃止され、将来再稼働の可能性がないと認められる以上、火力発電設備を構成する個々の電気事業固定資産についても、火力発電設備の廃止の時点でその固有の用途が廃止されたものと認められる。

⑪　火力発電設備の廃止の時点で、各発電設備を構成する個々の資産は、そのほとんどが、社会通念上、その本来の用法に徒って事業の用に供される可能性がなかったもの、すなわち、再使用が不可能であったものと認めるのが相当である。

4 事例の検討

本事案では、火力発電設備に係る除却損を損金に算入できるか否か、各更正処分は信義則に反する違法なものか否か、各賦課決定処分についての国税通則法65条4項にいう「正当な理由」の有無が争われている。とりわけ、両者が争っているのは、電気事業固定資産

の除却に関する公正処理基準に基づき、火力発電設備は廃止されたものとして、当該設備に係る除却損を損金算入できるか否かである。

裁判所は、電気事業会計規則の諸規定は特則と位置付けられることから、電気事業者における会計の整理（会計処理）は、電気事業会計規則の規定が、一般に公正妥当と認められる会計処理の基準に優先して適用されるとした上で、同規則にいう「電気事業固定資産の除却」とは、「既存の施設場所におけるその電気事業固定資産としての固有の用途を廃止する」ことを意味するとした。

本事案では、火力発電設備がその廃止により発電という機能を二度と果たすことがなくなった以上、火力発電設備を構成する電気事業固定資産の「既存の施設場所」における「固有の用途」も完全に失われたといえるから、除却の要件が充足した火力発電設備を構成する電気事業固定資産については、有姿除却が認められるとの判断を下した。

本事案の火力発電設備が廃止され、将来再稼働の可能性がないこと、そして、火力発電設備の廃止の時点で、各発電設備を構成する個々の資産は、社会通念上、本来の用法によって事業の用に供される可能性がないことを指摘して、除却の要件が充足されたとした裁判所の判断は妥当なものであると評価できる。

【谷口智紀】

実務へのフィードバック

本事案の納税者は、電力会社であり、対象資産も火力発電設備という大規模なものであることから一般企業への応用性が乏しいと考えがちである。しかし、納税者は、火力発電設備について全額を除却するのでなく、要件を充足した固定資産についてのみ除却損の処理を行っていた。この納税者の処理は実務判断の参考となる。

Ⅲ 法人税関係

7 事前確定届出給与
－複数回支給の場合の判定単位－

東京地判 平成24年10月 9日（TAINS Z262-12060・TKC 25497997）
東京高判 平成25年 3月14日（TAINS Z888-1791 ・TKC 25445937）

本事例の着目点

1 役員給与のうち、事前確定届出給与について届出どおりの支給が行われたかどうかの判定は、個々の支給ごとではなく、職務執行機関を一つの単位として判定すべきであるとされた事例である。

2 事前確定届出給与については臨時改定事由又は業績悪化改定事由による変更届出が認められており、届出を忘失してしまった場合、争うことは難しいことを示唆した事例である。

1 問題の所在

　平成19年4月1日以後に開始する各事業年度においては、法人が役員に対して支給する給与の額のうち定期同額給与、事前確定届出給与又は利益連動給与のいずれにも該当しないものの額は損金の額に算入されないこととされている。そのうちの事前確定届出給与は、従業員と同時期に支給したい場合などに「事前確定届出給与に関する届出」を提出してその届出どおりに給与を支給した場合に損

金算入が認められる。

　一定の変更事由があれば、その後、変更届出を提出することが可能である。本事案で納税者は、冬期賞与は事前の届出どおり支給したが、夏期賞与については、変更届出を提出することなく減額して支給した。そこで、事前の届出に沿った支給といえるかどうかは、例えば夏賞与、冬賞与等の支給ごとに判断するのか、それとも役員としての職務執行期間を一つの単位として判断するのか、が問題となった。

　減額であっても事前届出どおりではなく、職務執行機関を一つの単位として判断するという結論は、恣意性を排除するという趣旨や役員は職務執行期間を一つの単位として委任を受けている、という点からすると当然の判断といえるだろう。

2　事例の概要

　超硬工具の製造及び販売業を営む法人である納税者は、平成20年12月に事前確定届出給与に関する届出を行った。その届出書には従業員と同時期に役員に対し支給するため、同年12月と平成21年7月にそれぞれ役員合計で700万円ずつ支給すると記載されていた。その後、同年12月には届出書に記載されたとおり700万円が支給された（以下「冬期賞与」という。）が、平成21年7月には業績悪化を理由に臨時株主総会によって減額され、350万円が支給された（以下「夏期賞与」という。）。なお納税者は、この減額について事前確定届出給与に関する変更届出は行わなかった。

　納税者は、夏期賞与は事前確定届出給与に該当せず損金の額に算入することはできないが、冬期賞与は事前確定届出給与に該当し損金の額に算入されるとして法人税の確定申告を行った。

　これに対し課税庁は、届出どおりの支給が行われたかどうかの判

定は、個々の支給ごとではなく、職務執行機関を一つの単位として判定すべきで、冬期賞与も事前確定届出給与に該当しないから、損金の額に算入することはできないとして法人税の更正及び過少申告加算税の賦課決定処分を行った。

3 判決の要旨

❶　役員給与の支給が所轄税務署長に届出がされた事前の定めに係る確定額を下回ってされた場合も、事前の定めのとおりにされなかった場合にほかならず、この場合には、当該役員給与は事前確定届出給与該当性の要件を満たさないこととなり、これを実質的にみても、役員給与の支給の恣意性が排除されていることに基づいて事前確定届出給与の額が損金の額に算入することとされた趣旨に照らして、このような役員給与が事前確定届出給与に該当することとするのは相当でない。

❷　当該役員給与の額を損金の額に算入することとすれば、事前の定めに係る確定額を高額に定めていわば枠取りをしておき、その後、その支給額を減額して損金の額をほしいままに決定し、法人の所得の金額を殊更に少なくすることにより、法人税の課税を回避するなどの弊害が生ずるおそれがないということはできず、課税の公平を害することとなるのであって、これらによれば、役員給与の支給が所轄税務署長に届出がされた事前の定めに係る確定額を下回ってされた場合であっても、当該役員給与の支給は所轄税務署長に届出がされた事前の定めのとおりにされたということができない以上、事前確定届出給与に該当するということはできないというべきである。

❸　内国法人がその役員に対してその役員の職務につき所定の時期に確定額を支給する旨の事前の定めに基づいて支給する給与につ

いて一の職務執行期間中に複数回にわたる支給がされた場合に、当該職務執行期間に係る当初事業年度又は翌事業年度における支給中に１回でも事前の定めのとおりにされたものではないものがあるときには、当該役員給与の支給は全体として事前の定めのとおりにされなかったこととなると解するのが相当である。

❹　なぜならば、内国法人がその役員に対して支給する給与は、特別の事情がない限り、当該役員給与に係る職務執行期間の全期間の当該役員の職務執行の対価として一体的に定められたものであると解することができるのであり、役員給与について一の職務執行期間中に複数回にわたる支給がされた場合であっても、直ちには、個々の支給ごとに当該職務執行期間を複数の期間に区分し、各期間の当該役員の職務執行の対価として個別的に定められたものであると解することはできない。そのことを前提とすると、内国法人がその役員に対してその役員の職務につき所定の時期に確定額を支給する旨の事前の定めに基づいて支給する給与について一の職務執行期間中に複数回にわたる支給がされた場合であっても、当該役員給与の支給が所轄税務署長に届出がされた事前の定めのとおりにされたか否かは、上記特別の事情がない限り、個々の支給ごとに判定すべきものではなく、当該職務執行期間の全期間を一個の単位として判定すべきものであるとするのが、事前の定めを定めた株主総会の決議の趣旨に客観的に適合し相当であるからである。

❺　個々の支給ごとに判定すべきものであるとすれば、事前の定めに複数回にわたる支給を定めておき、その後、個々の支給を事前の定めのとおりにするか否かを選択して損金の額をほしいままに決定し、法人の所得の金額を殊更に少なくすることにより、法人税の課税を回避するなどの弊害が生ずるおそれがないということはできない。これは、課税の公平を害することとなるのであっ

て、事前確定届出給与の支給については役員給与の支給の恣意性が排除されており、その額を損金の額に算入することとしても課税の公平を害することはないことから、事前確定届出給与の額が損金の額に算入することとされたという事前確定届出給与の趣旨が没却されることとなる。

❻ したがって、冬季賞与を含む本件各役員給与は法人税法34条1項2号の事前確定届出給与に該当しないというべきである。

4 事例の検討

　事前確定届出給与を複数回支給するとしていた場合に、届出どおりに支給したかどうかの判定は、個々の支給ごとに判定するのか、役員の職務執行期間を一つの単位として判定するのかどうかが争われた。裁判所は、支給ごとに判定する、とすると事前の届出を多めにだしておき、後から支給するかどうかを選択するいわゆる「枠取り」の問題が生じると指摘し、役員給与の支給の恣意性を排除しようとする事前確定届出給与の趣旨から考えると職務執行期間を一つの単位として判定すべきであるとした。

【髙木良昌】

実務へのフィードバック

　その規範性に関する是非はさておき、国税庁の質疑応答事例「定めどおりに支給されたかどうかの判定（事前確定届出給与）」では、裁判所の判断と同様に職務執行期間を一つの単位として判定するとされている。しかし、職務執行期間と法人の事業年度は一致しないため、同じ職務執行期間中の事前確定届出給与であっても、翌事業年度支給分のみが届出どおりに行われなかった場合（3月決算法人

で、翌事業年度となる4月支給分のみが減額された場合等）は、直前事業年度の課税所得には影響を与えないため翌事業年度分のみを損金不算入とする、としている。あくまで、同事業年度中の恣意性排除を目的としたものということであろう。

　事前確定届出給与には変更届出制度があり、変更届出を行うには役員の職制上の地位の変更等の臨時改定事由か、業績悪化改定事由が必要である。業績悪化改定の場合には株主総会等の決議が必要とされている。本事案では臨時株主総会の決議によって減額改定を行っており、株主との関係上、業績や財務状況の悪化についての役員としての経営上の責任から役員給与の額を減額せざるを得ない場合、に該当していたと推測できる。そうであるとすれば、変更届出を行うことはできたはずであるが、納税者はこれをしなかった。なぜ行わなかったのかについては疑問が残る。変更届出という制度がある以上、納税者がこれを忘失した本事案のような事例では、争うのは難しいかもしれない。

Ⅲ 法人税関係

8 使用人賞与の損金算入時期
－政令委任の範囲－

大阪地判 平成21年 1月30日（TAINS Z259-11135・TKC 25441011）
大阪高判 平成21年10月16日（TAINS Z259-11293・TKC 25460002）
最　　決 平成23年 4月28日（TAINS Z261-11680・TKC 25501891）

本事例の着目点

1. 法人税法施行令72条の3は技術的細目的事項を定めたものであって適法であり、租税法律主義には反しないとして、使用人に通知をしていなかった未払賞与は損金不算入とされた事例である。
2. 法人税法65条の委任の範囲について、使用人賞与の損金算入時期について所得の金額の計算の明確及び課税の公平を確保するためには一定の基準が必要であり、法人税法施行令72条の3は適当であると示された事例である。

1 問題の所在

　従業員に対する賞与が事業年度末日において未払であった場合に、未払賞与を損金算入できるかどうかは、使用人賞与の損金算入時期について定めた法人税法施行令72条の3によって判断される。本事案の場合、賞与を支給する前に各人別の支給金額を各人別に同時期に通知をすることをしなかったため、未払賞与を損金算入する

ことはできず、実際に支給した日の属する事業年度の損金の額に算入されるものとして課税された。

確かに法人税法施行令72条の3が定める未払賞与の損金算入要件を納税者は満たしていなかった。しかし、法人税法施行令72条の3は損金算入時期について定めている。

法人税22条3項は損金算入時期について、債務確定基準等を定めているが、当時の法人税法施行令134条の2（現行72条の3）の基準は債務確定基準等と矛盾しないか。また、損金算入時期とは損金の算入不算入に係る課税要件の一部であり、各事業年度の所得の金額の計算の細目について政令に委任した法人税法65条の委任の範囲といえるのか、が問題となった。

2 事例の概要

法人である納税者は、従業員に対する賞与支給額を使用人に係る給与規程に基づき事業年度末日（平成16年5月期）までに決定し、売上原価又は一般管理費の未払金として損金の額に算入して確定申告を行った。この際、本件賞与の支給前に各人別の支給金額について、各人別に、かつ同時期に支給を受けるすべての使用人に対して通知はしていなかった。

課税庁は、平成19年改正前の法人税法65条と、未払賞与の損金算入について、①その支給額を、各人別に、かつ、同時期に支給を受けるすべての使用人に対して通知をしていること、②通知をした金額を、当該通知をしたすべての使用人に対し当該通知をした日の属する事業年度終了の日の翌日から1月以内に支払っていること、③その支給額につき①の通知をした日の属する事業年度において損金経理をしていることの3つの要件を満たす場合のみに限定する法施行令134条の2（現行の72条の3）に基づき、本件賞与は、その支

給した日である平成16年7月16日の属する事業年度の損金の額に算入され、未払計上事業年度の損金の額には算入することはできないとして賞与の損金算入を否認するなどの更正処分等をした。

　これに対し納税者が、法人税法65条は、損金の算入不算入という課税要件について政令に一般的・白紙的に委任するものではなく、あくまで法が定める損金算入の原則の下で所得金額の計算方法を具体的に定めることに限定して委任するものであり、法人税法施行令134条の2は、債務確定基準等を定めた法人税法22条3項とは明らかに異なる基準によって賞与の損金算入時期を定めているから、同条は、法65条の委任の範囲を超え違法である。また、課税要件法定主義にも反し、違憲無効である、としてその取消しを求めた事案である。

3 判決の要旨

❶　法人税法施行令134条の2の定める内容は、同条1、2号の場合は使用人賞与の実際の支給日の前であっても、上記各号所定の要件を満たす場合に損金の額に算入することを認めたものであるが、上記各号所定の要件を満たす場合は法人税法22条3項1号の定める収益対応基準及び同項2号の定める債務確定基準を満たしているといえる。もっとも、使用人賞与の支給実態は支給する法人によって様々であるから、上記各号所定の要件を満たすより前の時点（例えば、納税者におけるように使用人のすべてについて使用人ごとの賞与の支給額を決定し、損金としての経理処理をした時点など）をもって、損金の額に算入することを認めることもできないではないが、法人が支給額の決定をしただけでは、これは法人内部でのことに過ぎないから、実際に使用人賞与を支給するか否か又は支給金額の確実性が客観的に明確であるといえない

し、また、使用人賞与の支給実態は様々であるから、上記各号には当たらないものの、実際の支給日より前の時点で法人税法22条3項1、2号の定める基準を満たすような場合があったとしても、損金の額への算入が全くできないわけではなく、遅くとも実際の支給日の属する事業年度の損金の額に算入することができることを考慮すれば、所得の金額の計算の明確及び課税の公平を確保するためには、実際の支給日より前の時点をもって損金の額に算入することができる場合を限定したからといって、法人税法22条3項1、2号の定める基準に反するものというのは相当でない。また、法人税法施行令134条の2第3号については、同条1、2号に当たらない場合において、実際の支給日の属する事業年度の損金の額に算入するというものであり、遅くともこの時点では法人税法22条3項1、2号の定める基準を満たしているといえる。

❷ 法人税法24条ないし同法64条においては、法人の特定の収入及び支出に関し、益金の額への算入及び損金の額への算入の可否・限度額・時期について、法人税法22条2、3項の通則の定めに対する別段の定めをするとともに、技術的細目的事項を定めることを政令に委任することも定められている（例えば、法法23⑨、24③、29②、31⑥、32⑨等々）のに対し、使用人賞与の損金算入時期についての技術的細目的事項を定めることを政令に委任する旨の定めは法にはない。しかし、法人税法24条ないし同法64条は、益金の額への算入及び損金の額への算入について、その可否・限度額・時期について法人税法22条2、3項の通則に対する別段の定めをするものであるから、法人税法24条ないし同法64条における政令に委任する旨の定めは、法がこのような別段の定めをした上での技術的細目的事項を定めることを政令に委任したものであり、他方、使用人賞与については、前記のとおり、それが損金と

なることについては法もこれを前提にしており、通則である法人税法22条3項に対する別段の定めを要するものではなく、法人税法施行令134条の2は、このような損金となることについて問題のない使用人賞与について、その支給実態に鑑み、その損金算入時期のみについて、通則である法人税法22条3項1、2号の定めを施行するについて必要な技術的細目的事項を定めたものといえる。

❸ 以上によれば、法人税法施行令134条の2は、使用人賞与の支給実態に鑑み、所得の金額の計算の明確及び課税の公平を確保するために、使用人賞与の損金算入に関し、法人税法22条3項1、2号について、その施行のために必要な技術的細目的事項を定めたものであり、法65条の委任の趣旨に沿う定めであって適法であり、租税法律主義に反するものでもない。

4 事例の検討

法人税法施行令72条の3は賞与の損金算入時期について定めており、損金の算入不算入という課税要件について定めたものといえる。本事案では、法人税法施行令134条の2の合憲性が争点となった。法人税法65条の委任の範囲はどこまでか、という問題になるが、裁判所は法人税法施行令134条の2は、法人税法22条3項1、2号の施行のために必要な技術的細目的事項を定めたものであり法人税法65条の委任の範囲内であると判示している。そうであるとすると、法人税法65条は損金算入時期をも政令に一般的・白紙的に委任しているのかという疑義も感じられる。租税法律主義の見地から、委任範囲は限定的に解釈すべきであるとする観点にたてば、論議を呼ぶ判断といえよう。

【高木良昌】

実務へのフィードバック

　使用人賞与の損金算入時期については使用人賞与の支給実態が様々なことなどから公平を確保するために一定の基準が必要かもしれない。しかし、損金算入時期を政令で定めるのであれば、法人税法22条3項の債務確定基準をより明確にするために直接の委任を受けた政令でなされるべきという論理もある。

III 法人税関係

9 役員退職金の功績倍率

東京地判 平成25年3月22日（TAINS Z888-1778・TKC 25512024）
東京高判 平成25年7月18日（TAINS Z888-1788・TKC 25503014）

本事例の着目点

1. 平均功績倍率の算定にTKC全国会のデータベースを用いることは適当ではなく、課税庁のデータによる、とされた事例である。
2. 役員退職給与適正額の算定に当たっては同業類似法人の抽出基準が十分ではない場合や、その抽出件数が僅少であり、最高功績倍率を示す同業類似法人が極めて類似しているなど以外の場合は平均功績倍率によることが適当であることを示した事例である。

1 問題の所在

役員退職金の適正額算定方法には功績倍率法や平均額法など様々な方法が存在する。一般的には功績倍率法、そのなかでも平均功績倍率法がとられることが多いといえるだろう。

ただし、平均功績倍率法をとる場合にも、その平均功績倍率をどのようなデータを用いて算定するのかが問題となる。納税者は、

TKC全国会のデータベースの中から類似法人を抽出して平均功績倍率を算定するべきである。TKCのデータは、会社規模別に全国7320社、8,454人の役員に係る退職金データを基礎とするものであるから、納税者所在地を管轄する国税局管内の法人であるという抽出基準のみによって抽出されたデータと比較して、より合理性のあるデータであるといえる、と主張した。

これに対し課税庁は、TKCデータは、その抽出対象法人がTKC全国会の会員が関与している法人に限定されており、抽出が網羅的に行われたとはいえない、などとして関東信越国税局独自のデータを用いて類似法人を抽出し平均功績倍率を算定した。

平均功績倍率の算定は、どのようにして行われるべきであろうか。

2 事例の概要

不動産賃貸業及び損害保険代理業等を営む同族会社である納税者は、平成17年に死亡した代表取締役Aに対して役員退職給与6,032万円及び弔慰金384万円を支払った。

課税庁は、納税者に対する税務調査を行い、平成21年9月2日、納税者に対し、損金の額に役員退職給与の額のうち法人税法36条に規定する「不相当に高額な部分の金額」が算入されていることにより、納税者の税務処理に誤りがある旨指摘し、修正申告書の提出を求めたが、納税者は、これに応じなかった。

課税庁は、平成21年10月30日、本件役員退職給与の額のうち1,248万円を超える部分の金額である4,784万円については、法人税法36条に規定する「不相当に高額な部分の金額」に当たるため損金の額に算入されないとして、更正処分等を行った。

納税者は、役員退職給与適正額は、本件役員退職給与の額である

6,032万円か、少なくともＡの最終月額報酬である32万円に、TKCデータ同業類似法人の功績倍率の最高値である3.0倍及びＡの勤続年数である13年を乗じた上、これにＡの功労加算として130パーセントを乗じて算定された1,622万4,000円となると主張して、更正処分等の取消しを求めて訴えを提起した。

これに対し課税庁は、納税者所在地の国税局管内で、納税者の売上の大半を占める不動産賃貸業を基幹事業とし、平成16年11月から平成18年11月までの間に終了する事業年度に代表取締役の死亡退職に伴う退職給与の支払があり、かつ、売上金額が約2,500万円以上１億円以下の同業類似法人３社を抽出した。そしてそれらの功績倍率の平均値1.18にＡの最終月額報酬32万円及び勤続年数13年を乗じた金額490万8,800円であると主張した。

3 判決の要旨

❶　平均功績倍率法が法人税法36条及び同法施行令72条の趣旨に最も合致する合理的な方法であるというべき根拠の一つは、抽出された同業類似法人の功績倍率の平均値である平均功績倍率を用いることにより、同業類似法人間に通常存在する諸要素の差異やその個々の特殊性が捨象され、より平準化された数値を得られることにあるところ、仮に、功績倍率の最高値である最高功績倍率を用いることとした場合には、その抽出された同業類似法人の中に不相当に過大な退職給与を支給した法人があった場合に明らかに不合理な結論を招くこととなる。

❷　そうすると、最高功績倍率を用いるべき場合とは、平均功績倍率を用いることにより、同業類似法人間に通常存在する諸要素の差異やその個々の特殊性が捨象され、より平準化された数値を得ることができるとはいえない場合、すなわち、同業類似法人の抽

出基準が必ずしも十分ではない場合や、その抽出件数が僅少であり、かつ、当該法人と最高功績倍率を示す同業類似法人とが極めて類似していると認められる場合などに限られるというべきである。

❸ これを本件についてみるに、被告が本件同業類似法人を抽出するために用いた抽出基準は、いずれも合理的であると認められ、その結果、合計3件の本件同業類似法人を抽出することができたものであって、本件同業類似法人のうち最高功績倍率を示す法人と納税者とが極めて類似していると認めるに足りる事情があるとは認められないことも併せ考えれば、最高功績倍率法を用いるべき場合には当たらないというべきである。

❹ また、本件TKCデータ同業類似法人についてみても、そもそも本件TKCデータは、税理士及び公認会計士からなる任意団体であるTKC全国会が各会員に対して実施したアンケートの回答結果から構成されており、その対象法人はTKC全国会の会員が関与しているものに限られている上、納税者が用いた抽出基準は、その抽出対象地域について何ら限定することなく全国としており、また、基幹の事業についても「日本標準産業分類・大分類・K－不動産業、物品賃貸業」及び「同・J－金融業、保険業」とするものであって、そもそも納税者の基幹事業であるとは認められない「金融業、保険業」が基幹の事業であることを条件としている上、中分類ないし小分類の存在を考慮しておらず、被告が用いた抽出基準に比べ、その対象地域及び業種の類似性の点において劣るものといわざるを得ない。

❺ 以上によれば、本件役員退職給与適正額の算定に当たっては、本件TKCデータ同業類似法人の最高功績倍率である3.0倍を基礎とすべきであるとの納税者の主張は採用することができない。

4 事例の検討

　役員退職給与適正額の算定方法として同業類似法人の平均功績倍率を用いるべきか、最高功績倍率を用いるべきか、また、同業類似法人を抽出する際、TKCデータを用いることが適当といえるのか、が問題となった。

　裁判所は、平均功績倍率を用いるべきであり、最高功績倍率を用いることができるのは、同業類似法人の抽出基準が必ずしも十分ではない場合や、その抽出件数が僅少であり、かつ、当該法人と最高功績倍率を示す同業類似法人とが極めて類似していると認められる場合などに限られるとした。またデータベースについては、TKCデータはTKC会員の関与先に限られ、納税者がとった抽出基準にも問題があるとされた。

　本事案の納税者はAに対し最終月額報酬32万円、勤続年数13年のところ退職金として6,032万円支給しており、逆算すると功績倍率14.5倍で計算したこととなる。また、Aは納税者からの退職金の他に納税者のグループ法人4社から合計で2億円を超える退職金の支給を受けている。こちらについても同様の更正処分が行われている。功績倍率14.5倍やその他の事情もみると確かに高額な退職金の支給があったといえるだろう。しかし、いったいどこから「不相当に高額」であるといえるのだろうか。

【高木良昌】

実務へのフィードバック

　本事案では課税庁が抽出した同業類似法人3社の平均功績倍率1.18を採用し、これを用いて計算した額を超えた部分は不相当に高

額であるとしているが、3社では合理的な平均をとれたとはいえないのではないか。

　また、この計算方法では、同業類似法人の平均を超えた金額は不相当に高額となってしまう。まさに不相当という不確定概念が露呈するといってよい。

　確かにTKCデータはTKC会員である税理士等が関与する企業のデータのみで構成されている。しかし、それらの企業が他の税理士等が関与する企業と比べて特殊な存在でもなく、またそのデータをTKC会員に限らず、多くの税理士等が業務の参考にしている事実もある。

　これに対して課税庁が採用したデータは、広く一般に公開されているものから抽出したわけではない。一律に平均功績倍率によるとするのであれば、一般の納税者が知ることができるデータから抽出するべきである。やはり膨大なデータを保持する課税庁の情報公開が重要となるが、そうなると現状ではTKCデータの持つ意義は大きい。

　裁判所も認めるように、いかに同業類似法人といえども諸要素の差異やその個々に特殊性がある。平均功績倍率を基本とするとしても、納税者個々の事情を勘案すべきである。

Ⅲ 法人税関係

10 交際費等の範囲

－優待入場券の無償交付等－

東京地判 平成21年 7月31日（TAINS Z259-11256・TKC 25460171）
東京高判 平成22年 3月24日（TAINS Z260-11404・TKC 25471803）
最　　決 平成22年10月 8日（TAINS Z260-11529・TKC 25464110）

本事例の着目点

1 納税者自らが運営する遊園施設の優待入場券の事業関係者等に対する無償交付は交際費に該当し、交際費等として損金不算入となる金額は入場券の印刷費用ではなく、役務の提供に要した費用とされた事例である。

2 交際費等とされる役務提供に関する優待券の無償交付について、製品の無償交付と同様に考えその原価が交際費等として損金不算入となることを示した事例である。

1 問題の所在

　遊園施設を運営する納税者がその施設の優待入場券を無償で交付した場合、交際費等に該当するのか、また、該当するとした場合交際費等として損金不算入となる金額はいくらになるのかが争われた。

　交際費等に該当するか否かはその交付目的や交付先等を勘案して判断することになるが、問題は交際費等に該当するとされた優待入

場券の無償交付に係る損金不算入額をどう算定するかである。納税者は入場券の印刷費用のみと主張したが裁判所の判断はその優待入場券に係る役務提供の原価と判断した。

2 事例の概要

　Aは、いわゆる総会屋や右翼団体の幹部とされている人物であり、納税者の地元対策等に多大な影響力を与えていた。遊園施設の運営を事業とする納税者は、Aが実質的経営者をつとめるB社に対し、清掃業務の委託をしていた。しかし、B社が実際に清掃業務を行うことはなく、C社に再委託をしており、その際、B社は約40％もの利益率を得ていた。

　また納税者は事業関係者等に対して納税者が運営する遊園施設への入場及びその施設の利用等を無償とする優待入場券を各種企業やマスコミ関係者及びその家族に対して交付していた。

　課税庁は、①本社ビル等の清掃業務につきB社に対して業務委託料として支払った金額とB社が上記の業務を実際に行った法人に対して支払った金額との差額、及び②事業関係者等に対して交付した納税者が運営する遊園施設への入場及びその施設の利用等を無償とする優待入場券の使用に係る費用は、いずれも租税特別措置法61条の4に規定する交際費等に該当する等として法人税、消費税及び地方消費税の各更正処分及び加算税の各賦課決定処分を行った。

3 判決の要旨

❶　租税特別措置法61条の4第1項は、交際費等の額は、当該事業年度の所得の金額の計算上、損金の額に算入しない旨を規定し、同条3項は、交際費等とは、交際費、接待費、機密費その他の費

用で、法人が、その得意先、仕入先その他事業に関係のある者等に対する接待等のために支出するものをいう旨を規定している。そして、租税特別措置法通達61の4（1）-22は、租税特別措置法61条の4第3項に規定する「得意先、仕入先その他事業に関係のある者等」には、直接当該法人の営む事業に取引関係のある者だけでなく間接に当該法人の利害に関係ある者及び当該法人の役員、従業員、株主等も含むことに留意するものとしている。

❷　上記のような同条3項の文言に照らすと、特定の費用が同項の交際費等に当たるか否かを判断するに当たっては、個別の事案の事実関係に即し、その支出の相手方、支出の目的及び支出に係る法人の行為の形態を考慮することが必要とされるものと解される。

❸　Aの社会的な立場、納税者とB社との間で本件清掃業務に係る業務委託契約が締結される前からの納税者とA又はその関係する法人との間の関係、Aが実質的な経営者であるB社との間で本件清掃業務に係る業務委託契約が締結された当日の事情及びその後の経緯等に照らすと、納税者がB社との間で清掃業務に係る業務委託契約の更新を繰り返して金銭の支払を行ってきたことについては、形式的には、B社との間の本件清掃業務に係る業務委託契約に基づくものではあるが、実質的には、上記のようなAの社会的な立場を前提に、その影響力を納税者の事業の遂行、管理等に利用すべく、B社を介しAに経済的利益を提供してAとの関係を良好に保つものとしてされたもので、本件清掃業務の内容に応じ業務委託料として相当とされる金額を超える金銭の支払については、Aに対する謝礼又は贈答の趣旨でされたと認めるのが相当である。そして、上記のようなAの立場に照らすと、Aが租税特別措置法61条の4第3項の「その他事業に関係のある者等」に当たることは明らかというべきである。

❹ そうすると、本件業務委託料差額に相当する金銭については、支出の相手方、支出の目的及び支出に係る行為の形態に照らし、同項の交際費等に当たると認めるのが相当である。

❺ 納税者が優待入場券を発行してこれを使用させていたことについては、納税者の遂行する事業に関係のある企業及びマスコミ関係者等の特定の者に対し、その歓心を買って関係を良好なものとし納税者の事業を円滑に遂行すべく、接待又は供応の趣旨でされたと認めるのが相当であり、これを使用して入場等をした者に対して役務を提供するに当たり納税者が支出した費用については、支出の相手方、支出の目的及び支出に係る行為の形態に照らし、交際費等に当たると認めるのが相当である。

❻ 本件優待入場券のうち、本件役員扱い入場券の配布先には控訴人の広告宣伝又は販売促進との結びつきが考えにくい企業や個人が多く含まれており、パーク内での商品販売収入や飲食販売収入の促進を図ることを目的としたものとは言い難い。また、本件プレス関係入場券の配布先も控訴人の広告宣伝又は販売促進との結びつきが考えにくいマスコミの部署や役員、管理職が多く含まれており、広告宣伝を目的としたものとは言い難く、プレスファミリーデーも、マスコミ関係者の家族を招待するものである以上、本件プレス関係入場券により来場したマスコミ関係者やその家族の歓心を買うための企画といわざるを得ない。

❼ 納税者は、優待入場券の発行等に伴って生ずる費用はその製作、印刷費用のみである等と主張し、これに沿う証拠を提出するが、例えば１日といった単位となる期間においてその対象となる者が相当の多数にわたりあらかじめその数を確定することが困難であることを踏まえ、一定の見込みに立って、それらの者に対して包括して特定の役務を提供することを事業とする法人が、当該役務を現に提供し、かつ、当該役務の提供を無償で受ける者がこ

れを有償で受ける者と別異の取扱いをされていない場合、当該役務の提供に要した費用は、当該役務の提供を受けた者との関係においては、これを無償で受けた者を含め、対象となった者全員に対する当該役務の提供のために支出されたとみるのが相当である。

4 事例の検討

平成18年3月に新聞紙上を賑わした、いわゆる「ディズニーランド事件」である。裁判所は、清掃業務の内容に応じ業務委託料として相当とされる金額を超える金銭の支払については右翼関係者への金銭提供であり、交際費等に該当すると判示した。また、自社が運営する遊園施設の優待入場券の無償交付も交際費等に該当し、それに伴い支出した交際費の金額は、事業原価のうち優待入場者相当部分とするとしている。

通常、遊園施設の入場券を事業関係者に贈答した場合には交際費等とされる。ただ、本事案では、購入した遊園施設の入場券を交付したのではなく、自社の運営する遊園施設の優待入場券として交付しており、自社商品の贈答といえる。そうだとしても交付先が事業関係者であり、接待目的での交付であったとすれば、交際費とされるのは当然といえる。事件の報道では、優待入場券は施設の視察目的であり販売促進費に計上していたとされている（日本経済新聞平成18年3月30日）。納税者は、パーク内での商品販売収入や飲食販売収入の促進を図ることを目的としたものであり交際費等ではないなどと主張したが、苦しい言い分であろう。

【高木良昌】

実務へのフィードバック

　自社の製品を贈答した場合、交際費等として損金不算入となる金額はその製造原価である。そのような観点から考えると、原価の内、優待入場者相当部分を交際費等とするとした本判決も妥当なものといえるかもしれない。交際費等になるのは優待入場券の発行等に伴って生ずるその製作、印刷費用のみである、とする納税者の主張には無理があるだろう。しかし、本判決で問題となったのはサービスの原価であり、製造原価よりもその算定は困難であろう。その算定方法も含めてさらに検討されなければならない。

Ⅲ 法人税関係

11 社員旅行費用の会社負担

東京地判 平成24年12月25日（TAINS Z262-12122・TKC 25498715）
東京高判 平成25年 5月30日（TAINS Z888-1814・TKC 25446032）

本事例の着目点

1. 旅行代金1人当たり約25万円の2泊3日の海外社員旅行は、「役員又は使用人のレクリエーションのために社会通念上一般的に行われていると認められる」行事に該当するということはできず給与等に当たるとされた事例である。
2. 社員旅行費用が福利厚生費となるのか給与とするべきかは、通達の形式基準だけではなく、総合的に判断することが求められることを示唆した事例である。

1 問題の所在

　会社が全額を負担した社員旅行代は給与となるのか、それとも社員に対する給与となるのか、が問題となった事案である。

　納税者は1人当たり約25万円、2泊3日のマカオへの社員旅行を全額納税者負担で行い全額を福利厚生費として経理していた。所得税は包括所得概念を採用しており、原則的には経済的な利益の移転があれば課税の対象となる。この点からすれば、会社負担の社員旅

行も課税対象となるのであるが、会社負担の社員旅行であったとしても「少額」といえるようなものであればそれは少額不追及の観点から給与ではなく、福利厚生費として経理することができる。

「少額」といえるかどうかは通達で一定の基準が示されており、本事案の場合は通達の形式基準はクリアしていた。しかし、裁判所はマカオへの1人当たり約25万円の2泊3日の海外旅行は社会通念上少額とはいえず、親睦旅行でなかったともいえないとして給与として課税することが相当であるとした。

海外旅行が決して珍しいこととはいえない現在で社会通念上「少額」ということができるのはいったいいくらまでであるのか、は議論の余地がある。ただ、本事案は、通達の形式基準だけにとらわれるのではなく、総合的に判断することが求められていることを示している。

2 事例の概要

土木建築工事の請負を業とする株式会社である納税者は、平成21年1月10日から同月12日まで、代表者、従業員10人並びに外注先従業員及び一人親方21人の合計32人を参加者として、マカオへの2泊3日の慰安旅行を実施した。

納税者は、旅行会社の担当者との打ち合わせにおいて、宿泊先は一流ホテルに1人1部屋で宿泊することとするという指示をするとともに、食事は全6食を最高の食事とするという指示をし、担当者は、この指示に従い、マカオで最高級のホテルを宿泊先として選定するなどした。納税者は旅程について、専用バスを利用して移動し、2日目の午前に中国本土の珠海を観光することにしてほしい、という指示をし、担当者は、この指示に従うとともに、他の観光先として一般的な観光場所を選定するなどした。納税者は、予算につ

いては、特に指示をしなかったため、本件旅行の費用は、マカオを渡航先とする一般的な旅行と比べて、割高な合計800万円となりその全額を納税者が負担した。

納税者は旅行費用の内、代表者分は役員賞与として、外注先従業員等の分は交際費として処理し、従業員分241万3,000円は福利厚生費として経理処理した。

課税庁は、各従業員に対する旅行に係る経済的利益の供与は所得税法28条1項の「給与等」の支払に該当し、納税者は同法183条1項の規定により上記経済的利益について源泉徴収義務を負ったものであるところ、その納付をしなかったとし、同年11月25日付けで、納税者に対し、上記経済的利益についての源泉所得税に係る納税告知及び賦課決定をした。納税者がこれら各処分の取消しを求める事案である。

3 判決の要旨

❶ 所得税法は、人の担税力を増加させる利得はその源泉のいかんにかかわらずすべて所得を構成するものとするいわゆる包括的所得概念を採用しており譲渡所得、一時所得等の所得の種類を設けて、反復的、継続的な利得のみならず偶発的、一時的又は恩恵的な利得についても一般的に課税の対象とした上で、さらに、雑所得をも設けて、各種所得のいずれにも該当しない利得についてもすべて課税の対象としている。利得の形式についても、36条1項において、各種所得の金額の計算上収入金額とすべき金額の中には金銭以外の物又は権利その他経済的な利益も含まれるものとしていることによれば、「給与等」の給付の形式は金銭の支払には限られず、金銭以外の物又は権利その他経済的な利益の移転又は供与であっても、それが労務の対価としてされたものであれば、

「給与等」の支払に当たるものというべきである。

❷ 旅行は、納税者が主催して実施されたものであり、マカオを目的地及び滞在地とし、代表者、本件各従業員及び外注先従業員等を参加者として行われたものであること、及び、その費用は全額を納税者が負担したことによれば、本件各従業員は、本件旅行に参加することにより、その使用者である納税者から、本件旅行に係る経済的な利益の供与を受けたものであると認めるのが相当である。そして、本件旅行は、納税者代表者が、各従業員や外注先の従業員等を慰労し、併せて、相互の親睦を深め、今後の業務の遂行をより円滑なものとする目的をもって、企画立案したものであり、実際にも、２泊３日の旅程中は、マカオ及びその周辺地域の観光に終始し、指揮命令系統を強化するための研修などは一切行われなかったと認めることができるのであって、旅行は、専ら各従業員ほかのレクリエーションのための観光を目的とする慰安旅行であったものであると認めるのが相当である。そうすると、各従業員は、その使用者である納税者から、雇用契約に基づき納税者の指揮命令に服して提供した非独立的な労務の対価として、旅行に係る経済的な利益の供与を受けたものであり、納税者は、各従業員に対し、旅行に係る経済的な利益を供与し、所得税法28条１項の「給与等」の支払をしたものであるということができる。

❸ 所得税基本通達36－30が、使用者が「役員又は使用人のレクリエーションのために社会通念上一般的に行われていると認められる」行事の費用を負担することにより、これらの行事に参加した役員又は使用人が受ける経済的な利益については、課税しなくて差し支えないものとするのは、上記のような行事は簡易なものであることが多く、それに参加することにより享受する経済的な利益の額は少額であることに鑑み、少額不追求の観点から強いて課

税しないこととするのが相当であるためであると解される。本件旅行の費用は、マカオを渡航先とする一般的な旅行と比べて、割高なものとなったことは、既に認定したとおりであり、各従業員が供与を受けた経済的な利益の額は各従業員分旅行費用の額すなわち24万1,300円となるとするのが相当である。これらによれば、本件旅行は、それに参加することにより享受する経済的な利益の額が少額であるものであるとは認めることができないのであって、通達にいう「役員又は使用人のレクリエーションのために社会通念上一般的に行われていると認められる」行事に該当するということはできず、本件各従業員に対する本件旅行に係る経済的な利益の供与が「給与等」の支払に該当するとすることが課税の公平に反するということはできないものというべきである。

4 事例の検討

裁判所の少額認識が、1人当たり25万円という金額に焦点を当てた判断かどうかである。確かに2泊3日のマカオ旅行が25万円というのは贅沢であるが、4泊5日のハワイ旅行が25万円なら、まさしく社会通念上、決して高額な旅行費用とはいえない。かつてレクリエーションとしての海外旅行が否定された時期があったことを思うと、税務における社会通念とは、いまさらながら興味深い。

【高木良昌】

実務へのフィードバック

社員旅行のマカオ旅行費用が所得税の課税対象となるか否かが問題となった事案である。所得税は包括所得概念を採用しており、金銭の支給がなくとも、経済的な利益の移転があれば課税の対象とな

る。そのため、業務に必要な研修旅行であれば課税対象外となるが、福利厚生のレクリエーション旅行の費用を会社が負担した場合は原則として課税対象となる。

　これを少額不追求の観点から、社会通念上一般的に行われていると認められるレクリエーションは少額であると考え4泊5日以内であり、従業員等の参加率が50％以上であるものは原則課税しない、としているのが基本通達36－30である。実務上もこの通達や国税庁の質疑応答を参考に給与課税されないよう社員旅行の計画をたてている会社は多い。本事案の場合も2泊3日で参加率も50％以上であるから形式的には通達の基準をクリアしている。しかし、本事案における裁判所の見解は、全額が会社負担であり、とても少額とはいえないというものである。

　ともかく、通達の形式基準にだけ着目するのではなく、通達発遣の背景と趣旨を確認すべきことを示した本事案は、大いに参考になるといえる。

Ⅲ 法人税関係

12 取引価格の変更と寄附金の意義

東京地判 平成26年1月24日（TAINS Z888-1820・TKC 25517562）

本事例の着目点

1. 法人税法37条7項にいう「贈与又は無償の供与」とは、資産又は経済的利益を対価なく他に移転する行為のうち、通常の経済取引としての合理的理由がないものであるとした事例である。
2. 期中又は期末に親会社の依頼に基づき子会社が売上計上額を減じた場合、当初価格との差額（売上の減額）は、売上値引や単価変更として処理することができるとした事例である。

1 問題の所在

　法人税法37条は、寄附金について損金算入限度額を設けており、寄附金の金額のうち、損金算入限度額を超える金額は損金に算入することができない。

　企業が行う経済取引では、様々な要因によって価格変更がなされることがある。本事案では、親子会社間の継続的な製造物供給契約において、期首以降に親会社が一定額を支払っていたが、期中又は

期末に親会社の依頼に基づき子会社が売上計上額を減じていた。

　本事案で問題となっているのは、当初価格との差額（売上の減額）は、売上値引や単価変更として処理すべきか、あるいは、法人税法上の寄附金に該当し、損金算入限度額を超えた部分は損金算入できないかという点である。

2 事例の概要

　住宅用外壁部材等の製造部門を分社化して設立したＢ社の100％出資の子会社である納税者は、２工場で外壁を製造している。Ｂ社は、納税者のほか、Ｑ住宅のＱを生産する８社とともに、Ｑの生産事業を営んでいる。Ｂ社グループでは、納税者は、製造した外壁をＢ社に販売し、Ｂ社がそれをＱ生産８社に販売した上で、Ｑ生産８社は、この外壁等を使用して生産したＱをＢ社に販売している。

　Ｂ社グループ各社では、各半期の決算月である９月と３月に生産会社方針検討会を開催し、Ｂ社の関係役員と各子会社の代表者に対して、各半期の期初の前日までに、納税者から購入する外壁について、期初における取引価格を設定して書面により通知していた。その後、各半期におけるコスト検討会において、納税者を含む各子会社における追加のコスト低減の要否が検討され、Ｂ社は、各子会社に対して、各子会社が各半期において低減すべき原価の金額等を書面により通知していた。

　Ｂ社は、納税者に対して、平成15年３月期上期から平成16年３月期上期までの間、期末取引価格を書面により通知し、平成16年３月期下期から平成17年３月期下期までの間、半期の中間において、単価の変更依頼を行い、その調整額を書面により通知した。

　納税者は、平成15年３月期上期ないし平成16年３月期上期各半期を通じて、覚書の支払条件（毎月末日締切、翌月末日払）に従い、

当初取引価格を基に算定した代金の請求・決済を行い、売上として処理した後、各半期の期末において、売上値引として処理した。平成16年３月期下期ないし平成17年３月期下期各半期を通じて、当初取引価格を基に算定した代金の請求・決済を行い、売上として処理した後、各半期の期末前２か月から３か月の間において、売上値引及び単価変更として処理した。

これに対して、税務署長は、納税者が各事業年度にＢ社に対して行った売上値引及び単価変更による外壁の売上の減額が法人税法37条にいう「寄附金」に該当するとして、各事業年度の法人税の更正処分等を行ったのに対して、納税者が処分等の取消しを求めているのが本事案の概要である。

3 判決の要旨

❶ 法人税法37条７項にいう「贈与又は無償の供与」とは、民法上の贈与に限られず、経済的にみて贈与と同視し得る資産の譲渡又は利益の供与も含まれると解される。そして、ここでいう「経済的にみて贈与と同視し得る資産の譲渡又は利益の供与」とは、資産又は経済的利益を対価なく他に移転する場合であって、その行為について通常の経済取引として是認できる合理的理由が存在しないものを指す。

❷ 当初取引価格は、予算計画を策定するための基準となるものとして利用されることが予定されている数値にすぎず、Ｂ社と納税者との間で、販売契約上の契約価格として合意されていたとするには相当疑義がある。

❸ 納税者とＢ社との間において、納税者がＢ社に対して販売する外壁につき、各半期の期末又は期中においてそれまでの実績に基づいて行われる原価計算によって算定される実際原価（実績見込

原価）を基礎として、それに一定の損益算定方法（「差異分析」等）により導かれる損益を加算するという手法により、取引価格を決定するという内容の契約を締結することは、企業の事業活動の在り方として一概に不合理であるとまでは断ずることはできず、その原価計算及び損益算定方法の内容において不合理な点がなく、税負担を逃れるための恣意的な利益調整ではないと評価されるものであれば、覚書1条1項の「合理的な原価計算の基礎に立ち、B社・納税者協議の上決定する」との定めに合致する。

❹ 納税者が差異分析の手法を転用し、その上で取引価格を決定したことは、不合理なものではなく、税負担を逃れるための恣意的な利益調整であるとは認められない。

❺ 販売契約における契約価格、すなわち「合理的な原価計算の基礎に立ち、納税者とB社間で協議の上決定した価格」は、各半期における期末決定価格又は期中決定価格であると認められる。以上と異なり、販売契約において合意された契約価格を当初取引価格と認めた上、その後に債権放棄又は取引価格変更合意があったとする税務署長の主張は、真実の法律関係から離れて法律関係を構成するものであり、採用することができない。

❻ 税務署長は、法人税法37条8項に基づく主張はしておらず、また、納税者とB社間の外壁の取引価格と、外壁の市場価格との差額の存在及び額を認めるべき証拠はないから、売上値引及び単価変更に係る金額は37条8項の寄附金に当たらない。

4 事例の検討

本事案では、売上値引及び単価変更に係る金額が、法人税法37条にいう「寄附金」に該当するか否かが争われている。具体的には、①納税者とB社間の外壁販売契約において合意された外壁の契約価

格は、当初取引価格あるいは期末・期中決定価格のいずれか、②売上値引及び単価変更は、単に納税者の利益をＢ社に付け替えるだけのものであり、経済的な合理性を有しないかという点である。

　税務署長は、販売契約における外壁の契約価格は当初取引価格であり、第三者間の通常の経済取引として合理的理由がない売上値引及び単価変更は、販売契約に基づいて発生した債権の放棄又は販売契約で決定した取引価格の変更であることから、経済的に見て贈与と同視し得る利益の供与である当該金額は、法人税法37条7項にいう「寄附金」に該当すると主張している。これに対して、納税者は、売上値引及び単価変更は、契約書等に基づき、期末に実績原価に従って仮価格と確定価格の差額を清算した結果であり、合理的な原価計算による公正価格への変更であることから、実質的贈与性を欠いている当該金額は、「寄附金」に該当しないと主張している。

　裁判所は、本事案の当初取引価格は、予算計画の策定基準として利用される数値にすぎないとして、納税者が差異分析の手法を転用し決定した期末・期中決定価格は合理的なものであり、恣意的な利益調整には該当しないとした。したがって、売上値引及び価格変更に係る金額は、法人税法37条にいう「寄附金」に該当しないとの判断を下した。

　納税者の期末・期中決定価格は、企業内部の予算統制のために実施される「予算と実績の差異分析」を転用し、決定したものである。もっとも、本事案では、取引価格変更の妥当性が問題となっている。当初取引価格が過大であったことから、期末・期中において売上値引及び価格変更が行われたのであれば、価格変更は納税者の通常の行為として認められるべきである。

　差異分析を用いた価格変更の合理性の有無が問われているのである。そうすると、納税者とＢ社間の契約書や覚書を基づいて、外壁の購入価格決定の設定方法や、購入価格の設定・決済状況等を詳細

に確認し、差異分析を用いた価格決定方法には合理性があるとした本判決の判断は評価されるべきである。

【谷口智紀】

実務へのフィードバック

　本事案を踏まえて、日々の租務では、取引価格の妥当性だけでなく、取引価格設定過程には合理的理由があるかという点にも注意を払うべきでる。つまり、売上値引及び単価変更は、契約書等に基づき、期末に実績原価に従って仮価格と確定価格の差額を清算しており、合理的な原価計算による公正価格への変更した経緯がある。このような契約内容は、通常の企業間取引であるなら当然であるが、本事案のように関係会社間取引の場合は留意が必要である。寄附金課税は、課税庁にとって、都合のよい便法であることは否定できない。

Ⅲ 法人税関係

13 棚卸商品の過大計上による粉飾決算の是正

東京地判 平成22年 9月10日（TAINS Z260-11505・TKC 25470385）
東京高判 平成23年 3月24日（TAINS Z261-11648・TKC 25501865）
最　　決 平成23年10月11日（TAINS Z261-11783・TKC 25501973）

本事例の着目点

■過去に過大計上された棚卸資産は売上原価に算入できるものではなく、損金算入はできないとした事例である。

1 問題の所在

　粉飾決算はそれ自体も問題であるが、その後事業年度の処理も問題となる。棚卸資産を過大計上して行った粉飾決算を修正する際には通常、過大計上した棚卸資産の損金算入を否認されると同時に、粉飾時に過大に納税した分の減額更正を受けることにより納税者の税負担は結果として大きなものではなくなる場合が多い。

　しかし、本事案では、2度の税務調査が行われ、1度目の税務調査時点でも粉飾決算は課税庁に説明していたが、更正処分を受けることも修正申告の慫慂をされることもなかった。しかし後日行われた2度目の税務調査時に過大計上された棚卸資産を損金算入することはできないとして更正処分を受けた。当初の粉飾決算時に過大に納税した分の減額更正期限を過ぎてしまったことにより納税者の税

負担は非常に大きなものとなった。

2 事例の概要

　納税者は、平成10年9月期から平成14年9月期までの5期にわたって計約19億円、過大に棚卸商品を計上する、いわゆる粉飾決算を続けて行っていた。そこで納税者は、平成14年12月期の損益計算書の特別損失の項目に棚卸商品の過大計上損の科目で当該粉飾決算に係る金額を一度に計上し（以下「本件損失」という。）、損金の額に算入して確定申告を行った。

　平成17年7月の調査時において、納税者の顧問税理士は、上記粉飾について課税庁に説明したが、課税庁から修正申告をうながされることはなかった。しかし、平成19年10月の調査においては上記粉飾について課税庁から修正申告の慫慂があったが納税者がこれに応じなかったところ、課税庁は当該金額を損金の額に算入することはできないとして平成14年12月期の更正処分をし、また、これに連動して平成16年12月期更正処分等を行った。

　なお、平成13年9月期以前については、納付すべき税額を減少させる更正の期間制限である5年を経過していたことから、減額更正は行われていない。

3 判決の要旨

❶　法人税の課税標準等及び税額等は、確定した決算に基づく法人の各事業年度の所得の金額等を申告することにより確定するが（法法74①）、税務署長は、申告された課税標準等又は税額等の計算が国税に関する法律の規定に従っていなかったときなどは、納税者による修正申告（通則法19）又は税務署長による更正（同法

24）により、適正な課税標準等及び税額等に是正することとされている。これは、法人税について過少申告がされた場合に限らず、過大申告がされた場合であっても同様であり、過大申告がされた場合には、税務署長は、正しい税額を納付させるため、更正処分を行い、過大に納付されている税額は還付加算金を付して還付することとされている。

❷　利益がないにもかかわらず利益があるように仮装する経理処理（仮装経理）を行ういわゆる粉飾決算をした法人が、仮装経理に基づく過大申告をした場合については、法人税法129条2項は、税務署長は、当該法人がその後の事業年度の確定した決算において修正の経理をし、これに基づく確定申告書が提出されるまで更正しないことができることとし、また、減額更正処分がされた後の還付方法についても、法人税法70条及び134条の2において、全額を一時に還付することなく、更正の日の属する事業年度前1年間の各事業年度の法人税相当額だけを還付し、残額はその減額更正を行った事業年度の開始の日以後5年以内に開始する事業年度の法人税額から順次控除することとされている。これは、自ら粉飾決算をして意識的に多く納めた税金を、還付加算金を付して一時に還付するということは、数年間の税金を一時に還付するという点において財政を不安定にするおそれがあるのみならず、申告納税制度の本旨からみても好ましくないこと、また、粉飾決算をなくして真実の経理公開を確保しようという要請とも相容れないものであることから、粉飾決算をした法人が自ら仮装経理状態を是正するまでは減額更正を留保し、また、還付についても通常の場合より不利に扱うことにするとともに、その是正方法も一定の厳格な方法によって過去の事業年度の経理を修正した事実を明確に表示することを義務付け、その負担により、財政の安定を図ると同時に粉飾決算を未然に防止することをも目的とするものと

解される。

❸ 平成14年12月期更正処分は、納税者が平成10年9月期から平成14年9月期にかけて粉飾決算により損金の額に算入していなかった売上原価である本件損失を平成14年12月期の損金に算入したことを認めないことを理由とするものである。

❹ 内国法人の各事業年度の所得の金額の計算上当該事業年度の損金に算入すべき金額については、法人税法22条3項が規定しており、同項1号は、「当該事業年度の収益に係る売上原価」を損金に算入すべきものとしているところ、本件損失は、平成10年9月期から平成14年9月期までの各事業年度の売上原価で当該各事業年度において損金に算入しなかったものであるから、「平成14年12月期の収益に係る売上原価」に該当しないことは明らかである。また、原告が平成14年12月期において、本件損失すべてを棚卸商品過大計上損として計上する財務会計上の修正の経理をしたとしても、当該事業年度においてこれに相当する損失が生じているわけではないから、本件損失は、同項3号にいう「当該事業年度の損失」には該当しない。さらに、本件損失が平成14年12月期の費用の販売費、一般管理費その他の費用（同項2号）に該当しないことは明らかである。

❺ 本件損失は平成14年12月期の損失に該当せず、これを当該事業年度の損金に算入されるべきものでないとした課税庁の判断は正当なものであると認めることができる。

4 事例の検討

過去に粉飾のため過大計上した棚卸商品を一度に特別損失として損金算入することの可否が争われた事案である。確かに、裁判所が指摘するように、粉飾のために過大計上した棚卸商品の額を、その

後、一括して損失計上したことは、明らかに不適当な経理処理である。

しかし課税庁は、粉飾決算の実態を認識した平成17年調査では修正申告をうながしていない。調査時に関与税理士が粉飾の実態を説明したとされることを考慮すると、課税庁が粉飾決算による申告内容を容認したと受け止められても当然といえなくもない。

【高木良昌】

実務へのフィードバック

本来、この当初の調査において、課税庁は本件損失に係る修正申告を慫慂し、併せて粉飾決算に基づく申告の減額更正を同時に行わなければならなかったはずである。そうなると、平成19年調査は課税庁が減額更正の期限が渡過した時期を狙ったと穿った見方もできるのである。

粉飾決算が、金融機関対策のためであることは想像できる。中小企業では、その是非はともかくありがちな話であることは否定しない。しかし、納税者は粉飾決算を5年もの間継続した上で、それを一挙に後始末をした経緯は、その金額の規模をも踏まえれば、企業の会計処理としては疑問の残る対応であることは明らかである。

このような会計処理が可能になるのは中小企業の特徴であることはいうまでもない。しかしながら、粉飾決算の本来の目的が金融機関対策であるとするならば、本事案における一連のその後処理は、まさしく企業の信用を失墜させることになり、粉飾決算の効果が崩壊したことに他ならない。これでは税務以前の問題といえないだろうか。

結局、粉飾決算により過大に納税した税額は更正期限を過ぎてしまえば返還されることはない。金融機関対策のためとはいえ、安易な粉飾決算は結果として自らの首をしめることを示唆した事例として、教訓とすべきであろう。

Ⅲ 法人税関係

14 組織再編成を利用した租税回避行為の否認
－ヤフー事件－

東京地判 平成26年 3月18日（TAINS Z888-1830・TKC 25503723）
東京高判 平成26年11月 5日（TAINS Z888-1889・TKC 25505180）

本事例の着目点

❶法人税法132条の2は、組織再編成に係る個別規定の要件を形式的に充足するが、租税負担の軽減の効果を容認することが組織再編税制の趣旨・目的又は個別規定の趣旨・目的に反することが明らかである場合も適用できるとした事例である。

❷特定役員引継要件については、合併の前後を通じて移転資産に対する支配が継続しているとはいえず、その趣旨・目的に明らかに反すると認められるときは、法人税法132条の2の規定に基づき、特定役員への就任を否認できるとした事例である。

---

1 問題の所在

　法人税法132条に規定される同族会社等の行為又は計算の否認規定の適用をめぐっては、学界で多くの議論が展開されてきたが、同規定の適用要件が不明確であることから、その適用は慎重になされ

るべきであると厳格に解されている。

　同規定と同様の文言で規定される同法132条の2の組織再編成に係る行為又は計算の否認規定の適用をめぐる事例が事例がほとんど存在しなかったことから、本事案は同法132条の2の解釈をめぐる重要裁判例と位置づけることができよう。

　本事案の組織再編成では、特定役員引継要件（法人税法施行令112条7項5号）及び事業の相互関連性要件（同項1号）が充足されており、組織再編成に係る租税回避の個別否認規定の適用することができない。また、特定役員引継要件に係る取締役の選任は、納税者の行為ではなく、別会社の行為である。

　本事案では、同法132条の解釈だけでなく、その適用範囲も問題となっている。

2　事例の概要

　個人向け及び小規模事業者向けのインターネットサービス事業を主力とした情報処理サービス業及び情報提供サービス業等を目的とする株式会社である納税者は、B株式会社から、情報通信事業用施設の保守、管理及び運営等を目的とするB社の完全子会社であるC株式会社の発行済株式全部を譲り受け買収した後、納税者とC社との合併を行った。

　本事案の組織再編成のスキームを確認すると、B社の代表取締役社長であり、納税者の取締役会長でもある乙氏は、納税者の常勤取締役である丙氏に対して、平成20年11月27日、C社の取締役副社長に就任するように依頼したところ、丙氏が、12月26日、株主総会の決議等を経て、C社の取締役副社長に選任された（法令112⑦五にいう特定役員引継要件の充足）。

　C社は、平成21年2月2日、データセンターの営業・販売及び商

品開発に係る事業に関する権利義務を承継するＦ株式会社を設立し、Ｆ社の取締役にはＣ社の取締役が就任した。Ｃ社は、２月19日、Ｆ社の発行済株式全部を115億円で納税者に譲渡する株式譲渡契約を締結し、翌日の20日にＦ社の発行済株式全部を譲渡した。Ｂ社は、２月23日、Ｃ社の発行済株式全部を450億円で納税者に譲渡する株式譲渡契約を締結し、24日、Ｃ社の発行済株式全部を譲渡した（納税者とＣ社との間に特定資本関係（法法57③）が生じる）。

納税者は、２月25日、納税者を存続会社、Ｃ社を消滅会社とする吸収合併を行い、納税者がＣ社の権利義務全部を承継し、Ｃ社が合併後に解散する合併契約を締結した。３月30日に合併の効力が生じ、丙氏以外のＣ社の取締役は、合併に伴って全員退任し、納税者の取締役には就任しなかった。

納税者は、平成21年６月30日、特定役員引継要件（法令112⑦五）を満たし、事業の相互関連性要件（同項１号）も満たすとして、法人税法57条２項の規定に基づき、Ｃ社の未処理欠損金額約542億6,826万円を納税者の欠損金額とみなして損金の額に算入した上、法人税の確定申告書を提出した。

これに対して、税務署長は、買収、合併及びこれらの実現に向けられた納税者の一連の行為は、特定役員引継要件を形式的に満たし、Ｃ社の未処理欠損金額を納税者の欠損金額とみなして損金の額に算入することを目的とした異常ないし変則的なものであるとして、法人税法132条の２を適用し、当該欠損金額の損金の額への算入を否認する更正処分等を行った。

3 判決の要旨

❶ 繰越欠損金や含み損を利用した租税回避行為に対しては、個別に防止規定（法法57③、62の７）を設けるが、これらの組織再編

成行為は、その行為の形態や方法が相当に多様なものと考えられることから、これに適正な課税を行うことができるように包括的な組織再編成に係る租税回避防止規定が設けられた。

❷ 法人税法132条の2が設けられた趣旨、組織再編成の特性、個別規定の性格などに照らせば、同条が定める「法人税の負担を不当に減少させる結果となると認められるもの」とは、①法人税法132条と同様に、取引が経済的取引として不合理・不自然である場合のほか、②組織再編成に係る行為の一部が、組織再編成に係る個別規定の要件を形式的には充足し、当該行為を含む一連の組織再編成に係る税負担を減少させる効果を有するものの、当該効果を容認することが組織再編税制の趣旨・目的又は当該個別規定の趣旨・目的に反することが明らかであるものも含む。

❸ 法人税法施行令112条7項5号が定める特定役員引継要件については、組織再編成に係る他の具体的な事情を総合考慮すると、合併の前後を通じて移転資産に対する支配が継続しているとはいえず、同号の趣旨・目的に明らかに反すると認められるときは、法人税法132条の2の規定に基づき、特定役員への就任を否認することができる。

❹ 副社長就任は、特定役員引継要件を形式的に充足するものではあるものの、それによる税負担減少効果を容認することは、法人税法施行令112条7項5号が設けられた趣旨・目的に反することが明らかであり、副社長就任を含む組織再編成行為全体をみても、法人税法57条3項が設けられた趣旨・目的に反することが明らかである。副社長就任は、同法132条の2にいう「法人税の負担を不当に減少させる結果となると認められるもの」に該当する。

❺ 丙氏は、C社の臨時株主総会における株主総会の決議等により、C社の取締役副社長に就任したものである。これらに関する

法律行為の主体は、Ｃ社又は丙氏であり、納税者ではない。

❻　法人税法132条の２の規定により否認することができる行為又は計算には、法人税につき更正又は決定を受ける法人以外の法人であって、同条各号に掲げられているものの行為又は計算が含まれる。

4　事例の検討

　本事案の争点は、法人税法132条の２に規定する組織再編成に係る行為計算の否認規定の適用の可否である。具体的には、同条に基づいて丙氏のＣ社取締役副社長就任を否認することによって、法人税法施行令112条７項５号の特定役員引継要件の充足を否定し、Ｃ社の未処理欠損金額を納税者の欠損金額として損金の額に算入できないとした処分の適法性が争われている。

　裁判所は、法人税法法132条の２の立法趣旨を明らかにしたうえで、同条は、法132条の同族会社の行為計算規定の適用範囲だけでなく、組織再編成に係る個別規定の要件を形式的には充足するが、当該行為による租税負担の減少効果が組織再編税制の趣旨・目的又は当該個別規定の趣旨・目的に反することが明らかである場合も適用できるとした。本事案の組織再編成スキームは形式的には特定役員引継要件を充足するが、組織再編税制の趣旨・目的などに明確に反する当該行為は、法人税法132条の２に基づいて否認できるとの判断を下した。

　裁判所は組織再編税制の立法趣旨を重視した法132条の２の判断基準を導出した。とりわけ、法人税法132条と132条の２は、同じ文言を用いた規定であるにもかかわらず、立法趣旨を根拠に、その適用範囲が異なると判示した点は注目される。

　裁判所は、法人税法132条の２の適用範囲が、税負担の減少効果

が組織再編税制の趣旨・目的又は当該個別規定の趣旨・目的に反することが明らかであるものに限られることを理由に、納税者の予測可能性は害されないとしている。しかし、納税者のいかなる行為が組織再編税制上で不当と判断されるのかは極めて不明確である。同条の運用を課税庁の広範な裁量に委ねる裁判所の判断には問題があるといわざるを得ない。

租税法は侵害規範であることから、租税法律主義の下で、租税法の解釈は厳格な文理解釈によるべきである。法人税法132条と132条の2では、同じ文言が用いられているのであれば、適用範囲は同様に解すべきである。組織再編成に係る租税回避行為の防止という立法目的から両者の適用範囲が異なるのであれば、明文によって差異が明らかにされなければならない。

著名企業が未処理繰越欠損金額の利用を画策したという事実が、法人税法132条の2の適用にいかなる影響を与えるのかも興味深い。

なお、平成26年11月5日に高裁判決が出されており、第1審判決に続き国側の訴えが認められた。これを不服として、納税者は上告を行っている。

【谷口智紀】

実務へのフィードバック

同族会社等の行為又は計算の否認規定の適用は、課税庁の持つ「伝家の宝刀」とされてきたが、予想以上に課税庁はこの宝刀を抜いている。本事案は、組織再編税制の係る適用について事例として最初のケースであり、否認規定の適用範囲が広がっていることに留意すべきであろう。

Ⅲ 法人税関係

15 タックス・ヘイブン対策税制と外国法人税の意義
－ガーンジー島事件－

東京地判 平成18年 9月 5日（TAINS Z256-10495・TKC 28131199）
東京高判 平成19年10月25日（TAINS Z257-10802・TKC 25420393）
最　　判 平成21年12月 3日（TAINS Z259-11342・TKC 25441558）

本事例の着目点

■外国の法令により名目的には税であるとしても、実質的にみておよそ税といえないものは、法人税法69条にいう外国法人税に該当しないとした事例である。

1 問題の所在

　タックス・ヘイブンに該当するか否かは、租税特別措置法66条の6に規定される要件を充足するかどうかで判断される。本事案当時は、法人税率が25％以下の国などが、タックス・ヘイブンとして取り扱われていた。

　本事案では、チャネル諸島ガーンジーで支払われた租税が、同規定の要件を充足するか否かが争われている。ガーンジーでは税率の選択が可能であったことから、納税者は我が国のタックス・ヘイブンの判定規定に該当しない26％の税率を選択した。

　本事案で問題となっているのは、納税者のガーンジーでの支払額は、実質的意味でも租税に該当するか、あるいは、タックス・ヘイ

ブン税制の適用を回避するというサービスの提供に対する対価であり、租税には該当しないか、という点である。

2 事例の概要

損害保険業を営む内国法人である納税者は、平成10年にチャネル諸島のガーンジーに再保険業を営む子会社Aを設立した。設立以来、納税者がその発行済株式のすべてを有している。

Aは、ガーンジーの税制上、免税及び段階税率課税を選択するための要件と、国際課税資格を申請するための要件を満たしていた。Aは、税務当局に対し、平成11年から同14年までの各事業年度につき、いずれも、適用期間を1年間とし適用税率を26％とする国際課税資格の申請をし、税務当局からこれを承認する資格証明書の発行を受けた。税務当局は、Aに対し、各事業年度について適用税率26％の国際課税法人として所得税の賦課決定をし、Aはこれを納付した。

税務署長は、納税者の各事業年度の法人税について、納税者がガーンジーに設立したAは租税特別措置法66条の6第1項に規定する「特定外国子会社等」に該当するとして、その未処分所得の金額のうち所定の金額を納税者の所得の金額の計算上益金の額に算入する旨の更正及び過少申告加算税の賦課決定をするなどした。

3 判決の要旨

❶ 法人税法69条1項は、外国法人税について、「外国の法令により課される法人税に相当する税で政令で定めるもの」をいうと定め、外国の租税が外国法人税に該当するといえるには、それが我が国の法人税に相当する税でなければならないとしている。

❷ これを受けて、法人税法施行令141条は、1項において外国法人税の意義を「外国の法令に基づき外国又はその地方公共団体により法人の所得を課税標準として課される税」と定めるほか、外国又はその地方公共団体により課される税のうち、外国法人税に含まれるものを2項1号から4号までに列挙し、外国法人税に含まれないものを3項1号から5号までに列挙している。以上の規定の仕方によると、外国法人税について基本的な定義をしているのは同条1項であるが、これが形式的な定義にとどまるため、同条2項及び3項において実質的にみて法人税に相当する税及び相当するとはいえない税を具体的に掲げ、これにより、同条1項にいう外国法人税の範囲を明確にしようとしているものと解される。

❸ 本事案の外国税が同条3項1号に規定する「税を納付する者が、当該税の納付後、任意にその金額の全部又は一部の還付を請求することができる税」又は2号に規定する「税の納付が猶予される期間を、その税の納付をすることとなる者が任意に定めることができる税」に該当するか否かが検討の対象になり得るところ、以上の理解を前提にすると、同項1号又は2号に該当する税のみならず、該当しない税であってもこれらに類する税、すなわち、実質的にみて、税を納付する者がその税負担を任意に免れることができることとなっているような税は、法人税に相当する税に当たらないものとして、外国法人税に含まれないものと解することができるというべきである。しかし、租税法律主義にかんがみると、その判断は、あくまでも同項1号又は2号の規定に照らして行うべきであって、同項1号又は2号の規定から離れて一般的抽象的に検討し、我が国の基準に照らして法人税に相当する税とはいえないとしてその外国法人税該当性を否定することは許されないというべきである。

❹ 本事案の外国税は、その税率が納税者と税務当局との合意により決定されるなど、納税者の裁量が広いものではあるが、その税率の決定については飽くまで税務当局の承認が必要なものとされているのであって、納税者の選択した税率がそのまま適用税率になるものとされているわけではない。

❺ 本事案の外国税は、ガーンジーの法令に基づきガーンジーにより子会社の所得を課税標準として課された税であり、そもそも租税に当てはまらないものということはできず、また、外国法人税に含まれないものとされている法人税法施行令141条3項1号又は2号に規定する税にも、これらに類する税にも当たらず、法人税に相当する税ではないということも困難であるから、外国法人税に該当することを否定することはできない。

4 事例の検討

本事案の争点は、Aがガーンジーで納付した租税が外国法人税に該当するか否かである。

最高裁は、「本件外国税は、ガーンジーの法令に基づきガーンジーにより本件子会社の所得を課税標準として課された税であり、そもそも租税にあてはまらないものということはできず、また、外国法人税に含まれないものとされている法人税法施行令141条3項1号又は2号に規定する税にも、これらに類する税にもあたらず、法人税に相当する税ではないということも困難であるから、外国法人税に該当することを否定することはできない。」と判示して、納税者が支払った金員が租税であることを確認した上で、当該金員が外国法人税に相当しないとされる税にも当らないとした。

確かに、本事案の外国税の適用税率を26％とする国際課税資格を申請したのはAであるが、しかし、税務当局の承認で税率は決定し

ている。また、納税者の税率の選択が必ずしも認められるわけでなく、納付税額の還付及び税額納付の猶予期間にも任意性はない。

最高裁は、本事案の外国税は法人税法施行令141条3項に規定される外国法人税に含まれないものに形式的さらに実質的にも該当せず、Aは特定外国子会社等に当たらないと判示しており、その考えは妥当である。

【谷口智紀】

実務へのフィードバック

　法人税の負担がゼロあるいは極端に低い国などをタックス・ヘイブンと呼ぶ。これらのタックス・ヘイブンを利用した租税回避に対処するためにタックス・ヘイブン対策税制が導入された。その目的は、国際的租税回避を阻止し、租税公平主義は担税力に応じた課税を実現することにある。

　在外資産に関する規制が強化されてきたことを考慮すると、国際的租税回避は本事案のような大企業だけの問題ではなくなってきている。

Ⅳ 相続税関係

1 相続財産の範囲

— 相続開始後に生じた過納金還付請求権の相続財産該当性 —

大分地判 平成20年 2月 4日（TAINS Z258-10884・TKC 28140556）
福岡高判 平成20年11月27日（TAINS Z258-11082・TKC 25450017）
最　　判 平成22年10月15日（TAINS Z260-11535・TKC 25442705）

本事例の着目点

■所得税の更正処分の取消しを求めた税務訴訟の継続中に、当事者である納税者自身が死亡した場合には、税務訴訟に勝訴すれば還付されるはずの納付済み所得税の相当額を還付請求権として、相続財産に算入すべきと判断された事例である。

1 問題の所在

　相続税の税額計算は、他の国税に比べたシンプルな税制といっても過言ではない。法人所得に対する加算減算の計算過程や消費税の課税仕入の煩雑さなどに比べ、相続税の場合は、相続財産の総額とそれに対するいわゆる遺産分割の協議が成立していれば、機械的な税額計算で終了する。

　したがって、相続財産の確認と評価額の算出が、相続税事案における第一の作業となる。通常、相続財産は動産、不動産、あるいは知的所有権を問わず、隠匿・隠蔽されている場合はさておき、その存在は明らかにされている。いわゆるみなし相続財産とされるもの

であっても、相続税の申告期限までには確定している。

この相続財産の確定という概念が争点となったのが本事案である。

2 事例の概要

被相続人Aは平成9年4月大分地裁に対して所得税更正処分取消訴訟を提起したが、訴訟係属中の平成12年7月にAが死亡したため、その相続人である納税者がその地位を承継した。納税者はAが死亡したことにより取得した相続財産に係る相続税の申告を平成13年5月に行った。

一方、大分地裁は、平成13年9月及び10月、所得税更正処分取消訴訟につき、同処分を取り消す旨の判決を下し確定した。納税者はこれにより同年12月にAが納付した所得税額、過少申告加算税及び延滞税額（以下「過納金」）のほか、還付加算金を受領し、平成13年所得税確定申告において過納金及び還付加算金を一時所得として確定申告を行った。これに対して、課税庁は平成15年4月付けで、過納金は納税者が相続により取得した財産であるとして相続税に係る申告につき相続税の更正処分を行った。

課税庁の主張は、おおむね以下のとおりである、

抗告訴訟における取消判決は遡及効を有しているから、別件所得税更正処分は、同処分の取消訴訟の判決確定により当初から存在しなかったことになる。そうすると、観念的には、Aが別件所得更正処分に基づき納付した時点に遡って、本件過納金の還付請求権が発生していたということができる。

また、本件過納金は本来Aに還付されるべきものであるが、これが納税者原に還付されたのは、納税者がAの財産を相続したことをその理由とするのであり、この相続がなければ、本件過納金が原告

に還付されることはなかったのである。すなわち、納税者は、還付金を受けるべき地位を承継したのであり、たとえその発生時期が相続開始後であるとしても、本件過納金の還付請求権は相続財産を構成するというべきである。

さらに、本件過納金の還付請求権は、所得税又は相続税のいずれかの課税対象となるべきものであるところ、本件過納金はAが有していた財産を原資として納付された金銭(過納金)であり、取消判決の確定により、それが当初から逸出しなかったことになるにすぎないから、仮にAが生存しており同人に還付された場合には、これを一時所得又は雑所得の収入金額として発生したとみるべき事実が認められず、所得税の課税対象とはならない。こうした本件過納金の還付請求権の性質は、相続という偶然の事情によって左右されるものではなく、Aの納付により減少した相続財産が、納税義務が消滅して本件過納金が発生することにより回復されるだけなのであるから、これを納税者の所得とみることはできない。したがって、本件過納金の還付請求権はAの相続財産を構成するというべきである。

3 判決の要旨

① 第1審の判断

❶ 相続税の納税義務の成立時点は、「相続又は遺贈による財産取得の時」(通則法15②四)であるところ、相続人は相続開始の時から被相続人の財産を包括承継するものであり(民法896)、かつ、相続は死亡によって開始する(民法882)から、納税義務の成立時点は、原則として、相続開始時すなわち被相続人死亡時である。

❷　相続税法上の相続財産は、相続開始時（被相続人死亡時）に相続人に承継された金銭に見積もることができる経済的価値のあるものすべてであり、かつ、それを限度とするものであるから、相続開始後に発生し相続人が取得した権利は、それが実質的には被相続人の財産を原資とするものであっても相続財産には該当しないと解すべきである（ここでは相続税法上のいわゆるみなし相続財産は考慮しない。）。

❸　過納金の還付請求権がAの相続財産を構成するかどうかを検討するに、確かに、本件過納金の原資はAが拠出した納付金ではあるが、Aの死亡時すなわち相続開始時には、別件所得税更正処分取消訴訟が係属中であり、未だ過納金の還付請求権が発生していなかったことは明らかである（判決による課税額の減少に伴う過納金の発生時期が、確定判決の効力が生じた時であることについて、当事者間に争いはない。）。

　そうすると、相続開始の時点で存在することが前提となる相続財産の中に、過納金の還付請求権が含まれると解する余地はないといわざるを得ない。

(2) 控訴審の判断

❶　納税者の主張によれば、別件所得税更正処分が重大かつ明白な瑕疵により無効なのか、取り消し得べき瑕疵を有しているのかは、いずれも確定判決を待たなければ判明しないにもかかわらず、無効判決だった場合は還付請求権は納付時に発生しているので相続財産となり、取消判決だった場合は相続財産から外れることになる。このように、更正処分の瑕疵の重大性、明白性いかんにより相続財産性が左右されるのは相当ではない。

❷　取消判決の確定時にAが存命であれば、当然本件過納金は相続財産となったにもかかわらず、訴訟係属中にAが死亡したという

偶然のできごとによって、同じ本件過納金が相続財産とならなくなる。しかし、このように偶然のできごとによって相続財産性が左右されるのは相当ではない。本件過納金は、そもそもAが納付したものであり、納税者に還付されたのは、別件所得税更正処分取消訴訟の訴訟手続を納税者が相続により受継したためであるにもかかわらず、同訴訟の勝訴の結果得た実体的な権利である本件過納金の還付請求権を被相続人の原始取得であると主張するのは背理である。

❸ 別件所得税更正処分も、同処分の取消判決が確定したことによって、当初からなかったことになるため、判決により取り消された範囲においてAが納めた税金が還付され（通則法56）、Aが納税した日を基準時として計算した日数に応じて法定の利率を乗じた還付加算金が支払われるのである（同法58①）。これは、訴訟係属中に相続があった場合でも変わりはない。すなわち、別件所得税更正処分の取消判決が確定したことにより、Aが別件所得税更正処分に従い納税した日に遡って過納金の還付請求権が発生していたことになる。過納金の還付請求権は、Aの死亡時にAの有していた財産に該当し、相続税の対象となる。

③ 上告審の判断

所得税更正処分及び過少申告加算税賦課決定処分の取消判決が確定した場合には、上記各処分は、処分時に遡ってその効力を失うから、上記各処分に基づいて納付された所得税、過少申告加算税及び延滞税は、納付の時点から法律上の原因を欠いていたこととなり、上記所得税等に係る過納金の還付請求権は、納付の時点において既に発生していたこととなる。このことからすると、被相続人が所得税更正処分及び過少申告加算税賦課決定処分に基づき所得税、過少申告加算税及び延滞税を納付するとともに上記各処分の取消訴訟を

提起していたところ、その係属中に被相続人が死亡したため相続人が同訴訟を承継し、上記各処分の取消判決が確定するに至ったときは、上記所得税等に係る過納金の還付請求権は、被相続人の相続財産を構成し、相続税の課税財産となると解するのが相当である。

4 事例の検討

　本事案においては、第1審は、相続開始時点では過納金の還付請求権は存在しなかったとして納税者勝訴を判示した。一方、控訴審は、取消訴訟の取消判決が確定したことにより当該処分が遡及して否定され、当初からなかった状態になるのであるから還付請求権は納税した日に遡って発生し、過納金の原資を拠出したAの相続財産を構成するとして逆転判決を下した。

　上告審も、過納金の還付請求権は、被相続人の相続財産を構成し、相続税の課税財産となると解した。最高裁は、①国税通則法は還付請求権の遡及的発生を予定していないし、相続税法も被相続人死亡「時」に着目して課税関係を規律するものであって、法律関係の後発的な遡及的変動を取り込むことを予定していないこと、②本件更正処分及び原判決は、個別法規の解釈を十分に行わず、またこのような課税関係の公平という点にも十分配慮することなく、取消判決の遡及効という極めて抽象的な概念を主たる根拠として、結論を導いたものであること、③本件還付請求権がAの相続財産というのであれば、社会通念に照らして考えれば、Aが生前中に還付を請求することができるものでなければならないはずである、などの上告理由には答えていない。

【林　仲宣】

実務へのフィードバック

　Aの死亡時点では所得税更正処分取消訴訟は、係属中であり、現実に還付請求権は発生していない。相続税の申告期限時点でも取消訴訟は確定しておらず、取消判決が確定したのは申告期限から4か月以上経過した後である。このような状況で、納税者が自ら還付請求権を相続財産に含めて申告するということは現実的ではない。納税者はAの死亡時に取消訴訟の原告としての地位を承継しただけであり、第1審判決が指摘するとおりAの死亡時すなわち相続開始時には、いまだ過納金の還付請求権が発生していなかったと考えるのが自然である。

　本事案の前提である取消訴訟は第1審で確定したが、本事案では課税庁が控訴した。過納金の還付請求権が相続財産となるとした場合、取消訴訟が確定するまで相続税の課税財産が確定しないから時間を要することになる。もっとも税務訴訟は少なく、さらに納税者勝訴は極めて珍しいことから、今後も本事案のようなケースは出てこないだろう。仮に類似事案に直面したときには、還付請求権を相続財産に含めて申告し、取消訴訟で敗訴したら更正の請求をするか、あるいは勝訴判決により還付が確定した後、直ちに修正申告をする、という対策が想定できるが、実務的には後者が無難といえるだろうか。

Ⅳ 相続税関係

2 住所の判定
－武富士事件－

東京地判 平成19年5月23日（TAINS Z257-10717・TKC 28131535）
東京高判 平成20年1月23日（TAINS Z258-10868・TKC 28140592）
最　　判 平成23年2月18日（TAINS Z261-11619・TKC 25443124）

本事例の着目点

■明らかに租税回避のおそれがあると裁判所も指摘するが、住所認定に関する従来の判断基準をクリアしており、租税法律主義の観点からも納税者の主張が容認された事例である。

1 問題の所在

　民法22条は、各人の生活の本拠をその者の住所と定めている。この民法上の住所である生活の本拠は、客観主義に基づく単一のものである。しかも諸法に住所の定義がないことから、この民法上の住所概念が援用され、生活の本拠に疑義がある場合には、職業、家族、財産、滞在日数及び社会通念など判断基準に従い総合的に勘案するという方法で、住所を推定してきた。

　住所と課税のかかわりが議論されるのは所得税の分野である。居住者について、所得税法は、①国内に住所を有する者、②現在まで引き続いて国内に1年以上居所を有する者、と定義することから、居住者の判定において住所の持つ意味は大きい。国内外を頻繁に移

動している個人で、住所の存在が判定し難いときには、推定規定が設けられている（所令14、15）。職業、家族、財産、滞在日数及び社会通念などの判断基準である。さらに、税務の取扱いでは、客観主義を採っているが（所基通2－1）、当然、住所は単一である。

もちろんこの住所の意義は、所得税法のみならず相続税法においても同様である。しかし、これら判断基準による判定は、あくまでも推定である。当事者からその推定に反する事実を示し、課税庁の判定と異なる意思を表明した場合には、当然、改めて住所の有無を判定しなければならない。

2 事例の概要

当時の相続税法の規定には、国内に住所がない非居住者に対する国外資産の贈与に関する非課税措置があった。そこで贈与者が所有する財産を国外へ移転し、更に受贈者の住所を国外に移転させた後に贈与を実行することによって、我が国の贈与税の負担を回避する方法が、いわゆる節税方法として一般に紹介されていた。この場合の居住の有無は、住所すなわち生活の本拠の判定であり、本事案における納税者の住所が香港であるか、東京都杉並区であるかが、争点となった。

3 判決の要旨

① 第1審判決

納税者の3年半ほどの期間中、香港に住居を設け、約65％に相当する日数を香港に滞在し、国内には約26％に相当する日数しか滞在していなかったのであるから、納税者が日本国内に住所すなわち生

活の本拠を有していたと認定することは困難であるとしてした。

② 控訴審判決

香港における滞在日数を重視し、日本における滞在日数と形式的に比較してその多寡を主要な考慮要素としていずれが住所であるかを判断するのは相当でなく、納税者の生活の本拠は、国内自宅にあったものと認めるのが相当であるとして判示した。

③ 上告審判決

❶ 納税者は、贈与を受けた当時、香港駐在役員及び各現地法人の役員として香港に赴任しつつ国内にも相応の日数滞在していたところ、贈与を受けたのは上記赴任の開始から約2年半後のことであり、香港に出国するに当たり住民登録につき香港への転出の届出をするなどした上、通算約3年半にわたる赴任期間である期間中、その約3分の2の日数を2年単位(合計4年)で賃借した香港居宅に滞在して過ごし、その間に現地において会社又は各現地法人の業務として関係者との面談等の業務に従事しており、これが贈与税回避の目的で仮装された実体のないものとは窺われないのに対して、国内においては、期間中の約4分の1の日数を杉並居宅に滞在して過ごし、その間に本件会社の業務に従事していたにとどまるというのであるから、贈与を受けた時において、香港居宅は生活の本拠たる実体を有していたものというべきであり、杉並居宅が生活の本拠たる実体を有していたということはできない。

❷ 控訴審は、納税者が贈与税回避を可能にする状況を整えるために香港に出国するものであることを認識し、期間を通じて国内での滞在日数が多くなりすぎないよう滞在日数を調整していたことをもって、住所の判断に当たって香港と国内における各滞在日数の多寡を主要な要素として考慮することを否定する理由として説

示するが、一の場所が住所に当たるか否かは、客観的に生活の本拠たる実体を具備しているか否かによって決すべきものであり、主観的に贈与税回避の目的があったとしても、客観的な生活の実体が消滅するものではないから、上記の目的の下に各滞在日数を調整していたことをもって、現に香港での滞在日数が期間中の約3分の2（国内での滞在日数の約2.5倍）に及んでいる納税者について事実関係等の下で本件香港居宅に生活の本拠たる実体があることを否定する理由とすることはできない。このことは、法が民法上の概念である「住所」を用いて課税要件を定めているため、本件の争点が上記住所概念の解釈適用の問題となることから導かれる帰結であるといわざるを得ず、他方、贈与税回避を可能にする状況を整えるためにあえて国外に長期の滞在をするという行為が課税実務上想定されていなかった事態であり、このような方法による贈与税回避を容認することが適当でないというのであれば、法の解釈では限界があるので、そのような事態に対応できるような立法によって対処すべきものである。そして、この点については、現に平成12年法律第13号によって所要の立法的措置が講じられているところである。

❸　控訴審が指摘するその余の事情に関しても、期間中、国内では家族の居住する杉並居宅で起居していたことは、帰国時の滞在先として自然な選択であるし、納税者の会社内における地位ないし立場の重要性は、約2.5倍存する香港と国内との滞在日数の格差を覆して生活の本拠たる実体が国内にあることを認めるに足りる根拠となるとはいえず、香港に家財等を移動していない点は、費用や手続の煩雑さに照らせば別段不合理なことではなく、香港では部屋の清掃やシーツの交換などのサービスが受けられるアパートメントに滞在していた点も、昨今の単身で海外赴任する際の通例や納税者の地位、報酬、財産等に照らせば当然の自然な選択で

あって、およそ長期の滞在を予定していなかったなどとはいえないものである。また、香港に銀行預金等の資産を移動していないとしても、そのことは、海外赴任者に通常みられる行動と何らそごするものではなく、各種の届出等からうかがわれる

❹ 納税者の居住意思についても、納税者は赴任時の出国の際に住民登録につき香港への転出の届出をするなどしており、一部の手続について住所変更の届出等が必須ではないとの認識の下に手間を惜しんでその届出等をしていないとしても別段不自然ではない。そうすると、これらの事情は、本件において納税者について事実関係等の下で香港居宅に生活の本拠たる実体があることを否定する要素とはならないというべきである。以上のことから納税者は、贈与を受けた時において、国内における住所を有していたということはできないというべきである。

❺ 補足意見は、以下のとおりである。一般的な法感情の観点から結論だけをみる限りでは、違和感も生じないではない。しかし、そうであるからといって、個別否認規定がないにもかかわらず、この租税回避スキームを否認することには、やはり大きな困難を覚えざるを得ない。けだし、憲法30条は、国民は法律の定めるところによってのみ納税の義務を負うと規定し、同法84条は、課税の要件は法律に定められなければならないことを規定する。納税は国民に義務を課するものであるところからして、この租税法律主義の下で課税要件は明確なものでなければならず、これを規定する条文は厳格な解釈が要求されるのである。明確な根拠が認められないのに、安易に拡張解釈、類推解釈、権利濫用法理の適用などの特別の法解釈や特別の事実認定を行って、租税回避の否認をして課税することは許されないというべきである。そして、厳格な法条の解釈が求められる以上、解釈論にはおのずから限界があり、法解釈によっては不当な結論が不可避であるならば、立法

によって解決を図るのが筋であって、裁判所としては、立法の領域にまで踏み込むことはできない。後年の新たな立法を遡及して適用して不利な義務を課すことも許されない。結局、租税法律主義という憲法上の要請の下、法廷意見の結論は、一般的な法感情の観点からは少なからざる違和感も生じないではないけれども、やむを得ないところである。

事例の検討

裁判所も指摘するように、多額の課税回避は一般論としては納得できないことは否定しない。しかし補足意見が如実に示しているように租税法律主義の厳格な適用は、法令遵守と租税負担の公平が期待する見地からすれば、至極当然の結論というべきである。今後、住所の有無又は存在が争点となる事案においては、既存の民法概念を超えた住所の単一・複数論が検討されてもよい。今回の最高裁補足意見は、漠然ではあるが、その方向性を明らかにしたとはいえないだろうか。

【林　仲宣】

実務へのフィードバック

通常では、住所は、単一・客観主義により生活の本拠を判定するが、その判定基準は、職業、家族、財産、滞在日数及び社会通念などを総合的に勘案するという方法が採られてきた。これらの判定基準は、課税庁が長年にわたって構築したものであるにもかかわらず、本事案では、課税庁は「後だしジャンケン」的手法で、みずからの論理に反駁した。課税庁にとっては、解釈で運用してきたツケが回ってきたといえよう。

Ⅳ 相続税関係

3 貸付金債権の認定

－会計帳簿の信用性－

大阪地判 平成20年9月18日（TAINS Z258-11034・TKC 25470932）
大阪高判 平成21年8月27日（TAINS Z259-11263・TKC 25471439）
最　　決 平成23年2月 1日（TAINS Z261-11606・TKC 25471440）

本事例の着目点

❶会計帳簿は、法律上公正な会計慣行に従って作成することが義務づけられており、一般的に高い信用性が認められることから、課税手続においては、会計帳簿を基礎とし、齟齬する部分についてのみ是正すればよいとした事例である。

❷会社資産の範囲を明確化した査察調査及びこの結果を受け入れた修正申告がなされたことによって会計帳簿の信用性は十分に担保されているとした事例である。

1 問題の所在

　会計帳簿には、一般に高い信用性が認められるが、その記載内容が正しいと即断することはできない。会計帳簿の記載内容の基にある原始証票や契約書等の証拠を検証することによって、記載内容の適正性を確認することができる。

　本事案では、被相続人が代表取締役を務めていた同族会社の会計帳簿の借入金勘定の記載内容を根拠に、被相続人による同族会社へ

の貸付金が相続財産を構成すると認定できるかが問題となっている。貸付金債権の存否が争われているが、問題となった会計帳簿には被相続人による貸付金の記載がある。とりわけ、国税局の査察調査を経て誤りを補正された会計帳簿が存在する場合、原始証票や契約書等の証拠によって貸付金の存否を検証すべきかどうかが問題となっている。

本事案で問題となっているのは、貸付金の存否の認定あたり、会計帳簿の信用性をいかに捉えるべきかという点である。

2 事例の概要

A株式会社は、平成11年6月から国税局の査察調査を受け、その結果、Aに帰属すべき多額の簿外現金等の存在が判明した。査察調査に基づく修正申告を受け入れたAでは、同社に帰属すると認定された簿外現金等を借入金勘定で処理していた。

平成12年7月に、Aの元代表取締役である被相続人Bの死亡に伴い遺産分割が行われた。その後平成15年に、税務署長は、Aにおける会計帳簿の借入金勘定の記載内容から貸付金債権約3億2,299万円の申告漏れを認定して、更正処分を行った。これに対して、Bの子である納税者らが貸付金は存在しないとして、更正処分等の取消しを求めたのが本事案である。

課税庁が、同族法人の帳簿の記載内容には高い信用性が認められるのを前提に、帳簿記載を主たる根拠として貸付金の存在を認定できると主張するのに対して、第1審は、借入金勘定の一部の会計処理は誤った処理であり、借入金勘定の会計処理の継続性、連続性の保持が認められず、借入金勘定に係る帳簿記載は全体として信用を置くべき基礎が備わっていないと課税庁の主張を排斥した。その上で、項目を個別的に検討すると、課税庁主張に対応する債権発生・

消滅の事実が認められないものがあるから、会計帳簿の記載内容を根拠に貸付金の存在を認定できないと判断を下して、更正処分を取り消した。

これに対して控訴審は逆転し、納税者敗訴となった。最高裁が不受理決定しているので、控訴審の判断を検討する。

3 判決の要旨

❶ Ａは、査察調査により同社に帰属すべき簿外現金等の存在が国税局に判明し、修正申告を余儀なくされたものであって、売上除外金により形成された資産の会社資産又は個人資産の区分及び両者の関係については、長期間にわたる査察調査によって明確化され、Ａもこの査察結果を受け入れ、修正申告することにより会社資産と個人資産との区分及び両者の関係を明確化していた。そして、査察調査を経たＡの会計帳簿には虚偽取引や架空取引が記載されている可能性は皆無であるというべきであるから、Ａと被相続人との債権債務関係については、基本的にＡの会計帳簿から認定し得る。

❷ Ａは、修正申告の結果、加算税や延滞税を含む追徴税を納付するための多額の資金が必要となり、これに伴い各種預金を解約するなどして、資金を同社に受け入れる必要があったほか、査察調査で指摘された簿外現金等を会社経理に組み入れるための会計帳簿の修正処理も必要であったのであるから、これらに伴う会計処理の相当性については改めて検討する必要があり、その際に生じた明らかな誤りは借入金勘定から除外する必要がある。したがって、借入金勘定を検討すれば、Ａと被相続人との債権債務関係が明らかになる。

❸ 会計帳簿は、法律上公正な会計慣行に従って作成することが義

務づけられており、企業の収益力を適正に表示し、債権者等の利益保護を図り、また企業が合理的な経営を行うために作成されものであって、貸借対照表等の決算書を作成する基礎となる重要な書類である。そして、法律は、高い信用性を担保するため、さまざまな規定を置いているのであって、一般的に高い信用性が認められる。なるほど、課税手続において、会計帳簿の記載が、他の証拠等による事実と齟齬する内容が記載されていることが明らかになることもあるが、このような場合においても、当該会計帳簿を基礎とし、齟齬する部分についてのみ是正した上、その後の課税手続が進められるのであって、一部の明らかな誤りが帳簿全体の信用性を喪失させるなどと考えることはできない。

❹ Aにおける会計帳簿は、会社資産の範囲を明確化した査察調査及びこの結果を受け入れた修正申告がなされたことによってその信用性は十分に担保されている。また、相続開始の時期がこれに近接していることに照らしても、その後に虚偽取引や架空取引等が記載されている可能性があるとはいえず、調査により指摘された過誤以外の部分については、十分に信用することができ、一部の過誤に起因して本件借入金勘定に係る会計処理全体が信用できないなどということはない。

❺ 同族会社の代表取締役が当該同族会社に対して貸付けをする場合には、個々の取引に係る金銭消費貸借契約書までは作成しないケースが多く、このような代表者貸付金については、会計帳簿により、全体としてその存在が認められれば、これを個々に特定表示することができない場合であっても、その債権の存在が認められる。

4 事例の検討

　本事案では、貸付金の存否の認定に当たり、会計帳簿の信用性が問題となった。課税庁が、被相続人Bが代表取締役を務めていた同族会社Aの会計帳簿の借入金勘定の記載内容を根拠に貸付金の存在を認定して、貸付金がBの相続財産を構成すると主張するのに対して、Bの子である納税者らが、会計帳簿の記載内容のみを根拠に貸付金の存在を認定できないと主張している。この会計帳簿が国税局の査察調査を経て誤りを補正された帳簿である点に特徴がある。

　控訴審は、高い信用性を担保するために法律で様々な規定の置かれる会計帳簿には一般的に高い信用性が認められるのを前提に、査察調査を経て誤りを補正されたAの会計帳簿には虚偽取引や架空取引が記載されている可能性は皆無であるとして、会計帳簿の信用性を認めて、AとBとの債権債務関係は、基本的にAの会計帳簿から認定できるとした。

　控訴審も指摘するように、同族会社の代表取締役と同族会社との金銭消費貸借では、契約書等を作成しないことが多い。しかし、金銭消費貸借の存否の認定は事実認定の問題であるから、その認定は、金銭消費貸借契約書等の直接証拠により行われるべきである。たとえ、本事案における会計帳簿が査察調査を経て誤りを補正した会計帳簿であるとしても、会計帳簿は金銭消費貸借契約の存在を証明する直接証拠ではなく、間接的証拠に過ぎない。そうすると、会計帳簿の信用性を殊更に強調して、借入金勘定に記載した内容の基にある原始証票や契約書等の証拠を検証せず、貸付金の存在を認定した控訴審の判断は問題を残した。

　債権債務関係の発生・消滅事実を証明する契約書など直接証拠が存在したならば、貸付金の存否に係る認定に疑問の余地はなかった

はずである。

　控訴審は、会計帳簿に間接証拠として極めて高い信用性があることを示唆した。実務においては、会計帳簿の記載内容と証拠の連関性に注意を払うべきことを今更ながら確認させられた事案である。

【谷口智紀】

実務へのフィードバック

　国税局事案である本事案の納税者における会計帳簿は、納税者自身が作成したはずである。会計帳簿の作成がコンピュータで処理されることは当然であるが、改竄が容易であることも否定できない。

　もっとも中小企業におけるそれは、最終的に税理士等により整備されることが多いことを踏まえると、税理士等に課せられる会計帳簿の信用性に対する責任は極めて重い。

Ⅳ 相続税関係

4 「著しく低い価額」の対価の意義
－親族間の譲渡に対する相続税法7条の適用の可否－

東京地判 平成19年8月23日（TAINS Z257-10763・TKC 28132409）

本事例の着目点

❶租税負担の公平の実現という相続税法7条（贈与又は遺贈により取得したものとみなす場合）の趣旨からは、租税負担回避の意図・目的があったか否かを問わず、また、当事者に実質的な贈与の意思があったか否かをも問わずに、同条は適用できるとした事例である。

❷相続税評価額と同水準の価額かそれ以上の価額を対価として土地の譲渡が行われた場合は、原則として相続税法7条にいう「著しく低い価額」の対価による譲渡とはいえないとした事例である。

---

1 問題の所在

著しく低い価格の対価で財産の譲渡を受けた場合に、当該行為は法律的には贈与に該当せず、贈与税が課税できない。相続税法7条は、このような場合を想定し、実質的には贈与と同視することを根拠に、対価と時価との差額について、贈与者に対する経済的利益の

贈与があったとみなして贈与税を課税すると規定している。同条は租税回避行為の個別否認規定であるが、租税回避の意図の有無を課税要件に掲げていない。

本事案では、親族に譲渡した土地の価格が、相続税法7条にいう「著しく低い価格」に該当するか否かが争われているが、同条にいう「時価」概念が明らかにされなければ、「著しく低い」かどうかを判断できないことから、この点も争われている。裁判所が、租税回避の意図がいかに評価すべきかを明らかにした点も注目すべきである。

2 事例の概要

Aと納税者Bは夫婦であり、納税者CとDはその間の子である。有限会社Eは、納税者Aが代表者を務め、納税者C及びDが全額出資している会社である。

Aは、平成13年8月23日、Fから宅地及び隣接する私道を代金4億4,200万円で購入した。E社は、平成13年8月23日、Fから土地上の各建物を代金合計7,800万円で購入した。

Aは、土地を取得した後、これをE社に賃貸したが、E社はAに権利金を支払わなかった。E社が支払っている地代は、1㎡当たりの年額がおおむね2万円で計算されたものであり、これは、土地の路線価（36万円）を基に計算した土地の価額の6％に相当する金額である。

Aは、平成15年12月25日、納税者Bに対し、土地の持分を代金約8,902万円で売った。Aは、同日、納税者Cに対し、土地の持分を代金約3,677万円で売った。

各売買に係る契約書によれば、売買代金の算出根拠は次のとおりとである。土地の1㎡当たりの価額は、「平成15年度路線価 × 奥行

価格補正率×（1－借地権割合）」の計算式によって算出される。借地権割合については、堅固な建物（貸家）の敷地の用に供しており、相当の地代の授受が行われていることが減額の趣旨であり、本事案では20％である。この計算式によって求められる約27万円が土地の1㎡当たりの価額とされ、これに面積及び持分割合を掛けたものを代金額とした。

　税務署長は、親族から土地の持分を買った納税者について、当該購入代金額は相続税法7条の規定する「著しく低い価額の対価」であるから、時価との差額に相当する金額は贈与により取得したものとみなされるとして、平成16年7月2日、納税者Aに対して、課税価格を約1,978万円、納付すべき税額を約709万円とする平成15年分贈与税の決定等を行った。同日、納税者Cの平成15年分贈与税の申告について、課税価格を約2,033万円（増差額約817万円）、納付すべき税額を約736万円（増差額約408万円）とする更正等を行った。

　これに対して、納税者らは、当該代金額はいずれも相続税評価額と同額であるから同条は適用されないことから、各処分は違法であると主張してその取消しを求めて訴えを提起したのが本事案の概要である。

３ 判決の要旨

❶　贈与税は、相続税の補完税として、贈与により無償で取得した財産の価額を対象として課される税であるが、その課税原因を贈与という法律行為に限定するならば、有償で、ただし時価より著しく低い価額の対価で財産の移転を図ることによって贈与税の負担を回避することが可能となり、租税負担の公平が著しく害されることとなるし、親子間や兄弟間でこれが行われることとなれば、本来負担すべき相続税の多くの部分の負担を免れることにも

なりかねない。

❷　相続税法7条は、このような不都合を防止することを目的として設けられた規定であり、時価より著しく低い価額の対価で財産の譲渡が行われた場合には、その対価と時価との差額に相当する金額の贈与があったものとみなすこととした（遺贈の場合は相続税であるが、贈与税と同じ議論が当てはまる。）。

❸　租税負担の回避を目的とした財産の譲渡に同条が適用されるのは当然であるが、租税負担の公平の実現という同条の趣旨からすると、租税負担回避の意図・目的があったか否かを問わず、また、当事者に実質的な贈与の意思があったか否かをも問わずに、同条の適用がある。

❹　同条にいう時価とは、財産の価額の評価の原則を定めた相続税法22条にいう時価と同じく、客観的交換価値、すなわち、課税時期において、それぞれの財産の現況に応じ、不特定多数の当事者間で自由な取引が行われる場合に通常成立すると認められる価額をいう。

❺　相続税評価額と同水準の価額かそれ以上の価額を対価として土地の譲渡が行われた場合は、原則として「著しく低い価額」の対価による譲渡ということはできず、例外として、何らかの事情により当該土地の相続税評価額が時価の80％よりも低くなっており、それが明らかであると認められる場合に限って、「著しく低い価額」の対価による譲渡になり得る。もっとも、その例外の場合でも、さらに当該対価と時価との開差が著しいか否かを個別に検討する必要がある。

❻　土地については、相続税評価額が時価の80％の水準よりも低いことが明らかであるといえるような特別の事情は認められないから、相続税評価額と同程度の価額かそれ以上の価額の対価によって譲渡が行われた場合、相続税法7条にいう「著しく低い価額」

の対価とはいえない。そして、納税者B購入持分も、納税者C購入持分も、相続税評価額と全く同じ金額の代金によって譲渡されたものであるから、結局、各売買の代金額は、いずれも「著しく低い価額」の対価には当たらない。

4 事例の検討

　本事案では、相続税法7条の解釈と、売買代金額が「著しく低い価格」に該当するか否かが争われた。とりわけ、相続税法7条にいう「時価」の意義及び「著しく低い価格」の判定基準が問題となっている。

　裁判所は、相続税法7条の立法趣旨を確認したうえで、同条は、親子間や兄弟間での租税負担の回避を目的とした財産の譲渡だけでなく、租税負担回避の意図・目的があったか否かを問わず、また、当事者に実質的な贈与の意思があったか否かを問わず適用されると明らかにした。その上で、同条にいう時価とは、財産の価額の評価の原則を定めた同法22条にいう時価と同意義であることから、相続税評価額と同水準の価額かそれ以上の価額を対価として土地の譲渡が行われた場合は、原則として「著しく低い価額」の対価による譲渡といえず、例外的に、何らかの事情により当該土地の相続税評価額が時価の80％よりも低くなっており、それが明らかであると認められる場合に限って、「著しく低い価額」の対価による譲渡であるとの判断基準を示した。

　本事案の売買代金額は、相続税評価額が時価の80％の水準よりも低いことが明らかであるといえず、相続税評価額と同程度の価額かそれ以上の価額の対価によって譲渡が行われていることからは、同条にいう「著しく低い価額」の対価に該当しないとの判断を下した。

裁判所も述べているように、贈与税は、相続税の補完税としての性質を持つ。もっとも、納税者が、有償であるが、時価より著しく低い価額の対価で財産の移転を図る場合には、贈与税を回避することが可能となる。相続税法7条は、このような贈与税の回避行為を防止する租税回避行為に対する否認規定である。

もっとも同条は、租税回避の意図の有無や、贈与対象者などを課税要件としていないことから、当事者間の租税回避の意図などを考慮されず、当該財産の売買代金額が、「著しく低い価額の対価」であるか否かで判断されることになる。租税法律主義の下では、租税法は厳格な文理解釈がなされるべきであることから、条文を文理解釈して抽出することができない課税要件を付加することは許されない。裁判所が明らかにした相続税法7条の解釈は、租税法律主義の視点から評価できる。

【谷口智紀】

実務へのフィードバック

裁判所は、相続税法7条にいう「時価」と22条にいう「時価」が同概念であり、両者は、客観的交換価値を意味するとする一方で、課税実務上で通常用いられる相続税評価額は客観的交換価値といえるとして、相続税評価額と同水準の価格は、原則として「著しく低い価格」に該当しないと判断した。

客観的な資産評価の基準を明らかにすることは非常に難しい問題であるが、相続税評価額が時価の80％程度あることを認めつつも、相続税評価額と同水準の価格は、「著しく低い価格」に該当しないとした点は、今後の資産評価における納税者の予測可能性の向上に資する判断であるといえる。

Ⅳ 相続税関係

5 小規模宅地等の特例
－「居住の用に供された宅地」の意義－

佐賀地判 平成20年5月1日（TAINS Z258-10956・TKC 25450016）
福岡高判 平成21年2月4日（TAINS Z259-11137・TKC 25451003）
最　決 平成22年2月5日（TAINS Z260-11374・TKC 25500887）

本事例の着目点

1. マンションの利用状況を認定し、マンションが生活の拠点として使用されていたとは認められないとして小規模宅地等の特例の適用を認めなかった事例である。
2. 税務においても住所は1か所に限られず、2か所以上ありうることを示した事例である。

1 問題の所在

　本事案では納税者が、2つの宅地について被相続人がそのいずれにも居住していたとして小規模宅地等の特例を適用して申告した。特例の適用の対象となる「居住の用に供されていた宅地等」は、「主として居住の用に供していた宅地等」に限られるか、そして、問題となった宅地が「居住の用に供されていた宅地」に当たるか、が問題となった。

　小規模宅地等の特例については、平成22年度に大きな改正が行われている。本事案は、そのきっかけの一つともいえる裁判例であ

る。平成22年度改正により特定居住用宅地等は主として居住の用に供されていた宅地等に限ることとすることが明文化されたが、税務おいて、住所は1か所に限られるのか、それとも2か所以上認められ得るのであろうか。

2 事例の概要

　納税者は、父である被相続人が（平成14年11月死亡）、平成13年6月に購入したマンションの敷地及びa市の家屋を相続した2つの宅地について、いずれも租税特別措置法に規定される小規模宅地等についての相続税の課税価格の計算の特例の適用があるとして、相続税の申告をした。これに対して課税庁が、特例が適用されるべき宅地等はあくまでも、被相続人が主として居住の用に供していた宅地等1個のみに限られるものと解するのが相当である、また、マンションはわずかの日数しか利用しておらず、水道光熱費の使用状況も、単身居住者すら生活しているとはおよそ認められないほどにごく少量であることなどから生活の拠点とは到底いえないとして、マンションに係る宅地について小規模宅地等は適用されないとした更正処分等を行ったため、その取消しを求めた事例である。

3 判決の要旨

(1) 第1審判決

❶　a市家屋では、自動車を運転できない被相続人にとって、福岡へ仕入れに行ったり、b市内に営業や買い物に行くのに不便であったため、これを改善する目的で、本件マンションを購入したこと、現に、被相続人は、手術後の平成13年11月ころ以降、再手

術のために入院した平成14年3月ころまでの間、少なくとも週に1回程度は、本件マンションに立ち寄り、時折は宿泊もしていたこと、本件マンションには、水道設備の他、日常生活に必要な電化製品も備えられており、被相続人は、本件マンションにおいて、これらを利用していたことが認められ、これらによれば、被相続人による本件マンションの利用は、単に娯楽や一時的な目的に出たものではなく、生活の改善を目的に、a市家屋及び本件マンション双方において生活することを選択した一つの生活スタイルに基づくものと認めることができる。以上によれば、本件マンションは、被相続人にとって、生活の拠点として使用されている実態にあったというべきである。

❷　本件マンションが、a市家屋との比較において、主として居住の用に供されてはいなかったことを窺わせる事情とはいえるものの、本件においては、生活の拠点が複数存在することも妨げられないのであるから、このような比較検討は不要であるし、被相続人が本件マンションの利用状況を仮装していたとは到底認められない以上、病気等の事情から結果的に利用が極端に少なかったとしても、上記の事情のみをもって、本件マンションが生活の拠点ではないということはできない。

❸　被相続人の入居目的は、福岡への足掛かりのみではなく、b市内での活動の足掛かりという目的もあったのであるから、福岡への足掛かりとしての利用がなかったとしても、被相続人の入居目的どおりの利用がなかったとはいえない。また、本件マンションの間取り、電化製品の種別は、非相続人が、将来的に孫などの親類を本件マンションに招くことを考えていたことを推認させるとしても、それが直ちに、被相続人が本件マンション購入直後に本件マンションを利用する意図がなかったことを推認させるとまではいえない。したがって、被相続人は、本件マンションに生活の

拠点を置いていたといえるから、本件宅地は、本件特例の「居住の用に供されていた」宅地に当たるものというべきである。

② 控訴審の判断

❶ 本件特例の「居住の用に供されていた」宅地に当たるかどうかについては、被相続人が生活の拠点を置いていたかどうかにより判断すべきであり、具体的にはその者の日常生活の状況、その建物への入居の目的、その建物の構造及び設備の状況、生活の拠点となるべき他の建物の有無その他の事実を総合勘案して判断されるべきである。

❷ 本件マンションの面積や間取りは、被相続人が1人で居住するには不必要なほど広く、電気もその使用量に比べて契約容量が極めて大きい。家具や電化製品も世帯用の製品が購入されており、被相続人は運転免許を持たないにもかかわらず、駐車場契約を締結している。したがって、本件マンションの入居目的が、専ら被相続人1人が仕入れ等の便宜のために居住するためのものであったかどうかについては疑問がある。

❸ 被相続人が本件マンションを住所として届け出た金融機関や取引先はなく、郵便物はa市家屋に届けられており、本件マンションに届く郵便物はダイレクトメールの類に過ぎず、知人らに本件マンションで生活していると知らせた形跡もなく、入退院を繰り返していた時期や平成14年8月以降は最後までa市家屋で療養していたものである。

❹ 本件マンションの利用状況等からすれば、被相続人が病気等の事情から利用できなかったことを考慮しても、被相続人は本件マンションにおいてほとんど生活していなかったのであり、その利用も散発的であって、納税者が主張するa市家屋と本件マンションの両方に居住する生活スタイルというものも確立するに至って

おらず、本件マンションが生活の拠点として使用されていたとは認められない。

4 事例の検討

　当時の措置法の規定には、小規模宅地等の特例に関する従前の個別通達にあった「主として居住用の用に供していた」の文言が削除されていた。課税庁は、措置法の規定も個別通達と同様の解釈とする主張をしたが、第１審、控訴審ともにこれを斥けた。本事案は、最高裁は上告不受理を決定したため控訴審が確定し、結果としては納税者敗訴となったが、解釈上、小規模宅地特例の適用が複数箇所、認められる場合もあるとして評価されていた。しかし、平成22年度改正により特定居住用宅地等は１か所に限ると明文化された。

　控訴審の結論は、「生活の拠点」をａ市に限っている。判旨は、大きな理由として、マンション設備が世帯使用であることを挙げているが、その根底に単身者は狭い設備に居住するという主観的な判断が窺われることは、極めて残念なことである。しかも控訴審では、金融機関や取引先に対する住所がａ市であることを指摘する。誰でも信用取引等に要する住所は、印鑑証明や住民票など住民基本台帳に登録した市町村から交付された文書をもとにするが、これは、実態とは異なり便宜的な場合もある。住民登録の場所が「生活の本拠」と定義される住所（民法22）とは限らないことは、いわば常識であるが、このような素人的指摘に、興味深いものがある。

　確かに、本事案は被相続人が病気療養中である期間もあり、本人の自由な意思による生活に制限がある状況であったことも否定できない。それでも、第１審が、小規模宅地等の特例の適用とは別に、「生活の拠点が複数存在する」複数住所説の存在を容認したことは、画期的な判断といえる。特定居住用宅地等は１か所に限られた

が税務における住所を考える際に大いに参考となる事案といえる。

【高木良昌】

実務へのフィードバック

極めて興味深いと思えるのは、本事案の被相続人は呉服商であるが、法定相続人である妻、娘及び娘の夫は、税理士である。したがって一般の納税者であるならば、想起しないような発想や税法解釈に基づき、訴訟を提起したといえなくもない。しかし、その根底には、税理士であるからこその実務的視点からの問題提起として評価できる内容といえるのである。

Ⅳ 相続税関係

6 小規模宅地等の特例

－有料老人ホームに入居した被相続人の生活の本拠－

東京地判 平成23年8月26日（TAINS Z261-11736・TKC 25501936）

本事例の着目点

■国税庁が公表する質疑応答事例にある、「老人ホームへの入所により空家となっていた建物の敷地についての小規模宅地等の特例」における回答が争点となった事例である。

1 問題の所在

　国税庁が公表する質疑応答事例にある、「老人ホームへの入所により空家となっていた建物の敷地についての小規模宅地等の特例（平成25年12月31日以前に相続又は遺贈により取得した場合の取扱い）」における回答には、「被相続人が居住していた建物を離れて老人ホームに入所したような場合には、一般的には、それに伴い被相続人の生活の拠点も移転したものと考えられます」が、「一律に生活の拠点を移転したものとみるのは実情にそぐわない面があります」とした上で、「次に掲げる状況が客観的に認められるときには、被相続人が居住していた建物の敷地は、相続開始の直前においてもなお被相続人の居住の用に供されていた宅地等に該当するもの

として差し支えないものと考えられます」としている。
① 被相続人の身体又は精神上の理由により介護を受ける必要があるため、老人ホームへ入所することとなったものと認められること。
② 被相続人がいつでも生活できるようその建物の維持管理が行われていたこと。
③ 入所後あらたにその建物を他の者の居住の用その他の用に供していた事実がないこと。
④ その老人ホームは、被相続人が入所するために被相続人又はその親族によって所有権が取得され、あるいは終身利用権が取得されたものでないこと。

さらに、注記では、「特別養護老人ホームの入所者については、その施設の性格を踏まえれば、介護を受ける必要がある者に当たるものとして差し支えない」とし、「その他の老人ホームの入所者については、入所時の状況に基づき判断」すると明記されている。

2 事例の概要

被相続人Aの死亡によって開始した相続において、被相続人らが従前、居住していた家屋(本件家屋)の敷地である宅地(本件宅地)をAの妻Bと納税者が共同で取得し、本件宅地について、租税特別措置法69条の4第3項2号に規定する特定居住用宅地等に該当するとして、小規模宅地等についての相続税の課税価格の計算の特例(本件特例)を適用して相続税の申告をしたところ、課税庁から、Aらは相続の開始前から終身利用型の有料老人ホームに入居しており、本件宅地は相続の開始の直前においてAらの居住の用に供されていたとはいえないから、本件特例の適用はないなどとして、

更正処分等を受けた。

　Aは、平成17年2月、寝たきりの状態となり、ABともに介護を必要とする状態であったため、同年4月16日、子である納税者と共に老人ホームへの入居契約を締結し、終身施設利用権を取得した上で、同日、老人ホームに入居した。Aらは、老人ホームに入居後も、本件家屋に家財道具を置いたままにしており、ガスの契約は解除したが、電気及び水道の契約は継続していた。また、Aらの住民基本台帳上の住所は、老人ホームに入居後も、本件家屋の所在地とされていた。なお、Aらが老人ホームに入居して以降、本件家屋は空家となっており、相続の開始の直前において、納税者は、これに居住しておらず、生計も別にしていた。

　納税者は「老人ホームへの入所により空家となっていた建物の敷地についての小規模宅地等の特例」についての国税庁の質疑応答事例にあげられた本件特例の適用要件のうち、当てはまらないのは「終身利用権が取得されたものでないこと」との要件だけであり、これは不合理である。質疑応答事例を正しく解釈すれば本件宅地は居住の用に供されていた宅地に当たるというべきであるとして、処分の取消しを求めた。つまり、被相続人等が特別養護老人ホームに入所したことにより空家となっていた建物の敷地については本件特例の適用が認められるにもかかわらず、有料老人ホームへの入所により空家となっていた建物の敷地には適用が認められないのは不当であり、終身利用権に係る要件は不要と解すべきである旨主張した。

　課税庁は、質疑応答事例は、被相続人等が特別養護老人ホームの入所者であるときに本件特例の適用を認めるとしたものではないし、被相続人等が特別養護老人ホームに入所していた場合と有料老人ホームに入所していた場合とでは、施設の目的及び入所者、設備及び運営の基準等が異なるため、本件特例の適用の可否の判断結果

が異なり得ることは当然であり、被相続人等が特別養護老人ホームに入所していたときに本件特例の適用を認めるとしたものではないと主張した。

3 判決の要旨

❶ ある土地が本件特例に規定する被相続人等の「居住の用に供されていた宅地」に当たるか否かは、被相続人等が、当該土地を敷地とする建物に生活の拠点を置いていたかどうかにより判断すべきであり、具体的には、①その者の日常生活の状況、②その建物への入居の目的、③その建物の構造及び設備の状況、④生活の拠点となるべき他の建物の有無その他の事実を総合考慮して判断すべきものと解するのが相当である。

❷ これを本件についてみると、①Aらは、本件老人ホームに入居した平成17年4月16日から相続の開始の日までの約1年8か月の間、Aが入院のために外泊をしたほかに外泊をしたことはなく、専ら老人ホーム内で日常生活を送っていたこと、②平成17年2月以降、AB両名ともに介護を必要とする状況となったところ、本件家屋において納税者の介護を受けて生活することが困難であったことから、終身利用権を取得した上で老人ホームに入所したもので、その健康状態が早期に改善する見込みがあったわけではなく、また、本件家屋において原告等の介護を受けて生活をすることが早期に可能となる見込みがあったわけでもなかったのであって、少なくとも相当の期間にわたって生活することを目的として老人ホームに入居したものであること及び③老人ホームには、浴室や一時介護室、食堂等の共用施設が備わっており、居室には、ベッドやエアコン、トイレ等の日常生活に必要な設備が備え付けられていた上、Aらは、老人ホーム内において、協力医療機関の

往診を受け、あるいは、介護保険法等の関係法令に従い、入浴、排せつ、食事等の介護、その他の日常生活上の介助、機能訓練及び療養上の介助を受けることができたもので、老人ホームには、Ａらが生活の拠点として日常生活を送るのに必要な設備等が整えられていたことが各認められる。

❸ 以上からすれば、Ａらが、老人ホームに入居した後も、本件家屋に家財道具を置いたまま、これを空家として維持しており、電気及び水道の契約も継続していたことを考慮しても、相続の開始の直前におけるＡらの生活の拠点が老人ホームにあったことは明らかというほかない。

❹ 質疑応答事例については、その内容自体から明らかなとおり、病気治療のため病院に入院していた被相続人が退院することなく死亡した場合におけるその生活の拠点に係る事実の認定に関する照会回答要旨と同様の性格のもので、老人ホームに入所していた被相続人が死亡した場合におけるその生活の拠点に係る事実の認定についての考え方を述べたものにすぎず、被相続人等の「居住の用に供されていた宅地」に当たるか否かは、相続の開始の直前において当該被相続人等が老人ホームに入所していたとの一事をもって一律に決すべきものではなく、個別の事案の事実関係に照らして判断すべきものである。質疑応答事例の要件に示された考え方を踏まえて個別の事案において認定判断をする際に、被相続人が特別養護老人ホームに入所していた場合と、終身利用権に係るものを含む約定の下に有料老人ホームに入居していた場合との間で、それぞれの施設の法令上の性格の相違等を反映し、異なる結論に達することがあることは、当然のことというべきである。

4 事例の検討

　国税庁が公表する質疑応答事例の規範性について議論がなされてきた。少なくとも公刊される文書等と異なり、ホームページの改変は容易であり、またネット上の記載を疑いなく受け入れる層が拡大している傾向からすれば、疑義が生じることは明らかである。しかし、本事案における裁判所の判示は、結果として質疑応答事例の意義を容認したとも取れる内容といえる。実務的には、質疑応答事例の評価にお墨付きを与えたといえるだろう。

　ただ本事案は、高齢化社会における現実の一端を示した。本人の意思に関係なく老人ホームでの生活が余儀なくされる高齢者の実態である。今後、増加する、いわゆる老老相続に合わせた相続税制について、検討すべき課題を示したといえる。

【林　仲宣】

実務へのフィードバック

　仮に相続税対策としての節税策があるとするならば、多くの解説書や雑誌特集が取り上げるのは、小規模宅地評価の特例対策である。そのため、すでに平成22年4月から、小規模宅地等の評価の特例が改正され、増税が先行していることも広く知られるようになった。一般的な要件でいえば、被相続人の自宅を相続する場合にはその土地の評価は減額されるが、改正後は配偶者や同居の親族等に対象が限定されたことから、節税対策として注意を促す指摘は散見される

　本事案は、この改正には直接関係はないが、根本的な問題である被相続人の自宅、つまり居住の場所すなわち住所とされる生活の本

拠が争点となり、いわゆる相続税対策に及ばした影響は大きい。

　確かに自宅を離れて介護のため老人施設等で居住する高齢者が増えている。その場合でも、従前の自宅は、親族が継続して居住していることが多いと思われるが、俗にいう核家族化の結果、親子が別世帯のときには本事案のような現象が生じる。終身利用権を取得していることは老人ホームを、いわば仮住まいではなく、終の棲家と定めたとされた。

　納税者が主張した国税庁の質疑応答事例によれば、「その老人ホームは、被相続人が入所するために被相続人又はその親族によって所有権が取得され、あるいは終身利用権が取得されたものでないこと」と示している。

　なお、老人ホームへの入所により空家となっていた建物の敷地についての小規模宅地等の特例の取扱いについては、平成25年度税制改正により、平成26年１月１日以後に相続又は遺贈により取得する場合にあって、相続の開始の直前において被相続人の居住の用に供されていなかった宅地等の場合であっても、①被相続人が、相続の開始の直前において介護保険法等に規定する要介護認定等を受けていたこと、及び②その被相続人が老人福祉法等に規定する特別養護老人ホーム等に入居又は入所していた、という２要件を満たすときには、その被相続人により老人ホーム等に入居等をする直前まで居住の用に供されていた宅地等については、被相続人等の居住の用に供されていた宅地等に該当することとされた（措令40の２②、③）。

Ⅳ 相続税関係

7 重加算税の賦課

－名義預金の申告漏れ－

東京地判 平成26年1月17日（TAINS Z999-9129）

本事例の着目点

1. いわゆる名義預金による相続税の申告漏れについて、刑事訴追された納税者が、申告漏れの理由として、税理士の説明がなかったと主張した事例である。
2. 本事案は、納税者の不知が認められたため重加算税の賦課は避けられ、また税理士に対する指導の不備については言及されてはいないが、今後増加する相続税申告事案に対して警鐘を鳴らす事例である。

1 問題の所在

以下のことは、相続税法の常識といっていい。

すなわち、銀行預金の所有者は、名義だけで判断するとは限らない。確かに、相続財産において、金融機関等に預けてある預金一番分かりやすい財産といえる。この場合、通帳に記載してある名義がその所有者とまず考えるが、課税庁は、①預金の原資の出所、②預金の管理方法、の2つの基準をもとに総合的に判断し、預金の所有

者を認定する。

　なかでも専業主婦名義の預金は判断が難しい相続財産である。妻名義の預金は、例えば夫から妻への贈与したお金を積み重ねた結果であり、非課税枠の110万円の超えない範囲で贈与したと主張しても、立証は難しいと考える。

　依頼者に夫の収入をやり繰りして、節約した賜物であり、妻としての、まさしく内助の功の結果であるから、相続財産の2分の1までは非課税となる配偶者控除は、この妻の内助の功を評価した制度である、と説明するのが税理士の仕事である。

　ところが、巨額の申告漏れを指摘された納税者が、その理由は名義預金の趣旨を税理士が説明しなかったと主張したのが本事案である。

2　事例の概要

　納税者は夫が亡くなった後、従前から付き合いのあった税理士に依頼し相続税課税価格が7億3,180万5,000円、相続税額が8,886万500円である旨の相続税の申告をした。その後、課税庁の調査を受けた際に、いわゆる名義預金等の申告漏れを指摘されたことから相続税課税価格10億6,360万5,000円、相続税額2億2,976万500円とする修正申告を行った。

　これを受け検察が、納税者が相続税を免れようと企て預貯金等を除外することにより殊更過少な金額を記載した内容虚偽の相続税申告書を提出し相続税を免れた、として公訴した。

3　判決の要旨

❶　秘匿隠蔽工作を行ったとの事実は認められない本事案のような

場合の「偽りその他不正の行為」とは、真実の課税物件を隠蔽し、それが課税対象となることを回避するため、課税物件を殊更に過少に記載した内容虚偽の申告書を提出したことをいうと解すべきである。すなわち、この類型の逋脱罪の成立には、単に過少申告があったというだけでは足りず、税を不正に免れようとの意図（逋脱の意図）に基づき、その手段として、申告書に記載された課税物件が法令上のそれを満たさないものであると認識しながら、あえて過少の申告を行うことを要し、反対に行為者がそのような意図に基づかず、例えば不注意や事実の誤認、法令に関する不知や誤解などの理由によって過少申告を行った場合には、「偽りその他不正の行為」には当たらないと解するのが相当である。

❷　上記解釈は、「偽りその他不正の行為」との条文の文言及び各最高裁判例に示された解釈の文言（特に「逋脱の意図をもって、その手段として」との部分）から当然に導かれる帰結といえるが、実質的な観点からしても理由のあることである。すなわち、租税逋脱犯処罰の本来の趣旨は、違反者の不正行為の反社会性ないし反道徳性に着目し、それに制裁を科すことにあるところ、申告内容が過少になる原因としては、単なる不注意や誤解など、必ずしも反社会的とはいえない場合も含まれるため、犯罪として処罰するに値する行為を選別するためには、申告行為の外形だけでなく、逋脱の意図の存否も含めて考慮することが避けられないのであり、前記のような解釈には合理的な理由があると考えられる。さらに別の観点からの理由として、解釈上、いわゆる単純不申告事案については、それが逋脱の意図に基づく場合であっても「偽りその他不正の行為」には当たらず、せいぜい軽い不申告罪で処罰され得るにとどまると解されていることとの均衡上、逋脱の意図に基づかない過少申告について、これを逋脱罪として重く処罰することはあまりに均衡を失すると考えられる。また、租税

逋脱罪と近接する制度であり、法文上の要件も類似する重加算税制度においては、納税者の積極的な過少申告の意図の存在が賦課要件となると解されており、このこととの関係でも、逋脱の意図に基づく場合に限って租税逋脱罪の成立を認めるのが相当といえる。

❸ 検察官は、未必の故意を含む構成要件的故意があれば租税逋脱罪成立の主観的要素としては十分であり、逋脱の意図に基づき過少申告を行ったことを要すると解すべき理由はなく、納税者には家族名義の預貯金等について申告が必要であるとの認識が欠けていたとしても、それは法の不知に過ぎず、犯罪の成立を妨げないと主張するが、判例を正しく理解しない主張であって、採用することができない。

❹ 納税者は、「夫が、昔から一部の預貯金等の名義を自分（納税者）や息子、娘にしてくれていたことは知っていた。夫が家族のために蓄えてくれているのであり、それぞれ名義人のものになるのだろうと思っていた。一部の架空人名義のものについては夫のものであろうと思っていたが、これについては相続税申告時には既に解約等の手続が終わっていたため、申告の必要があるとは考えなかった。脱税しようなどと考えたことは一度もなく、申告時には、税理士の指示に従い、申告が必要な財産をすべて申告したつもりであった。自分名義あるいは子の名義の預貯金等について申告する必要があると考えたことはなく、税理士からもそのような注意はなかった。国税局による調査の際、担当者から、それらについても申告が必要だと聞かされたときにはたいへん驚き、その後、税理士に何故その旨注意してくれなかったのかと強く問い詰めた。申告前に誰かが教えてくれていれば、こんなことにはならなかった。」などと主張している。

❺ 本件においては、納税者が述べるとおり、申告当時、納税者に

逋脱の意図はなく、納税者は、申告書に記載された相続財産の他に記載すべきものがあるとの認識を欠いたまま申告を行った可能性が高いと判断した。

4 事例の検討

　法の不知による名義預金の申告漏れが「偽りその他不正の行為」に当たるかどうかが争点となった事案である。検察官は未必の故意を含む構成要件的故意があれば租税逋脱罪成立の主観的要素としては十分であり、逋脱の意図に基づき過少申告を行ったことを要すると解すべき理由はなく、法の不知は犯罪の成立を妨げないと主張した。

　裁判所は検察官の主張を採用せず、秘匿隠蔽工作を行ったとの事実が認められない場合には、「偽りその他不正の行為」があったと認めるには単に過少申告があったというだけでは足りず、税を不正に免れようとの意図（逋脱の意図）に基づき、その手段として、申告書に記載された課税物件が法令上のそれを満たさないものであると認識しながら、あえて過少な申告を行うことを要するとした。その上で納税者の、名義預金が相続税の課税対象となるとは思わず、税理士からもそのような説明は一度もなかった、という主張を採用し納税者を無罪とした。

　本事案の申告漏れが起こってしまった原因は、税理士から事前に名義預金についての説明がなかったためといえる。確かに相続税増税が間近であるこの時期、書店に山積みされた相続税に関する書籍を精読したような納税者であれば知る機会もあるだろう。しかし、名義預金について理解している納税者は少ないかもしれない。

　納税者は税理士が教えていれば、このようなことにはならなかったと主張した。これが事実ならば、税理士は基本的な説明を怠った

ことになる。今後、相続税の課税対象が広がると共に相続税に直面する人も増える。それは同時に、初めて税理士と接する経験をもたらすことになる。本事案では法の不知による申告誤りは「偽りその他不正の行為」に当たらないと確認された。このことは、納税者と税理士の間でのコミュニケーションの大切さを確認した事案ともいえる。そしてそれは、税理士の職責も重いということである。

【林　仲宣】

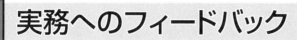
実務へのフィードバック

　確実にいえることは、相続税案件の依頼者は、初めて税理士と面談・協議する場合が多い。税理士の職務内容、責任の本質を理解していない状況で、初対面に近い相手から、いわば財布やタンスの中身を見せて欲しいといわれるわけであるから、その場で不信感が発生する可能性が高いことから、慎重さが必要である。

　また相続税事案の特徴の一つに、いわゆる外野席からの発言がある。ここでいう外野席とは、かつて相続税申告の経験者である相続人の親族、友人など、相続人を取り巻く金融機関、保険会社、不動産会社などの利害関係者を指すが、税理士が行う事実関係に基づいた法令や通達による説明よりも、相続人は、経済的に有利と思えるこれら外野席からの助言に耳を傾けやすいことも理解しておかなければならない。

　税の専門家たる税理士が関与する場合には、法令等に基づく説明を的確に行うことは勿論であるが、その説明を行ったことを証明する文書等を用意し、関与先の押印を得るなどにより、後日に生じがちな"言った、言わない"というレベルのトラブルを排除するべきである。

Ⅳ 相続税関係

8 みなし贈与
－株式売買契約が架空であるか否か－

東京地判 平成19年 2月23日（TAINS Z257-10638・TKC 25463133）
東京高判 平成19年10月31日（TAINS Z257-10812・TKC 25463516）
最　　決 平成20年 3月25日（TAINS Z258-10927・TKC 25470646）

本事例の着目点

1. 株式売買契約書は存在するが、それは仮装であり金銭の授受には別の意味があった、とする納税者の主張が斥けられた事例である。
2. 契約書が存在し、金銭所授受も行われている取引を後日仮装であったとすることは難しいことを示した事例である。

1 問題の所在

　納税者は、売買契約書を作成し株式を譲り受け、それに基づいて税務申告等を行っていた。しかし、その後課税庁から調査を受け株式の譲渡が著しく低い価額による譲渡に該当するとして贈与税の賦課決定処分を受けると、株式の売買は仮装であり、売買はなかったと主張した。

　売買契約書や金銭の授受が存在する取引を仮装とし、別の意味があったという主張は認められるのであろうか。

2 事例の概要

　納税者は平成10年1月30日付けでオーストラリア連邦法人であるAの株式（以下「株式」という。）をBから1億1,000万円で譲り受ける売買契約書（以下「売買契約書」といい、これに基づく契約を「売買契約」という。）を作成した。代金決済は契約当日に1,000万円を納税者からBが受領し、残金1億円は後日納税者がBに支払うと約定された。納税者とBは売買契約を前提として配当所得や株式の譲渡所得の申告、有価証券取引税の納付等を行った。

　課税庁は平成14年4月30日付けで納税者が株式をBから著しく低い価額の対価で譲り受けたものとして、相続税法（平成10年法律第107号による改正前のもの）7条に基づき、株式の譲渡価額と時価（3億5,127万9,000円）との差額に相当する金額を贈与により取得したものとみなし、贈与税の賦課決定処分及び無申告加算税の賦課決定処分を行った。

　これに対し納税者が、株式の実質株主は、BではなくCであった。このことは、B、C及びDの3名が作成した平成9年8月8日付け覚書やCの陳述書等に照らし、明らかである。また、Bに対して本件株式の譲受金額を支払っていない。課税庁が指摘する本件株式の代金の支払というのは、DがBの預金口座に合計1億円を振り込んだというものであって、Bに対して直接支払ったものではない。この1億円は、CがBに支払った「ボーナス及び過去の事業上の援助の代償」であり、DがCのために一時的に立て替えて送金したものである。納税者は、Cから本件株式の形式的な名義人をBから納税者に変えることを依頼され、その形式を整えたものであって、本件売買契約書や本件覚書等の作成や税務申告などは、いずれも本件株式の売買を仮装するためのものである、などと主張して訴

えを起こした。

3 判決の要旨

① 第1審判決

❶ 納税者の帳簿の事業主貸勘定の平成10年1月30日の欄には、本件株式の取得代金1,000万円を支払った旨の記載があるが、これを裏付ける客観的な証拠はない。かえって、納税者とBが同年10月26日付けで作成した覚書によると、Bに対して同年9月1日に支払われたAからの配当金1175万1525円をもって、上記取得代金1,000万円に充当することを合意した形跡がうかがわれ、仮にそのような合意があったとすると、上記事業主貸勘定の記載は虚偽のものであることになる。

❷ 覚書には、BはCのための名義株として本件株式を保有するものであって、Cの同意なく名義を変更しないことを約束する趣旨の記載があるが、Bが実質上の株主であるとすれば、このような覚書が作成されるのは不可解といわざるを得ない。

❸ Cの陳述書に添付された覚書には、「Aの真の所有者であるCは、Aの真の権限者としての権利をもって、」という記載や「Aの真の所有者であるCは、Aの名義株主としてBの名を使用する。」という記載がある。これも、上記覚書と同様に、Bが実質上の株主であるとすれば、このような内容の書面が作成されるはずはない。

❹ 株式の代金としてB名義の預金口座にDから送金された1億円の趣旨についても、BがCの事業拡大のために、尽力したと認められることなどに照らすと、AからBに対して支払われた「ボーナス及び過去の事業上の援助の代償」であるとみることが

できる。

❺ 本件売買契約は、一見すると実体を伴ったもののようにみられなくはないものの、これに関連する諸事情も子細に検討すると、Aの実質的な所有者で、業務執行権限を実質的に有していた者は、Bや原告ではなくCであり、単なる名義上の株主にすぎないBや原告は、Aについての実質的な支配権や所有権を有していなかったものと認めるのが合理的である。

❻ そうすると、そのような単なる名義上の株主の地位の移転のために、原告がBに1億円余りの巨額の対価を真に支払ったものとは、経験則に照らし到底認め難いから、結局のところ、本件売買契約は仮装のものであり、本件売買契約に基づく本件株式の譲渡は存在しなかったものと認めるのが相当である。

② 控訴審判決

❶ 本件売買契約は、会社の代表取締役でもあるBと弁護士である納税者が、本件売買契約書を取り交わした上で締結した契約であり、同契約書の成立には何らの争いがないのであるから、特段の事情のない限り、明記されたとおりB及び納税者間で、Bが所有する本件株式を納税者に対し代金1億1,000万円で売り渡し、納税者がこれを買い受けるという内容の売買契約が成立していることは明らかである。

❷ Bと納税者の間で売買契約が合意された1,000万円が未払であったことから、配当金を振り替え充当することで合意したことが認められる。そうすると、売買契約において合意された1,000万円の支払は履行されたということができる。

❸ CがBの協力に感謝はしていたものの、突然この時期に1億円という高額な金額を支払うというのも不自然さを免れない。株式を保有していたからこそ、Bに対して1億円が支払われることに

なったと理解するほうが合理的である（Cは証人尋問において、「株の移動を明確にすることと謝礼金の支払とはどういう関係にあるのか」という控訴人指定代理人の質問に対して「株を増資した分のお金ということで」と答えている。）。

❹ 納税者は、本件売買契約の代金額が著しく低額であることが同契約が仮装であることを裏付けると主張する。しかし、本件のような会社の株式の価格は一義的に明らかなものではない（課税庁は、本件株式の適正な時価は3億5,127万9,000円と主張するが、国税不服審判所の裁決における評価額は1億9,116万6,300円とされている。）から、本件売買代金額を著しく低額といえるかどうか疑問があるし、そもそも売買代金額は当事者間の交渉によって合意されるものであるから、評価額との乖離があったとしても、そのことをもって、直ちに本件売買契約が仮装であるということの裏付けとなるものではない。

❺ 売買契約については、Bと納税者間において単に売買契約書が作成され、売買代金が支払われたというのみならず、売買契約が成立したことを前提として、各契約が締結され、また、複数年度にわたって税務申告手続が了されるなど、第三者も含めた法律関係が広く複雑に形成されている事実が認められる。

❻ 売買契約は有効に成立し、存在しているのであって、これが不存在、あるいは仮装であるとの納税者の主張は採用できない。

4　事例の検討

本事案では、納税者とBの間で売買契約書は現に存在し、その他の書類も売買契約があったことを前提として作成されてきている。代金の決済についても、当日支払がなされず後日なんらかの相殺等が行われる、というのは控訴審もいうように実務上よくあることで

ある。

　納税者とBは贈与税の賦課決定処分が行われるまで売買契約が有効に成立したものとして税務申告等の手続を行っていた。賦課決定処分がなされた後、売買契約は仮装であった、との主張を行ったという特殊な事案といえる。調査後に申告は仮装であったとするその主張には無理があっただろう。

【高木良昌】

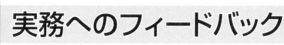
実務へのフィードバック

　高裁のいうように会社の株式の価格は一義的に明らかなものではない。納税者は著しく低い価額であったかどうかは争っていないが、本事案でも課税庁と審判所の評価でも相当な差が存在した。本事案の納税者は、著しく低い価額による譲渡として贈与税が課されるリスクは頭になかったのではないかと考えられる。株式の評価には慎重な姿勢が求められているといえるだろう。

Ⅳ 相続税関係

9 要素の錯誤と重過失の有無
－株式の低廉譲渡に対する錯誤無効－

高知地判 平成17年 2月15日（TAINS Z255-09932・TKC 28130856）
高松高判 平成18年 2月23日（TAINS Z256-10328・TKC 28130855）
最　　決 平成18年10月 6日（TAINS Z256-10525・TKC 28132305）

本事例の着目点

1. 売買契約の締結においては、通常人であれば、税理士等の専門家に相談するなどして十分に調査、検討をすべきであるから、それを行わないことは著しく不注意であり、重過失に当たるとした事例である。
2. 納税者は、法律行為が錯誤により無効であることを法定申告期間を経過した時点で主張することは許されず、既に確定している納税義務の負担を免れないとした事例である。

1 問題の所在

　当初予定していた税負担に思い違いがあって、重い負担を負うことになった場合、納税者は、錯誤を理由に当該取引の無効を主張できるのであろうか。納税者による税負担の錯誤を理由とする錯誤無効の主張について、裁判所は、租税負担の思い違いは動機の錯誤にすぎないから、私法上の取引には影響を与えず、錯誤無効の主張は許されないと解してきた。もっとも、税負担は経済取引における重

要なファクターであることから、取引状況によっては、税負担の錯誤が要素の錯誤に該当する場合も当然ありうる。

では、税負担の錯誤が要素の錯誤に該当し、錯誤無効の主張が認められる場合、納税者が、租税行政庁に対して、取引の錯誤無効を主張することによって、課税関係が影響を受けるのであろうか。

本事案で問題となっているのは、売買契約において錯誤無効は主張できるか否か、そして、取引上の錯誤無効の主張を課税庁に主張することができるか否かという点である。

2 事例の概要

大学1年生（当時19歳）であった納税者Aは、平成9年1月ころ、Bが白血病を宣告され、余命いくばくもないことが判明したため、大学を中退し、C社の後継者として働くことにした。そして、Bは、自分が元気なうちに出資口を可能な限り納税者Aに取得させようと考え、納税者Dに対して、Dの所有していた出資口を売却するよう頼んだ。納税者Dは、自分が死亡すれば出資口をBに相続させる予定であったが、死期が近いBからの頼みを断る理由もなかったため、これを了解した。また、納税者Aは、Bが自分を後継者として体制を固めるために奔走しているのを見て、可能な限り、Bの意向に従いたいと思い、購入可能な金額であれば出資口を購入したいと考えた。

納税者らは、売買契約締結に際し、Bから、C社の取引先であったE社株式の時価を調査するなどして、出資口の売買代金額を1口当たり1万5,000円と提案され、その売買代金額については、税務署に相談に行って了解を得たとの話を聞いた。そこで、納税者Aは、当時所有していた約1,000万円の預金に加え、銀行からの借入金約700万円によって出資口を購入することとし、納税者Aは、平

成9年2月21日、納税者Dとの間で、同人からC社の出資口1,125口を1口当たり1万5,000円（総額約1,687万円）で購入する売買契約を締結した。

　税務署長は、売買代金額が適正価額約1億1,541万円（1口当たり10万2,590円）を下回る低額譲渡に該当するとして、平成14年2月15日付で、納税者に対し平成9年分贈与税の税額を約5,775万円とする決定処分等を行った。これに対して、納税者Aは、売買契約が錯誤により無効であるなどと主張して、各処分の取消しを求めて訴えを提起した。

　納税者Dは、平成9年分の所得税の確定申告書を提出していたが、平成13年12月21日、売買契約が錯誤により無効であるとして、所得税の更正の請求をした。これに対して、税務署長が、平成14年2月15日付で、更正をすべき理由がない旨の通知処分を行ったことから、納税者Dは、処分の取消しを求めて訴えを提起した。

3 判決の要旨

❶　納税者らは、売買契約締結に当たり、出資口の売買代金額1口当たり1万5,000円、合計1,687万5,000円がその実際の価値に見合った適正な金額であり、納税者Aが贈与税を課されることはないと誤信していたのであり、売買契約において、出資口の実際の価値及び納税者Aが贈与税を課されないことは、納税者らにとって重要な要素であった。

❷　納税者らは、本来的には、売買契約を締結するに当たり、売買代金額に贈与税が課されるか否かについて、税理士等の専門家に相談するなどして十分に調査、検討をすべきものであり、そのような調査、検討を何ら行わないまま、安易に課税されないものと軽信した場合には、通常人であれば注意義務を尽くして錯誤に陥

ることはなかったのに、著しく不注意であったために錯誤に陥ったものとして、重大な過失がある。

❸　出資口の評価額について、税理士や公認会計士が、Ｃの会計帳簿類をもとに、評価通達に従って類似業種比準価額方式又は純資産価額方式による評価額を算出することはそれほど難しいことではない。

❹　納税者らは、売買契約を締結するに当たり、売買代金額や納税者Ａに贈与税を課されるか否かについて、税理士等の専門家に相談するなどして十分に調査、検討をすべきであったにもかかわらず、税理士等の専門家に相談するなどしなかったという点において、過失がある。

❺　納税者らが税理士等の専門家に相談するなどしなかったのは、白血病に冒され、余命幾ばくもないＢが自分なりに調査をし、税務署に相談に行って了解を得た旨の話をしたことなどから、出資口の売買代金額を１口当たり１万5,000円とすることを了承したものであって、一応の調査、検討はしているのであるから、当時の納税者らの置かれていた立場や年齢をも考慮すると、納税者らの懈怠が著しく不注意であって重大な過失であるとは認められない。

❻　我が国は、申告納税方式を採用し、申告義務の違反や脱税に対しては加算税等を課している結果、安易に納税義務の発生の原因となる法律行為の錯誤無効を認めて納税義務を免れさせたのでは、納税者間の公平を害し、租税法律関係が不安定となり、ひいては申告納税方式の破壊につながるのである。納税義務者は、納税義務の発生の原因となる私法上の法律行為を行った場合、当該法律行為の際に予定していなかった納税義務が生じたり、当該法律行為の際に予定していたものよりも重い納税義務が生じることが判明した結果、この課税負担の錯誤が当該法律行為の要素の錯

誤に当たるとして、当該法律行為が無効であることを法定申告期間を経過した時点で主張することはできない。

❼ 法定申告期限を経過した後に、当事者の予期に反して、課税当局から、当事者が予定していなかった納税義務が生じるとか、予定していたものよりも重い納税義務が生じることを理由に、更正処分がなされた場合に、この課税負担の錯誤が当該法律行為の要素の錯誤に当たるとして、当該法律行為の錯誤による無効を認め、一旦発生した納税義務の負担を免れることを是認すれば、そのような錯誤の主張を思いつかない一般的な大多数の納税者との間で著しく公平を害し、租税法律関係が不安定となり、ひいては一般国民の素朴な正義感に反することになる。

❽ 当該法律行為が錯誤により無効であることを法定申告期間を経過した時点で主張することは許されず、既に確定している納税義務の負担を免れない。

4 事例の検討

本事案では、売買契約における錯誤の成否と重過失の有無、課税庁に対する錯誤無効の可否、更正の請求が国税通則法23条2項3号に該当するか否かが争われている。とりわけ、納税者らによる売買契約の錯誤無効の主張に基づいて法定申告期限後に課税関係を変更することができるか否かが問題となっている。

第1審と控訴審は、納税者の主張を排斥する同様の判断が下されているが、その論理構造は異なる。

控訴審は、第1審判決と同様に、売買契約における錯誤、そして、納税者らには、売買契約の締結に当たり、税理士等の専門家に相談しなかったという過失があることを認めつつも、納税者が一応の調査、検討を行っていたことと、当時の納税者らの置かれていた

立場や年齢をも考慮して、重過失はなかったと判断した。しかしながら、申告納税方式を採用する我が国では、納税者間の公平を確保し、租税法律関係の安定を図るために、当該法律行為の際に予定していたものよりも重い納税義務が生じることが判明した結果、課税負担の錯誤が当該法律行為の要素の錯誤に当たるとして、当該法律行為が無効であるとの主張は、法定申告期間を経過した時点でできないとして、本事案における錯誤無効の主張はできないとの判断を下した。

　両判断の相違点は、重過失の有無の認定にあり、第1審は重過失ありと判断したのに対して、控訴審は重過失なしとの判断を下している。第1審と比較すると、控訴審は、納税者の当時の状況に踏み込んだ判断をした。控訴審の判断は評価できるといえよう。

【谷口智紀】

実務へのフィードバック

　租税法律関係の早期の安定を図るために、原則として、租税負担の錯誤に基づく主張は法定申告期限までに制限されている。注目すべきは、裁判所がその根拠を、私人間の経済取引では常に税負担を考えて行うものであるから、取引当事者が、いかなる取引形態（法律行為）を採用し、税負担が最も減少できる一定の取引形態（法律行為）を決めることが通常であるとした点である。

Ⅴ 国税通則法、その他の国税関係

1 更正の請求

－所得税額控除の計算誤り－

熊本地判 平成18年 1月26日（TAINS Z256-10287・TKC 28111180）
福岡高判 平成18年10月24日（TAINS Z256-10535・TKC 28131807）
最　　判 平成21年 7月10日（TAINS Z259-11242・TKC 25440919）

本事例の着目点

1 所得税額控除の計算を誤り、法人税額を過大に申告した納税者に対し更正の請求を認めた事例である。
2 所得税額控除は確定申告書に記載された金額が控除の限度とされてきたが、更正の請求によって適正に計算された正当額まで控除できることとされた事例である。

1 問題の所在

　所得税額控除等の「控除額の制限がある措置」については従来、当初申告の際の申告書に記載された金額に限定される「控除額の制限」あるとされてきた。そのため、仮に計算誤りによって確定申告書に適正に計算された正当額より少ない金額を記載してしまったとしても、やむを得ない事情によると認められない場合には更正の請求によっても救済されなかった。

　現在では平成23年度の改正を経て、「控除額の制限」がある措置について更正の請求により適正に計算された正当額まで当初申告時

の控除等の金額を増額することができることとされている。その
きっかけとなった事案といえる。

「控除額の制限」がある措置について当初申告の際の申告書に記
載された金額に限定することの意義が問題となった事案である。

2 事例の概要

　納税者は、平成13年1月1日から同年12月31日までの事業年度
（以下「本件事業年度」という。）において、所得金額を約59億円と
して確定申告を行った。その際、納税者の確定申告担当者であるＡ
は、所得税額控除において、別表六（一）（所得税額の控除及びみな
し配当金額の一部の控除に関する明細書）の「銘柄別簡便法による
場合」の銘柄欄に納税者の所有する株式28銘柄をすべて記載し、利
子及び配当等として受け取った収入金額及びこれに対して課せられ
た所得税額を各銘柄別にすべて記載したものの、「利子配当等の計
算期末の所有元本数等」欄（15欄）、「利子配当等の計算期首の所有
元本数等」欄（16欄）に利子配当等の計算期時点の保有株式数を記
載すべきところ、これを誤って納税者の事業年度時点の保有株式数
を記載したため、うち8銘柄について簡便法による計算を誤り、そ
の結果、所得税額控除額を誤って、過少に記載し申告した。

　納税者は法人税法68条及び69条の各金額の計算を誤るなどした結
果、納付すべき法人税額を過大に申告したとして、国税通則法23条
1項1号所定の更正の請求をしたが、課税庁が、所得税額控除及び
外国税額控除は確定申告書に記載された金額を控除の限度とすると
して、これを超過する税額控除を認めず、したがって、更正をすべ
き理由がない旨の通知をした。なお、第1審では納税者が勝訴し、
課税庁が控訴した。

3 判決の要旨

① 控訴審判決

❶ 法人税法68条３項はどこまでも文言どおり厳格に解釈すべきであり、したがって、法人が自ら記載した当該金額を変更（増額）することは絶対に認められないとするのも極論に過ぎて、相当ではない。このような硬直した解釈は、かえって制度趣旨にもとることにもなりかねないものというべきである。例えば、当該金額とその計算に関する明細の記載との間に明らかな齟齬がある場合において、全体的な考察の結果、明細の記載に基づいて転記をする際に誤記したか、あるいは違算により当該金額の記載を誤ったことが明白であるというようなときには、その金額の記載を合理的に判断して、本来あるべき正しい金額が記載されているものとして処理すべきである。加えて、法人税法68条４項は、これら金額の全部又は一部につき記載がない確定申告書の提出があった場合においてさえも、その記載がなかったことについてやむを得ない事情があると認めるときは、その記載がなかった金額について同法１項の規定を適用することができるとして、例外的にこの制度の適用を受けることができる余地を認めているのであるから、この場合との均衡を図る意味でも、当該金額を本来あるべき金額よりも過少な額にとどめることになった法令解釈の誤りや計算の誤りが「やむを得ない事情」の故にもたらされたものであると認められるときには、例外的に通則法23条１項に基づきその更正の請求が許されて然るべきである。

❷ 上記のような観点から、本件の場合について検討する。納税者は、単純な転記ミスや計算ミスをした結果、当該金額の記載を

誤ったわけではないから、上記に例示した「金額の記載を合理的に判断すべき場合」に当たらないことは明白である。また、上記誤りは、納税者が、確定申告書の作成について税理士の関与を求めることもないまま、社内の財務部に所属していたAに任せきりにしていたことが一因になっているものと認められるところ、納税者が相当規模・内容の法人であることをも併せ考慮するならば、上記誤りが「やむを得ない事情」の故にもたらされたものであるということもできない。

② 上告審判決

❶ 法人税法68条3項は、同条1項の規定は確定申告書に同項の規定による控除を受けるべき金額及びその計算に関する明細の記載がある場合に限り適用するものとし、この場合において、同項の規定による控除をされるべき金額は、当該金額として記載された金額を限度とする旨規定している。なお、同法40条は、同法68条1項の規定の適用を受ける場合には、同項の規定による控除をされる金額に相当する金額は、当該事業年度の所得の計算上、損金の額に算入しない旨規定している。

❷ これらの規定に照らすと、同条3項は、納税者である法人が、確定申告において、当該事業年度中に支払を受けた配当等に係る所得税額の全部又は一部につき、所得税額控除制度の適用を受けることを選択しなかった以上、後になってこれを覆し、同制度の適用を受ける範囲を追加的に拡張する趣旨で更正の請求をすることを許さないこととしたものと解される。

❸ 本件の計算の誤りは、確定申告書に現れた計算過程の上からは明白であるとはいえないものの、所有株式数の記載を誤ったことに起因する単純な誤りであるということができ、確定申告書に記載された控除を受ける所得税額の計算が、納税者が別の理由によ

り選択した結果であることをうかがわせる事情もない。そうであるとすると、納税者が、確定申告において、その所有する株式の全銘柄に係る所得税額の全部を対象として、法令に基づき正当に計算される金額につき、所得税額控除制度の適用を受けることを選択する意思であったことは、確定申告書の記載からも見て取れるところであり、上記のように誤って過少に記載した金額に限って同制度の適用を受ける意思であったとは解されないところである。

❹ 以上のような事情の下では、本件更正請求は、所得税額控除制度の適用を受ける範囲を追加的に拡張する趣旨のものではないから、これが法人税法68条3項の趣旨に反するということはできず、納税者が確定申告において控除を受ける所得税額を過少に記載したため法人税額を過大に申告したことが、国税通則法23条1項1号所定の要件に該当することも明らかである。そうすると、本件更正処分は、納税者主張の所得税額控除を認めずにされた点において、違法であるというべきである。

4 事例の検討

本事案は所得税額控除額の計算誤りを理由にした更正の請求が認められるか否かが争点となった。高裁は納税者が確定申告書の作成に税理士の関与を求めなかったとも指摘し、やむを得ない事情があったとはいえないとしたが、所得金額が59億円にもなるような法人が外部の税理士に申告書の作成を依頼するということは一般的ではないかもしれない。ただ、税理士の職務に対する裁判所の評価は興味深い。

【高木良昌】

実務へのフィードバック

　平成23年度の更正の請求の改正により本事案で問題となった法人税の所得税額控除をはじめ、受取配当等の益金不算入、外国子会社から受ける配当等の益金不算入、外国税額控除等多くの「控除額の制限がある措置」について更正の請求により、適正に計算された正当額まで当初申告時の控除額を増額することができることとされた。計算誤りの救済可能性が広がったといえるだろう。

V 国税通則法、その他の国税関係

2 更正の予知と過少申告加算税

東京地判 平成24年9月25日（TAINS Z262-12046・TKC 25497047）

本事例の着目点

■税務調査の最中に納税者が提出した修正申告に対して、更正があるべきことを予知して行われたものでないとして過少申告加算税が減免された事例である。

1 問題の所在

　修正申告書の提出があった場合において、その提出がその申告に係る国税についての調査があったことにより、その国税について更正があるべきことを予知して行われたものでないときは、過少申告加算税は課せられない（通則法6⑤）。無申告加算税及び不納付加算税に関しても同様であり、更正又は決定、告知があるべきことを予知して行われたものでないときには、加算税の割合は、5％に軽減される（通則法66③、67②）。さらにこれらの規定が適用されるときには、重加算税も課せられない（通則法68各項かっこ書）。これが、国税通則法に規定される、更正等を予知しないで修正申告書を提出した場合における加算税の減免規定である。

この減免規定は、「調査があったこと」と「更正を予知しないこと」という、相互に関連し、因果関係にある2つの要件で構成される。通常、納税者が課税庁から接触を受ける前に、自発的・自主的に修正申告を行うということは、課税庁からの確定申告に関する是正の指摘を予想して行うことが多い。実務における修正申告の慫慂・勧奨の実態を踏まえれば、是正の指摘が即、更正につながるとは必ずしも思われない。それでも是正の指摘を受けてからの後の「更正を予知しない修正申告」などもありえない。結局、減免規定の適用には、課税庁からの「調査」という接触を受けてから後の状態で、「更正の予知」があったかどうかが判断されることになる。要するに、「調査」以前に修正申告を行えば加算税は課せられないわけであり、そうなると、減免規定における「調査」の意義が重要となる。

　修正申告という納税者の行為に対する自発性・自主性の判断と「調査」の相関関係には、厳しい制約がある 。従前においては、「調査」の位置付けに関する議論が先行した嫌いがあった。ところが、最近では、争点が、「更正を予知しないこと」の判断に終始される事例が、目立ってきている。その要因として「調査」開始後における納税者側の言動が複雑多岐にわたっており、それを背景とした納税者の主張が影響を及ぼしていると感じられるのである。

2　事例の概要

　法人税法上、増加償却の特例の適用を受けるには、法人税の確定申告書の提出期限までに、税務署長に対して増加償却の届出書を提出しなければならない。半導体基板の製造及び設計開発等を主たる事業とする株式会社である納税者は、平成20年11月30日までに税務署長に対して届出書を提出しなかったにもかかわらず、増加償却の

特例を適用して法人税額を算出して、確定申告書を提出していた。つまり、増加償却の特例の適用を受けることができないから、確定申告書において算出した減価償却費の金額には償却超過額が生じていたことになる。

　国税局の調査担当者は、平成21年7月21日から同年8月21日までの間、法人税等に係る臨場調査を実施した。納税者は、臨場調査中の平成21年7月28日、税務署長に対して増加償却の特例の適用を否定して所得額を再計算して、修正申告書を提出した後、調査担当者に対して修正申告書を提出したと口頭で通知した。調査担当者は、納税者から口頭通知を受けた時点では、納税者が届出書の提出をしていなかったことに気付いていなかった。

　税務署長は、平成21年9月29日付けで、納税者に対して法人税の過少申告加算税賦課決定処分をした。これに対して、納税者は、修正申告書の提出が、税務調査があったことで、更正があるべきことを予知してされたものでないときは、過少申告加算税は課されないと主張して（通則法65⑤）、過少申告加算税の賦課決定処分の取消しを求めたのが本事案の概要である。

3　判決の要旨

❶　国税通則法65条1項及び同条5項の趣旨や文言に照らすと、5項にいう「その申告に係る国税についての調査があったことにより当該国税について更正があるべきことを予知してされたものでないとき」とは、税務職員が申告に係る国税についての調査に着手し、その申告が不適正であることを発見するに足るかあるいはその端緒となる資料を発見し、これによりその後の調査が進行し先の申告が不適正で申告漏れの存することが発覚し更正に至るであろうということが客観的に相当程度の確実性をもって認められ

る段階（いわゆる「客観的確実時期」）に達した後に、納税者がやがて更正に至るべきことを認識した上で修正申告を決意し修正申告書を提出したものでないことをいう。

❷　税務調査の内容、検討対象として収集した資料の内容、調査の進捗状況、修正申告に至った経緯、納税者の具体的言動等の個別具体的な事情は、個別具体的な事案において、修正申告がされたときにいわゆる「客観的確実時期」が到来していたか否か、納税者がやがて更正に至るべきことを認識した上で修正申告を決意し修正申告書を提出したものでないといえるか否かを判断する上での判断材料として位置付けられる。

❸　調査担当者は、修正申告書が提出されるより前に、臨場調査において、確定申告書及び固定資産台帳等を収集していた。

　調査担当者は、確定申告書等を収集していたにもかかわらず、修正申告書を提出したことを説明されるまで、届出書が提出されていないことについて何ら気付いてなかっただけでなく、届出書の提出の有無や増加償却計算の適否について関心を示し、これに関する質問や資料提出依頼をすることもなかった。

❹　確定申告書等は、届出書が提出されていないことを発見するに足る資料とはいえないし、届出書の提出の有無について調査する端緒となる資料ともいえないから、調査担当者が確定申告書等を収集していたことをもって、いわゆる客観的確実時期に達していたということはできない。

❺　調査担当者が、減損損失や遊休資産設備償却費等の減価償却計算の適否に係る調査を行っていたからといって、更に調査を進めて償却限度額の再計算を行い、ひいては届出書の確認をすることになることが客観的に相当程度の確実性をもって認められる段階に至っていたとは到底いうことができず、単にそのような一般的抽象的可能性があったにすぎない状況にあったというべきである。

❻ 納税者は、臨場調査そのものによって届出書の不提出に気付いたものではないし、不提出に気付いた後は、延滞税の発生を止めるため、可及的速やかに修正申告書の提出及び追加納税を行ったものと認められるから、納税者は、臨場調査における具体的な調査とは直接関係することなく、修正申告書の提出をした。

修正申告書の提出は「その申告に係る国税についての調査があったことにより当該国税について更正があるべきことを予知してされたものでない」というべきである。

4 事例の検討

　税務署長は、納税者は税務調査が開始されれば、その時点で更正を予知するのが通常であり、税務調査が開始された後に提出された修正申告書は、特別の事情がない限り、更正を予知して行われたと考えるべきであると主張した。つまり調査開始説であり、従来から課税庁が主張してきた論理である。

　裁判所は、納税者が、臨場調査の前に届出書の不提出に気付いていたこと、不提出に気付いた後、延滞税の発生を止めるため、速やかに修正申告書の提出及び追加納税を行ったことを理由に、具体的な調査とは直接関係なく、修正申告書の提出がなされたと認定している。

　その上で、判決では、納税者の修正申告書の提出が更正を予知してされたか否かについては、税務職員が税務調査に着手し、申告が不適正であることを発見するに足るかあるいはその端緒となる資料を発見することで、その後の調査より申告漏れが発覚し更正に至ることが客観的に相当程度の確実性をもつ時期に達したかどうかによって判断すると判示している。客観的確実説（端緒把握説）に基づく見解といえる。具体的には、税務調査の内容、検討対象として

収集した資料の内容、調査の進捗状況、修正申告に至った経緯、納税者の具体的言動等の個別具体的な事情によって判断するとした。

【林　仲宣】

実務へのフィードバック

　税務調査の最中に申告書の提出した納税者の行為が、「更正があるべきことを予知してされたものでない」か否か争点となった。確かに、納税者による修正申告書が、課税庁から非違事項を指摘されることを予知し、その結果、賦課される加算税を回避するために、いわば先手を打って提出されたかどうかを客観的に判断することは難しい。従来から、税務調査の進行に応じて、①調査開始説、②客観的確実説（端緒把握説）、③具体的事項発見説などに、判例・学説で分類され議論されてきた。

　本事案では、確定申告書等は、届出書が提出されていないことを発見するに足る資料ではなく、調査官が、届出書の提出の有無や増加償却計算の適否について関心を示し、これに関する質問や資料提出依頼をしていなければ、客観的確実時期に達したといえない。裁判所は、税務調査の開始時点ではなく、更正に至ることが客観的確実時期に達した否かによって、「更正があるべきことを予知してされたものでないとき」の要件が充足されたかを判断することを明示した。

　本事案の納税者が調査開始前のどの時期にどういう理由で届出書未提出を認識したかにもよるが、臨場調査がなくても修正申告を行ったかどうか実務的には興味深い。ただ届出書未提出という手続上の不備であるから、次年度の決算処理の段階で、不備が判明することもあり得る内容である。おそらく臨場調査に備えて申告内容を決算に準じて精査した結果、修正申告に踏み切ったかもしれない。

Ⅴ 国税通則法、その他の国税関係

3 宅配便による申告書の送付と申告期限

国税不服審判所 平成17年1月28日裁決（TAINS J69-1-01・TKC 26011921）

本事例の着目点

1. 宅配便による申告書の提出は郵便又は信書便による提出には当たらないため、通信日付印により表示された日に提出されたとはみなさず、原則どおり到達主義によるとされた事例である。
2. 国税通則法第22条による通信日付印により表示された日に提出がされたものとみなす郵送等に係る納税申告書等の提出時期の特例は郵便又は信書便により提出された場合に限ることを示した事例である。

1 問題の所在

　所得税や法人税の申告書の提出が申告期限に間に合わず、遅れてしまった場合には、原則として無申告加算税が課される。申告書がいつ提出されたかの判断は原則として到達主義により申告書が課税庁に到達した日が提出された日とされている。この例外規定が国税通則法22条であり、申告書が郵便又は信書便により提出された場合

には、その郵便物又は信書便物の通信日付印により表示された日にその提出がされたものとみなす、とされている。

郵便によって申告書が提出された場合には、その郵便が課税庁に到達した日にかかわらず、郵便局が押した消印の日付にその提出がされたものとして取り扱われるのである。

現在では郵便に限らず様々な事業者が荷物の配送サービスを行っており、利便性や確実性が郵便をしのぐような場合もある。本事案では納税者が郵便ではなく宅配便で申告書の送付を行った。納税者は納税も期限までにすませていたが、申告書の課税庁への到達が申告期限後となってしまった。そのような場合でも国税通則法22条の特例適用が認められるかが問題となった。

2 事例の概要

納税者は、納付すべき法人税の額を5,933,500円と記載した平成15年4月1日から平成16年3月31日までの事業年度の法人税の確定申告書及び納付すべき消費税等の額を4,765,200円と記載した平成15年4月1日から平成16年3月31日までの課税期間の消費税等の確定申告書（以下、これらを併せて「本件各申告書」という。）を、平成16年5月31日にA社の宅配便（以下「本件宅配便」という。）で発送した。

課税庁は、本件各申告書が法定申告期限の翌日である平成16年6月1日に到達したことから、これを期限後申告書として、同年7月27日付で法人税の無申告加算税の額を296,500円及び消費税等の無申告加算税の額を238,000円とする各賦課決定処分を行った。

納税者は、原処分を不服として、異議申立てを経て審査請求をした。なおA社は、平成16年5月31日現在まで信書便法に規定する信書便事業者としての総務大臣の許可を受けていない。また、納税者

は、本件各申告書に記載した納付すべき税額を、法定納期限前の平成16年5月28日に全額納付している。

3 裁決の要旨

❶ 納税者から税務署長に納税申告書が提出された場合、いつの時点をもって提出日とするかについては、税法上特別な規定は設けられていないところ、民法97条は隔地者に対する意思表示として、その到達をもって効力を生じる旨規定していることから、申告書の効力発生の日（提出日）は同条に従い、原則として申告書が税務官庁に到達した日（到達主義）と解されている。

❷ そして、国税通則法22条は、この到達主義の例外として、納税申告書が郵便又は信書便により提出された場合には、その通信日付印により表示された日に提出されたとみなす旨規定しているところ、これは、郵便又は信書便が郵便法又は信書便法の規定に従って配達されるため、紛失や配達の著しい遅延などの生じる蓋然性が相当に低いことや、納税者と関係税務官庁との地理的間隔の差異に基づく不公平を是正する必要性などの観点から設けられているものと解される。

❸ 本件各申告書の提出日について、当審判所が原処分関係資料を調査したところによれば、本件各申告書は、平成16年6月1日に税務署の玄関に設置されている「時間外文書収受箱」に投かんされたことで原処分庁に到達していることが認められる。また、A社は、信書便法に規定する総務大臣の許可を受けた信書便事業者ではないことから、本件宅配便は、国税通則法22条に規定する郵便又は信書便のいずれにも該当しない。

❹ そうすると、本件各申告書は、原処分庁に到達した日、すなわち平成16年6月1日に提出された期限後申告書となるから、これ

を法定申告期限内に提出したものとする請求人の主張には理由がない。

❺ 納税者は、本件各申告書に記載した納付すべき税額は法定納期限内に完納しており、しかも、国税通則法66条の規定は法改正されてしかるべき不合理なものであるから、これに基づいて行われた原処分は違法である旨主張する。

❻ しかしながら、無申告加算税の規定は、申告納税制度を維持するためには納税者により期限内に適正な申告が自主的にされることが不可欠であることにかんがみて、納税申告書の提出が期限内にされなかった場合の行政上の制裁として設けられたものであるから、納税申告書に記載された納付すべき税額が法定納期限内に完納されたか否かということで、その適用が左右されるものではない。

❼ 無申告加算税を課すに当たり、その対象の範囲ないし負担について、例えば、納税者の責任の程度の差を考慮したり、申告遅延の月数による累進的取扱いをしたりするなどの方法も一応考えられなくはないが、どの方法によるかは、租税法律主義の見地から、法律の定めるところによらなければならない。

❽ そして、無申告加算税の課税要件が備わった場合、国税通則法66条1項及び3項は、当該納税者に対し「納付すべき税額」に一律100分の15又は100分の5の割合を乗じて計算した金額に相当する無申告加算税を課する旨規定しており、これに従わない課税は違法となるのであって、適正な法の執行に携わる原処分庁として裁量の余地はない。以上のとおりであるから、これらの点に関する請求人の主張は採用できない。

❾ 本件各申告書は期限後申告書であり、また、納税者には本件各申告書が期限内に提出されなかったことについて正当な理由があったとは認められないことから、原処分は適法である。

4 事例の検討

　納税申告書等は、郵便又は信書便により提出された場合には、その郵便物や信書便物の通信日付印により表示された日が提出日とみなされる。つまり到達主義ではなく発信主義で判断されるので、申告期限までに郵便又は信書便で発信すれば期限内申告とみなされることになる。

　本事案では、申告書を宅配便で送付した場合にも、その送付日を提出日とみなすかどうかが争点となった。信書とは、特定の受取人に対し、差出人の意思を表示し、又は事実を通知する文書（郵便法4②）とされるから、当然、申告書は信書になる。したがって信書が送付できない宅配便で、送付した場合に発信主義が適用されず、原則どおり到達主義がとられることはいうまでもない。

【高木良昌】

実務へのフィードバック

　留意すべきは、宅配便による申告書の提出であっても、課税庁は拒否しないということが、裁決で明らかになったことである。裁決によれば、「税務署の玄関に設置されている『時間外文書収受箱』に投かんされ」ていたのである。

　通常、宅配便の受領に際しては、署名又は捺印が求められ、また閉庁時に宅配業者が配貨することも考えられない。おそらく課税庁は、直接受領を拒否し、収受箱に投かんすることを指示したと思える。その結果、申告書の提出が、申告期限ギリギリという微妙な時期であったため、本事案では混乱した。これが、時間的に余裕のある時期における送付であるなら、なんら問題は生じなかったのでは

ないだろうか。
　税理士からすれば、電子申告が当然とされ、議論の余地はないかもしれない。しかし、一般の納税者から見れば、宅配便の利便性は高い現実を踏まえれば、本事案は興味深い。

Ⅴ 国税通則法、その他の国税関係

4 遺産分割協議と第二次納税義務

東京地判 平成19年10月19日（TAINS Z888-1475・TKC 25420392）
東京高判 平成20年 2月27日（TAINS Z888-1483・TKC 25421222）
最　　判 平成21年12月10日（TAINS Z888-1487・TKC 25441533）

本事例の着目点

1 遺産分割協議の際に法定相続割合によらず滞納者以外の他の相続人にその相続割合を超えて相続させた場合には、その相続人は滞納者の滞納に係る国税の第二次納税義務を負うとした事例である。

2 国税滞納者が係る法定相続割合によらない相続については国税徴収法39条の「その他第三者に利益を与える処分」となりうる、ということを示した事例である。

1 問題の所在

　国税徴収法39条は、滞納者の国税につき滞納処分を執行してもなおその徴収すべき額に不足すると認められる場合において、その不足すると認められることが、当該国税の法定納期限の1年前の日以後に、滞納者がその財産につき行った政令で定める無償又は著しく低い額の対価による譲渡（担保の目的でする譲渡を除く。）、債務の免除その他第三者に利益を与える処分に基因すると認められるとき

は、これらの処分により権利を取得し、又は義務を免かれた者は、これらの処分により受けた利益が現に存する限度（これらの者がその処分の時にその滞納者の親族その他の特殊関係者であるときは、これらの処分により受けた利益の限度）において、その滞納に係る国税の第二次納税義務を負う、としている。

　上記第三者に利益を与える処分に遺産分割が含まれうるかが問題となった。遺産分割については法定相続割合が定められているが必ずしもその割合どおりに遺産分割をしなければならないわけではない。滞納処分を免れるため、滞納者の相続割合を少なくし、他の相続人に法定相続割合を超える分を相続させた場合、この遺産分割が上記第三者に利益を与える処分といえるのだろうか。

2　事例の概要

　納税者の母を被相続人とする相続財産の相続に関し、被相続人の夫であり納税者の父であるＡ、被相続人の長男である納税者及び次男であるＢら３人の法定相続人の間で遺産分割協議を平成17年６月９日に行った。

　遺産分割協議の時点における被相続人の相続財産の合計は２億189万3,794円であった。またＡは、平成18年６月19日現在、納付期限を経過した11億6,778万3,497円の国税を滞納していた。そこでＡの法定相続分は２分の１であるが、滞納している租税債権の徴収を免れるため、自分の面倒を看てくれる自分の子ら、特に近くに居住する長男である納税者に多くを相続させるため、Ａは法定相続分をはるかに下回る財産を相続するにとどめ、大半を納税者に相続させることにした。

　遺産分割協議の結果、Ａは上記相続財産の１割以下である合計1,994万1,520円相当の財産を取得することになり、他方、納税者の

法定相続分は4分の1であるが、遺産分割協議の結果、納税者は、上記相続財産の6割以上である合計1億2,790万1,918円相当の財産を取得することとなった。相続人らは、平成18年3月22日、高崎税務署長に対し、相続税の申告書を提出した。

Aが滞納していた国税の内、最も新しい平成10年分申告所得税第1期分の法定納期限は同年8月31日であり、遺産分割協議は平成17年6月9日に行われたものであるから、遺産分割協議は国税債権の法定納期限の1年前の日以後にされたものとなる。そこで課税庁は、Aに対する国税債権の徴収不足が遺産分割協議に基因しており、納税者が遺産分割協議によりAの相続分を減少させて自己の法定相続分である4分の1をはるかに超える相続財産を取得しているといえ、遺産分割協議は国税徴収法39条にいう第三者に利益を与える処分に当たり、納税者はこれにより利益を受けたとした。

そのため課税庁は、徴収法39条の規定に基づき、納税者が法定相続分を超えて取得した相続財産の価額7,742万8,470円から、国税徴収法基本通達39条関係11及び15に従って、納税者がその財産の対価として支払った債務、葬儀費用、相続税及び登録免許税の合計額994万3,947円を控除した残額6,748万4,523円が納税者の受けた利益の限度額であると認定し、同18年6月19日、納税者に対して第二次納税義務の告知処分をした。

そこで納税者が、遺産分割協議は国税徴収法39条の規定する財産の譲渡、処分等には当たらないなどと主張して、告知処分の取消しを求めた事案である。

3 判決の要旨

遺産分割協議は、相続の開始によって共同相続人の共有となった相続財産について、その全部又は一部を、各相続人の単独所有と

し、又は新たな共有関係に移行させることによって、相続財産の帰属を確定させるものであるから、国税の滞納者を含む共同相続人の間で成立した遺産分割協議が、滞納者である相続人にその相続分に満たない財産を取得させ、他の相続人にその相続分を超える財産を取得させるものであるときは、国税徴収法39条にいう第三者に利益を与える処分に当たり得るものと解するのが相当である。なお、所論は、同条所定の第二次納税義務が成立するためには滞納者にいわゆる詐害の意思のあることを要するともいうが、前記事実関係によれば、Aに詐害の意思のあったことは明らかである上、そもそも同条の規定によれば、滞納者に詐害の意思のあることは同条所定の第二次納税義務の成立要件ではないというべきである。そして、前記事実関係の下で、本件遺産分割協議が第三者に利益を与える処分に当たるものとし、上告人について第二次納税義務の成立を認めた原審の判断は、正当として是認することができる。論旨は採用することができない。

4 事例の検討

　国税徴収法39条は「滞納者がその財産につき行った政令で定める無償又は著しく低い額の対価による譲渡（担保の目的でする譲渡を除く。）、債務の免除その他第三者に利益を与える処分に基因すると認められるときは、これらの処分により権利を取得し、又は義務を免かれた者は、これらの処分により受けた利益が現に存する限度（これらの者がその処分の時にその滞納者の親族その他の特殊関係者であるときは、これらの処分により受けた利益の限度）において、その滞納に係る国税の第二次納税義務を負う」としており、滞納者が低額譲渡や債務免除、その他第三者に利益を与える処分を行った場合にはその利益を受けた者が受けた利益を限度として第二

次納税義務を負うこととなる。

　本事案では、遺産分割協議が徴収法39条における「第三者に利益を与える処分」に該当し得るかどうか、という点と、滞納者の「詐害の意思」が国税徴収法39条における第二次納税義務の成立要件となるか、という点の2点が争われた。

　「詐害の意思」はそもそも文言上、国税徴収法39条においては要件とされておらず、これを第二次納税義務の成立要件ではないと判断したことは相当といえる。これまでにも同趣旨の判決はあったがこれを初めて最高裁が明らかにしたという点で、本判決の意義は大きいといえるだろう。

　また、遺産分割協議は相続財産の帰属を限定させるもので、財産権を目的とする法律行為の性質をもつとされてきた。そのため、国税徴収法39条の適用対象となるとした最高裁の判断は相当といえる。

　ただ、遺産分割は個別事情に左右されるものであり、具体的な相続分と法定相続分は必ずしも一致するものではない。法定相続分をこえる部分が直ちにすべて第三者に与えた利益であるとしたわけではないが、今後遺産分割協議おける国税徴収法39条の摘要は個別事情を充分に考慮した上で判定されるべきである。

　本事案についていえば、Aは約11億円もの税額を滞納しており、課税庁もAの動向は注視していたと想像できる。Aの妻は約2億円の財産を残しており、少なくとも法定相続どおりであれば、Aは約1億円の遺産を相続し、納税に当てることができたはずである。しかし、Aはそうすることはなく、相続財産の約6割を納税者に相続させた。Aは、滞納税額を自己の相続時に相続人らに相続放棄をさせることで解消することを目論んでいたかは不明であるが、Aの納税意識に疑問があることはいうまでもない。

　本判決によって遺産分割協議は「第三者に利益を与える処分」に

含まれ得る、とされた。今後の遺産分割協議においては他の共同相続人の滞納の有無にも注意する必要があるといえるだろう。

【高木良昌】

実務へのフィードバック

「争族」という言葉が、一般的に使用されるようになって久しい。今回の相続税法改正により、「争族」は、遺産分割から納税負担まで領域が広がる。「争族」対策として、遺言の有効性を説く識者は多いが、納税資金の具体的な調達まで考慮した納税資金対策までも講じた遺言は少ない。

納税の段階で、とりあえず妥結した交渉が分裂する場合には、遺言執行者ではなく税額計算に従事した税法の専門家に対応が求められる現実がある。

Ⅴ 国税通則法、その他の国税関係

5 税務調査における国税職員の威圧・誘導
―川崎汽船事件―

国税不服審判所 平成23年12月14日（TAINS F0-2-476）

本事例の着目点

1. 課税処分の取消理由とまではいえないが、税務調査において課税庁の威圧、誘導が存在したと審判所が認めた事例である。
2. 税務調査の手続規定が徐々に整備されている。税務調査に立ち会う税理士については、その規定に則り、仮に威圧、誘導があったとしても毅然とした態度で臨むべきことを示した事例である。

1 問題の所在

　裁決事例ではあるが、「川崎汽船事件」として広く報道された事案である。実体法上の問題と共に、課税庁が行った調査手続が不当か否かも争点の一つとして争われた。

　納税者は、調査手続が不当か否かという点について、課税庁の威圧的な態度や無理強いにより、その意に反した文書を作成させられた本件の調査手続は不当なものであると主張した。これに対し課税

庁は適法なものであったと主張していた。

審判所の判断は、課税処分の取消理由とまではいえないとしたものの、課税庁の威圧を認めたものであった。課税処分の取消理由とはされなかったが、実際に威圧があり、それに基づいて作成された資料により課税処分が行われたという事実は重い。

2 事例の概要

海上運送事業等を営む内国法人である納税者は、その外国子会社と造船会社との間で造船契約を締結した。納税者は、その造船契約の締結後に造船会社から機材価格や鋼材価格の急騰等を背景に船体価額の値上げの提案、要請をされた。そこで、納税者は事業戦略等の見地から総合的に判断し当該要請及び提案を受け入れ、船体価額の値上げを受け入れた。

しかしその後、課税庁による税務調査が行われた際に、課税庁の調査担当者は威圧的な態度をとり、上記の船体価額の値上げ等は通常の取引ではないという確認書を作成、その確認書を納税者の調査担当者にそのまま書き写すよう誘導し、署名、押印させた。また、同様に一部事実と異なる内容の回答を納税者から引き出した。

そして、その確認書等を主な根拠とし、納税者及びその外国子会社と造船会社との間の船舶建造契約に係る諸費用について、納税者が傭船料として未払金に計上した負担額は、債務が確定していないこと、外国子会社と造船会社との間の船舶建造契約に係る船体価額を値上げするとした合意は仮装取引であり減価償却費が過大であること等を理由に課税庁が更正処分等を行った。

これに対し、納税者は、船体価額値上げの合意は仮装取引ではないと主張、さらに、課税庁の調査担当者は、納税者の調査応対者に対する事情聴取の際に、その意に沿わない回答をすると突然大声で

怒鳴り続け、この会社は法人の体をなしていないなど意味不明な発言をし、その大きな声のために、請求人は隣室で行っていた会議を途中で中断せざるを得ず、会議室を変更するなど業務に支障を来たすような調査を行ったなど、調査担当者は威圧的な態度や無理強いにより、その意に反した文書を作成させており、本件の調査手続は、不当なものである、と主張してその全部の取消しを求めたという事案である。

3 裁決の要旨

❶　課税処分は、それが全く調査に基づかずにされたか、又は調査に重大な瑕疵があるため、全く調査に基づかずにされたのと同視し得べき場合に限って、当該課税処分自体が違法になるものと解されるところ、納税者は、調査担当者がその意に合わない回答をされると隣室で行っていた会議に支障を来たすほどの大声で怒鳴るなど、威圧的な態度で調査に臨み、また、事情聴取者に対し、証拠として使用しないなどと説明して、応答内容と記載内容が相違していないかを十分に確認させないまま、自ら作成した文案に沿った確認書を作成させ、これに署名押印させるなど、強引かつ誘導的な調査を行ったものであるから、本件の調査手続は不当なものであり、したがって、本件更正処分等の全部を取り消すべきである旨主張する。

❷　関係者の陳述書によれば、本件更正処分等に係る税務調査の過程において、請求人の社屋に臨場した調査担当者が、応対した納税者の従業員らに対して、怒りをあらわにしたり、隣室で開催中の会議に支障を来たすほどの怒声を発したりした様子がうかがわれるのみならず、納税者の担当従業員に調査担当者の認識に添った内容の確認書を作成させたり、一部客観的事実に反する内容の

回答を引き出したりした様子がうかがわれるのであって、当該税務調査において、調査担当者の認識に沿う方向に進めようとして、いささか強引で、威圧的・誘導的な手法に訴える場面があった様子がうかがえるところである。

❸ 本件の臨場調査は、主に納税者の会議室で行われており、密室状態で行われたものではなく、また、請求人においては、原則として経理グループに所属する従業員が複数名で調査に立ち会っていたと認められるのであって、当該税務調査が税務職員の権限を背景とした威圧的な雰囲気の下で行われたとしても、請求人において組織的に対応できる機会は十分に存したものということができる。

❹ 本件更正処分等に係る税務調査手続をもって、直ちに違法又は不当なものとまではいうことができないから、当該税務調査手続の違法又は不当を理由に、本件更正処分等を違法又は不当として取り消すことはできない。

❺ 納税者の経理グループから税理士及び弁護士に宛てた文書、納税者の経営陣に宛てた文書、商談に関する社内文書、納税者の従業員の陳述書、原処分調査時に納税者の従業員及び課税庁の調査担当者が作成した文書、価格交渉に関する納税者の常務取締役の発言内容を記載したメール等の証拠から契約船価値上げの合意は、納税者と造船会社の通常の取引交渉によって形成された当事者の真意に基づく合意であると認められるから、当該合意に基づく契約船価値上げに係る金額は売上原価に該当し、契約船価値上げを仮装したことが事実の隠ぺい、仮装に該当する旨の課税庁の主張はその前提を欠くべきものというべきである。よってそれに係る法人税の更正処分及び重加算税の賦課決定処分を取り消す。

4 事例の検討

本事案では、大阪国税局が大手海運会社に約16億円の所得隠しを指摘した税務調査で、国税職員の「威圧や誘導」があったとして、納税者の主張が認められ課税処分が取り消された。

報道では課税庁の威圧、誘導が大きく取り上げられたが（例：読売新聞平成24年9月8日）、課税処分取消しの根拠は、威圧、誘導があったためではなく、事実認定により造船契約の見直しが、仮装行為ではなく当事者間の通常の取引交渉によって形成された当事者の真意に基づく合意である、と認められたためである。

課税庁による具体的に威圧、誘導があったと認めた事実は非常に重い。国税庁に置かれた行政機関である審判所の判断についての客観性は、従前から多くの議論があったが、本事案では、審判所がここまで明確に、「威圧や誘導」を認定したことは評価すべきである。しかしながら、課税処分が取り消されたことで、国税職員の言動に対する裁判所の判断が回避されたことも明らかである。本事案の場合は、威圧、誘導によって作成させた確認書や納税者の従業員に一部事実に反する回答をさせたことが課税処分の根拠の一部となったという重大さを改めて確認したい。

本事案をみるに、かつての北村事件（京都地判平成7年3月27日）を彷彿される、威圧的な調査がいまだに行われていたということは驚くべきことである。本事案の納税者は、我が国を代表する大手海運会社であり、調査に対する対応体制も整っていたものと想像できる。そのため不服申立て等を経て、この問題は表面化したが、表面化していない多くの同様な事案が存在することは想像に難くない。

税務調査の手続を整備した改正国税通則法が、平成25年1月から

施行されている。税務調査に係る手続規定を整備し徹底していくことは重要であり今後も推進されるべきである。しかし、本事案のような税務調査の現実に接すると、道程は遠いと感じることを禁じ得ない。

【高木良昌】

実務へのフィードバック

　税務調査における調査官の対応について、個人差はいうまでもない。同時に地域差、いわば全国に配置された国税局ごとに異なると感じるのは、実感としては当然であるが、この状況は、異なる地域で開業する税理士同士の会話からも垣間みられる。国税通則法改正に伴う、税務調査の事前、事後の手続においても、当初は若干の変化がみられた。

　国税庁はホームページで、「税務職員を装った者からの不審な電話や、『振り込め詐欺』などにご注意ください」とアピールしているが、その背景には、国税職員に対する畏怖の念があることを忘れてはならない。

Ⅴ 国税通則法、その他の国税関係

6 過少申告におけるほ脱の故意の認定

－クレディ・スイス事件－

東京地判 平成25年3月 1日（TAINS Z999-9126）
東京高判 平成26年1月31日（TAINS Z999-9127・TKC 25503053）

本事例の着目点

1 多数の間接事実から納税者のほ脱の故意が推認できるか否かが争点であり、所得秘匿工作を全く行っておらず、いったん税務当局が調査に入れば多額の脱税の事実が直ちに判明する状況にあったことは、ほ脱の故意を推認するに当たり消極方向に働く事情であるとした事例である。

2 申告漏れが始まる以前の納税者の申告に関する態度を考慮すると、一方では過年度申告を税理士に依頼し、他方であえて一部分だけを申告から除いて所得税のほ脱を意図したとは考えにくいとした事例である。

1 問題の所在

　脱税とは、偽りのその他不正の行為を用いて所得の全部又は一部を秘匿する行為である。脱税が横行すると、適切に申告を行った納税者の信頼が揺らぎ、結果として、申告納税制度の崩壊が危惧される。脱税に対しては刑事罰が科される。偽りその他不正の行為を用

いるという要件からは、納税者のほ脱の意図が必要である。

　本事案では、株式報酬等を申告しなかった納税者には、過少申告におけるほ脱の意図があったか否かが争われている。とりわけ、確定申告業務を行っていた税理士が申告を懈怠していたことが分かった時点で、他の税理士に過年度申告を依頼したという過去の納税申告の状況、また、所得秘匿工作を全く行っておらず、いったん税務当局が調査に入れば多額の脱税の事実が直ちに判明する状況にあったことが明らかになっている。

2 事例の概要

　納税者は、昭和62年4月から平成13年までA社に勤務した後、同年5月から同19年8月までB社に勤務し、同年9月から同20年7月末までC社に勤務した。

　納税者は、A社に勤務していた平成3、4年頃から自ら確定申告を行っていたが、同7年頃からD税理士に確定申告事務を依頼するようになり、平成17年分に至るまで、各申告前に確定申告のための資料を送付していた。ところが、D税理士は、平成12年分以降の申告を怠り、納税者は同年以降不申告であった。平成18年春頃、D税理士から不申告であったことを告げられた納税者は、同年後半頃、E税理士に懈怠分の過年度申告を依頼した。E税理士は、同14年分から17年分まで期限後申告をしたが、納税者が、平成17年に受領したファントム・シェア方式による第1次株式報酬の存在を税理士に説明せず、報酬申告に必要な資料も提出しなかったため、同年分については株式報酬が申告漏れになった。

　納税者は、平成18年分の申告について、国税庁のウェブサイトを利用し、同年分の源泉徴収票のみに基づいて確定申告書を自ら作成して、平成19年3月19日に期限後申告を行った。確定申告書には、

源泉徴収票記載の支払金額（収入金額）と同じ約1億1,948万円が給与収入として記載されており、約5,155万円相当の第2次株式報酬の他、株式等の譲渡所得、利子収入、不動産収入は申告されなかった。

納税者は、平成19年分の申告をE税理士に依頼し、給与所得、退職所得の源泉徴収票等の書類を送付したが、株式報酬に関する書類は送付しなかった。税理士は、平成20年3月10日確定申告書を提出したが、その内容は収入金額を給与収入約1億5,897万円及び雑収入約61万円とするもので、約2億8,510万円相当の第3次ないし第5次株式報酬の他、株式等の譲渡所得、利子収入、配当収入、不動産収入は申告されなかった。

第1審では、過少申告の認識がなかったとする納税者の供述を排斥することができず、納税者にほ脱の故意を認めるには合理的な疑いを容れる余地があるとして、納税者に対して無罪を言い渡した。

3 判決の要旨

❶ 本事案ではそれぞれの間接事実が持つ意味やその推認力の評価が争われているところ、検察官の所論は主として平成18年及び同19年の出来事に依拠して詳細な検討をしているが、立証の対象がほ脱の故意の存在である以上、本事案に至るまでの事情や納税者の納税に関する姿勢等も相応の意味を持ち得るのであるから、同17年あるいはそれ以前の事実等も視野に入れて検討を行うべきことは当然である。

❷ 所論は、本事案は、納税者が申告した給与収入の約半分（平成18年分）あるいはその2倍（同19年分）に相当する、約5,000万円あるいは数億円といった、高額あるいは巨額といえる株式報酬の不申告事案であるところ、検察官が原審において主張・立証し

た一連の事実関係を論理則・経験則に照らして適切に総合評価すれば、納税者がほ脱の故意を有していなかった可能性はおよそあり得ないと主張する。

❸ 所得秘匿工作の有無は、虚偽過少申告それ自体が所得税法238条1項にいう不正の行為と解される以上、不正行為の存否の判断とは切り離して考えるべき問題ではあるが、本事案では多数の間接事実から納税者にほ脱の故意が推認できるか否かが争点なのであり、所得秘匿工作を全く行っておらず、いったん税務当局が調査に入れば多額の脱税の事実が直ちに判明する状況にあったことは、ほ脱の故意を推認するに当たり消極方向に働く事情である。

❹ 納税者は納税に関する意識・認識がやや薄いといわざるを得ないが、他方、不申告であったことを知るや、改めて別の税理士に依頼してそれまでの懈怠部分について過年度申告を行うなど税務申告を放置ないし無視するような態度は見られない。

❺ 納税者の株式報酬受領は平成17年分に属する第1次株式報酬から始まり、その申告漏れも同様に同17年分から始まっているのであるが、それ以前の納税者の申告に関する態度からして同年分について過年度申告を税理士に依頼しながら敢えて株式報酬部分だけを申告から除いて所得税のほ脱を意図したとは考えにくい。

❻ 原判決の認定に論理則、経験則等に照らして不合理な点はなく、事実誤認があるとはいえない。

4 事例の検討

本事案では、納税者は、株式報酬、株式の売却等による譲渡収入、預金金利、MMF等の配当収入、所有不動産の賃料収入を意図的に申告しなかったのか否か、すなわち、過少申告におけるほ脱の意図の有無が問題となっている。とりわけ、納税者が、株式報酬に

関して源泉徴収が行われていなかったことを認識していたか否かが争われている。

検察官側は、納税者は株式報酬が源泉徴収されていないこと、申告額が実際の所得よりも過少になっていることを認識していながら、源泉徴収票に基づいて確定申告を行っており、ほ脱の故意があると主張している。これに対して、納税者は、賞与の現物支給であると考えていた株式報酬については、他の給与と同様に会社において源泉徴収されていると漠然と思い込んでいたことから、源泉徴収票に記載された金額が実際の収入金額より過少であることに気付かずに確定申告を行ったにすぎず、ほ脱の故意がないと主張している。

担税力に応じた課税が実現されるためには、租税法の適正な解釈・適用に基づく申告が行われなければならない。納税者が、課税の公平を害する過少申告を故意に行った場合にはペナルティが設けられている。

裁判所は、ほ脱の故意の有無を立証する場合には、過少申告に至るまでの事情や納税者の納税に関する姿勢等も踏まえて検討すべきであるとした上で、納税者が、株式報酬も源泉徴収されていたと思い込んでおり、申告時にその年に受領した給与収入額と自己の申告額との差額を具体的に認識していたと断定できないことから、ほ脱の故意があったと認定できないと判示し、納税者に対して無罪の判断を下した。

本事案では、納税者が自発的に平成17年分の期限後申告を行ったにもかかわらず、株式報酬が申告漏れになっていた。また、給与所得の脱税は、会社側が税務当局にその内容を明らかにすれば容易に発覚するものであるから、ほ脱の故意を推認するに当たり消極的方向に働く事情があった。これらの点が、裁判所の判断に影響を与えた。

事実関係からは、納税者の納税の意識の低さは確認できるが、意図的に過少申告を行ったと認定することはできない。裁判所の判断は妥当であると評価できる。

裁判所の判断からは、間接事実の積上げによって納税者のほ脱の意図を認定するには、検察官は、間接事実とほ脱の意図との関連性を詳細に立証しなければならず、高いハードルが設けられている。

【谷口智紀】

実務へのフィードバック

裁判所は、税理士に依頼しながら敢えて株式報酬部分だけを申告から除いて所得税のほ脱を意図したとは考えにくい、と判示する。税理士の職責を十分、理解した結論といえる。

Ⅴ 国税通則法、その他の国税関係

7 国税職員による誤指導
－事前確定届出給与に対する行政指導－

東京地判 平成26年7月18日（TAINS Z888-1849・TKC 25520387）

本事例の着目点

1. 事前確定届出給与については、役員給与の支給における恣意性が排除されていることから、その額を損金の額に算入することにより課税の公平が害されるとはいえないとした事例である。
2. 調査の過程における調査担当職員らの発言等は、税務官庁の一担当者としての見解ないし処理方針を示したものにすぎず、税務署長その他の責任ある立場にある者の正式の見解の表示ではないとした事例である。

1 問題の所在

　法人税法上、法人が使用人に対して支払う給与は原則として、損金に算入される。これに対して、役員給与は、平成18年度改正以降は、損金算入の基準を設けて、定期同額給与、事前確定届出給与、利益連動給与の3種類については、損金に算入される（法法34①）。同規定の目的は、役員給与の支払における恣意性を排除し、課税の

公平を実現することにある。

本事案では、調査担当職員が既に修正申告の慫慂を行った後に、役員給与の届出額と支給額とが相違していることに気づいている。この時点で、法人税法34条1項2号（事前確定届出給与）の要件を充足せず、役員給与の損金算入を認めないとの判断をすればよかったにもかかわらず、調査担当職員がいったんは、今回は行政指導にとどめると発言し、その後に、事前確定届出給与の要件を充足しない以上は、役員給与の全額が損金の額に算入できないとして修正申告の慫慂を行っている。

本事案で問題となっているのは、事前確定届出給与の要件を充足しない役員給与の支払が損金に算入できるか否かをめぐって、調査担当職員の発言等が、いかに評価され、課税関係にいかなる影響を与えるかという点である。

2 事例の概要

建物の管理及び保守請負業務等を行う株式会社である納税者は、取締役会の決議を受けて、法人税法34条1項2号に基づいて、税務署長に対して、「事前確定届出給与に関する届出書」を届け出ていた。納税者の法人税の申告について、調査担当職員による税務調査が行われたが、納税者の事業年度の所得の金額の計算上、損金の額に算入されない交際費等の額に誤りがあったとの指摘があった。調査担当者が法人税の修正申告の慫慂を行ったところ、納税者は、それに応じて修正申告を行った。

修正申告後、調査担当職員らは、平成20年12月10日に役員らに支給された給与に係る届出額と支給額とが相違していることに気付いた。その事実関係を確認するために納税者に電話したところ、これを認める旨の回答を得たことから、調査担当職員らは、納税者の役

員らに対し、平成20年12月10日支給日の役員給与の支給額が届出額と異なる以上、所得の金額の計算上、役員給与の全額が損金の額に算入できないが、今回は、この点に係る更正処分をせずに行政指導にとどめるとの発言があった。そこで、調査担当職員の求めに従って、納税者は、支給額を届出額と同額に修正し、書類を提出した。

その後、調査担当職員らは、税務署として改めて検討した結果、支給額が届出額と異なる以上、所得の金額の計算上、役員給与の全額が損金の額に算入できないことは法人税法上明らかであるから、行政指導にとどめることはできないと説明した上で、法人税の修正申告の慫慂を行った。しかしながら、納税者の役員らは、調査担当職員らに対して、既に調査担当職員らから行政指導にとどめる旨の発言がなされており、調査担当職員らの求めに応じて修正した書類を提出しており、修正申告する意思はないと回答した。

税務署長は、納税者が修正申告を行わなかったことから、平成20年12月10日支給日の役員給与の支給額が届出額と異なる以上、所得の金額の計算上、役員給与の全額が損金の額に算入できないとして、更正処分等を行った。これに対して、納税者が、税務署の調査担当職員らが行政指導にとどめると発言したにもかかわらず、それに反して行われた更正処分等は、信義則ないし禁反言の法理に反して違法であるなどと主張して、処分の取消し等を求めたのが本事案の概要である。

3 判決の要旨

❶ 法人と役員との関係に鑑みると、役員給与の額を無制限に損金の額に算入することとすれば、その支給額をほしいままに決定し、法人の所得の金額を殊更に少なくすることにより、法人税の課税を回避するなどの弊害が生ずるおそれがあり、課税の公平を

害することとなる。

❷　事前確定届出給与が、支給時期及び支給額が株主総会等により事前に確定的に定められ、その事前の定めに基づいて支給する給与であり、政令で定めるところにより納税地の所轄税務署長に事前の定めの内容に関する届出がされたものであることからすれば、その支給については役員給与の支給の恣意性が排除されており、その額を損金の額に算入することにしても、課税の公平を害することはない。

❸　実際に支給された役員給与が事前確定届出給与の要件を満たすためには、当該役員給与の支給が所轄税務署長に対する届出に係る事前の定めのとおりにされたものであることを要する。

❹　役員給与のうち12月10日に支給されたものの額はいずれも各届出額のうち支給時期を同日とするものとは異なっていたのであるから、役員給与の支給は全体として定めに基づくものではなかった。役員給与に関しては、その全額について、法人税法34条1項2号の規定の適用があるとはいえず、納税者の事業年度の所得の金額の計算上、損金の額に算入されない。

❺　役員給与については、法人税法の規定に従えば、その支給額の全額が、納税者の事業年度の所得の金額の計算上、損金の額に算入されないものというべきなのであるから、税務署長が、納税者との間で、この点を不問に付すような和解ないし合意をしたとしても、そのことによって左右されるものではない。

❻　調査担当職員らがした発言及びそれに続く差替えの要請は、調査担当職員らが、調査の過程において、相違について、税務官庁の一担当者としての見解ないし処理方針を示したものにすぎないというべきであって、税務署長その他の責任ある立場にある者の正式の見解の表示であると認めるに足りる証拠ないし事情は見当たらない。

4 事例の検討

　本事案の争点は、更正処分等の適法性と、国家賠償請求の成否が争われている。とりわけ、本事案では、納税者の交際費等の額について既に修正申告の慫慂が行われた後に、調査担当職員が役員給与の届出額と支給額とが相違していることに気づいている。本来は、法人税法34条1項2号（事前確定届出給与）の要件を充足しないことから損金算入できないにもかかわらず、調査担当者がいったんは、今回は行政指導にとどめると発言していたにもかかわらず、その後に、事前確定届出給与の要件を充足しない以上は、役員給与の全額が損金の額に算入できないとして修正申告の慫慂を行った点に特徴がある。

　裁判所は、役員給与が企業会計上は費用として処理されるものであるが、法人税法34条1項が損金の額に算入される場合を限定していることを確認した上で、同規定による取扱いの合理性を確認した。

　本事案では、支給額と届出額が異なっていたのであるから、役員給与の全額について、事前確定届出給与の規定を適用することができず、損金の額に算入できないとの判断を下した。また、裁判所は、税務署長が、納税者との間で、申告の不備を不問に付すような和解ないし合意をしたとしても、法律の適用には影響を与えず、法律に従って課税がなされるとした。調査担当職員らの発言等は、税務官庁の一担当者としての見解ないし処理方針を示したものにすぎないことから、税務署長その他の責任ある立場にある者の正式の見解、公的見解の表示ではないと判断した。国家賠償請求も否定され、納税者の主張はいずれも排斥された。

　租税は法律に基づき賦課、徴収される。租税法律主義の内容の一

つである合法性の原則からは、租税行政庁は租税法の規定に従って税額を徴収する義務があり、税額を減免する自由は認められないとされている。租税法は強行法であるところから、租税法の規定に従った税額が徴収されることは当然であり、事前確定届出給与の規定を充足しない役員給与は損金の額に算入できないとした裁判所の判断は妥当である。

一方で、本事案の経緯を確認すると、調査担当職員には問題がある。そもそも調査担当職員の裁量で納税額が決定するのではなく、租税法に基づいて課税関係が構築され、税額が決定される。各納税者が平等に取り扱われなければならないのであるから、調査担当者の裁量は認められない。

裁判所は更正処分等が適法である以上、国家賠償法にいう違法はないと判断しているが、少なくとも調査担当者の租税法順守に対する意識の低さは指摘せざるを得ない。納税者はもちろんのこと、税務署職員も、租税法律関係が法律に基づいて構築されていることを改めて確認すべきである。

【谷口智紀】

実務へのフィードバック

納税指導における税務職員の発言に対して、納税者の主張は、従来から本事案のように、いわゆる公的見解論により排斥されてきている。その結果、納税者の税務職員に対する信頼度が低下し続けている現実に裁判所はいつ気付くであろうか。

Ⅴ 国税通則法、その他の国税関係

8 登録免許税の課税標準

－登記等の区分－

国税不服審判所 平成24年5月9日裁決（TAINS J87-5-19・TKC 26012579）

本事例の着目点

❶薬剤師登録の登録免許税について、氏名と本籍地を変更した場合、2件の登録事項変更があったとするのではなく、薬剤師に係る登録事項の変更の登録1件、とするとした事例である。
❷資格登録に係る登録免許税は同様の考え方となるはずであり、その他の資格についても取扱いを確認すべきことを示唆した事例である。

1 問題の所在

　登録免許税は登記や登録の際に課される国税である。資格の登録には申請件数ごとに定額が定められている。争いが起こりようもない税と思われるが、登録件数の考え方の取扱いが問題となった。
　登録免許税法18条からすれば、同時に、同一の区分に属する数個の登記等について申請を行う場合の登録免許税額は、登記等の個数に関わらず、「登録件数」を1件として計算した金額となる。

そして、登録免許税法別表第一の三十二の（九）のロは、「イ(1)から(3)までに掲げる者に係る登録事項の変更の登録」と規定しているから、「登録事項の変更の登録」の件数が「登録件数」になるというべきである。納税者は、同時に「氏名の変更」と「本籍地都道府県名の変更」を申請したところ、「氏名の変更」と「本籍地都道府県名の変更」は、いずれも登録免許税法別表第一の三十二の（九）のロという同一の区分に属する登録であるから、「登録事項の変更の登録」が一つの区分である以上、課税標準たる登録件数はこれを1件と解することになる。

登録免許税が争われること自体が希有であるが、無闇に先例に倣うのではなく条文に立ち返る必要性を改めて示した。

2 事例の概要

納税者は、平成9年に薬剤師法により薬剤師として免許を受け、薬剤師名簿に登録された。その後納税者は、平成22年に婚姻して夫の氏を称することとなり、また、本籍地都道府県も変更となったことから、平成22年6月11日、薬剤師名簿の訂正を申請するため、変更前後の氏名及び本籍地都道府県名を記載した厚生労働省（原処分庁）あての薬剤師名簿訂正申請書1通を保健所の窓口に提出した。

なお、納税者は、上記の薬剤師名簿訂正申請書に、収入印紙2,000円分を貼付することにより、登録免許税を納付した。

その後、納税者は、平成22年11月6日に原処分庁に対し、この場合の課税標準たる登録件数は1件で、上記の変更登録により納付すべき登録免許税の額は、登録免許税法第9条《課税標準及び税率》の規定により1,000円であるところ、誤って2,000円を納付したため、差額1,000円（以下「本件差額」という。）を過大に納付したとして、同法第31条第2項の規定に基づき、同条第1項の規定による所

轄税務署長への通知をすべき旨の過誤納金還付通知請求書を本事案の原処分庁である厚生労働省へ提出した。

原処分庁は、これに対し、平成23年5月17日付で、課税標準たる登録件数は2件であり、登録免許税の過誤納付の事実は認められないとして、所轄税務署長への通知を行わない旨の通知処分をした。そこで納税者が、本件通知処分に不服があるとして、平成23年5月22日に審査請求をした。

3 裁決の要旨

❶ 登録免許税法第9条は、登録免許税の課税標準及び税率は、同法に別段の定めがある場合を除くほか、登記等の区分に応じ、同法別表第一の課税標準欄に掲げる金額又は数量及び同表の税率欄に掲げる割合又は金額による旨規定している。そして、登録免許税法18条は、同法9条の別段の定めとして、同一の登記等の申請書により、同法別表一に掲げる登記等の区分を異にする2以上の登記等を受ける場合の登録免許税の額については、各登記等につき同表に掲げる税率を適用して計算した金額の合計金額とする旨規定している。

❷ ここにいう「登記等の区分」とは、登録免許税法別表一において定められている各区分をいうところ、各規定に照らすと、「登記等の区分」が同じであれば、その区分の中に数個の登記事項又は登録事項があったとしても、一つの「登記等の区分」内での登記等に該当するのであるから、同法18条は、同一の申請書で異なる「登記等の区分」に属する2以上の登記等を受ける場合の税額は、その異なるそれぞれの「登記等の区分」ごとに登録免許税の額を計算し、その合計額となる旨規定したものと解すべきであり、同一の申請書により同表に掲げる同一の「登記等の区分」内

の登記等を受ける場合の登録免許税の額は、当該登記事項又は登録事項の数に関わらず、その一つの「登記等の区分」の税率を適用して計算した金額になるものと解するのが相当である。

❸ これを本件についてみると、登録免許税法別表一の三十二の（九）のロは、「同イ⑴から⑶までに掲げる者に係る登録事項の変更の登録」に係る課税標準及び税率を規定しているところ、その「登記等の区分」は、「医師に係る登録事項の変更の登録」、「歯科医師に係る登録事項の変更の登録」、「薬剤師に係る登録事項の変更の登録」及び「保健師に係る登録事項の変更の登録」等が、それぞれ一つの「登記等の区分」となる。

❹ 本件の場合、1通の薬剤師名簿訂正申請書により、登録免許税法別表一の三十二の（九）のロのうち「薬剤師に係る登録事項の変更の登録」という一つの「登記等の区分」内において、氏名及び本籍地都道府県名という登録事項の変更の登録を受けるものであるから、当該区分に応ずる登録件数は1件であり、したがって登録免許税の額は1,000円であると認められる。

❺ 原処分庁は、「登録事項の変更」の件数が登録件数になる旨主張するが、上記のとおり「登記等の区分」は「登録事項の変更の登録」であると解すべきであり、「登録事項の変更の登録」の件数が登録件数となるから、原処分庁の主張は採用できない。本件差額は、請求人が過大に納付した登録免許税の額であると認められ、本件通知処分は不適法なものであるから、その全部が取り消されるべきである。

4 事例の検討

本事案は、婚姻による名字の変更と本籍地の変更に係る資格の名簿訂正申請につき納付すべき登録免許税が争われた。原処分庁であ

る厚生労働省は、訂正箇所が氏名と本籍地の2か所であるから登録免許税は2,000円となると主張した。これに対し納税者は、氏名及び本籍地都道府県名という登録事項の変更の登記を受けるものであるから登録件数は1件であり、登録免許税は1,000円であると主張した。

　審判所は納税者の主張を採用し、1通の薬剤師名簿訂正申請書により、「薬剤師に係る登録事項の変更の登録」という一つの「登記等の区分」内において、氏名及び本籍地都道府県名という登録事項の変更の登録を受けるものであるから、当該区分に応ずる登録件数は1件であり、したがって登録免許税の額は1,000円であるとした。画期的な判断と評価できる。

【高木良昌】

実務へのフィードバック

　厚生労働省は、従前、本事案と同様の事案には同様の指導を行ってきた。そこで本裁決を受け、取扱いを見直すこととなった。また、過去に1通の申請書で複数の登録事項を訂正申請し、2,000円以上の登録免許税を納付した人に対し、過誤納金を還付するとしている。

　厚生労働省は見直し後の登録免許税の取扱いや還付請求についてホームページに通知や案内用のリーフレットを掲載している。また、各都道府県や関係団体に対し、ホームページへの掲載や窓口でのリーフレット配布による周知を依頼している。登録免許税の還付を受けようとするには、登録免許税法31条2項により、登記機関に税務署へ還付の通知をするよう請求しなければならない。医療関係資格においても還付請求書の提出窓口は異なっているようである。また、還付には訂正の登録が完了した日から5年を経過する日まで

に還付請求書を提出する必要があり、注意が必要である。

　実は、理容師及び美容師は同じ厚生労働省管轄の資格であるが同様の申請の際には登録件数は１件と扱っていた。またその他の省庁管轄である獣医師や不動産鑑定士等についても同様である。本事案に関する問題は納税者が審査請求まで行ったことによって表面化したが、おそらく本事案がなければ見直しがされることはなかっただろう。他の資格についてはこういった問題はないと考えたいが、改めて確認をした方がよいかもしれない。

Ⅵ 地方税関係

1 固定資産税の賦課
－賦課期日に未登記であった新築家屋－

さいたま地判 平成24年1月25日（TAINS Z999-8333・TKC 25445478）
東　京　高　判 平成24年9月20日（TAINS Z999-8334・TKC 25445442）
最　　　　判 平成26年9月25日（TAINS Z999-8335・TKC 25446635）

本事例の着目点

■固定資産税は固定資産の所有者に賦課され、家屋の所有者については、登記簿又は家屋補充課税台帳に所有者として登記又は登録されている者を指すが、登記を遅らせることで課税逃れを行おうとしたことに対して、家屋の現況から未登記の所有者に課税された事例である。

1 問題の所在

　固定資産税は、原則として1月1日（賦課期日）現在における固定資産の所有者として、土地又は家屋については、登記簿又は土地補充課税台帳若しくは家屋補充課税台帳に所有者として登記又は登録に登録された者に課税される。これを台帳課税主義といっている。したがって通常の理解としては、不動産登記を経ることで、課税台帳に登載され、所有者として課税対象となると考えられている。

　ところが、本事案は、不動産登記簿未登記の新築建物に固定資

税が賦課された興味深い事例である。

2 事例の概要

　納税者は平成21年12月7日に家屋を新築し、その所有権を取得した。平成22年1月1日の時点では、その家屋に登記はされておらず、家屋補充課税台帳における登録もされていなかった。その後、平成22年10月8日にその家屋につき、所有者を納税者として、登記原因を「平成21年12月7日新築」とする表題登記がされた。

　課税庁は、平成22年12月1日、その家屋につき、平成22年度の家屋課税台帳に、所有者を納税者、建築年月を平成21年12月、新増築区分を新築とするなどの所要の事項の登録をした。その上で同日、納税者に対しその家屋に係る平成22年度の固定資産税等の賦課決定処分をした。

　これを受けて納税者が、平成22年度の賦課期日である平成22年1月1日の時点において登記簿又は家屋補充課税台帳に家屋の所有者として登記又は登録されていなかったことから、家屋に係る同年度の固定資産税等の納税義務者ではなく、上記賦課決定処分は違法であると主張して、課税庁を相手に、その取消しを求めた、という事案である。

3 判決の要旨

❶　固定資産税は、土地、家屋及び償却資産の資産価値に着目し、その所有という事実に担税力を認めて課する一種の財産税であるところ、法は、その納税義務者を固定資産の所有者とすることを基本としており、その要件の充足の有無を判定する基準時としての賦課期日を当該年度の初日の属する年の1月1日としているの

で、上記の固定資産の所有者は当該年度の賦課期日現在の所有者を指すこととなる。

❷　他方、土地、家屋及び償却資産という極めて大量に存在する課税物件について、市町村等がその真の所有者を逐一正確に把握することは事実上困難であるため、法は、課税上の技術的考慮から、土地又は家屋については、登記簿又は土地補充課税台帳若しくは家屋補充課税台帳に所有者として登記又は登録されている者を固定資産税の納税義務者として、その者に課税する方式を採用しており、真の所有者がこれと異なる場合における両者の間の関係は私法上の求償等に委ねられているものと解される。

❸　このように、法は、固定資産税の納税義務の帰属につき、固定資産の所有という概念を基礎とした上で、これを確定するための課税技術上の規律として、登記簿又は補充課税台帳に所有者として登記又は登録されている者が固定資産税の納税義務を負うものと定める一方で、その登記又は登録がされるべき時期につき特に定めを置いていないことからすれば、その登記又は登録は、賦課期日の時点において具備されていることを要するものではないと解される。

❹　賦課期日の時点において未登記かつ未登録の土地若しくは家屋又は未登録の償却資産に関して、法は、当該賦課期日に係る年度中に所有者が固定資産税の納税義務を負う不足税額の存在を前提とする定めを置いており、また、賦課期日の時点において未登記の土地又は家屋につき賦課期日後に補充課税台帳に登録して当該年度の固定資産税を賦課し、賦課期日の時点において未登録の償却資産につき賦課期日後に償却資産課税台帳に登録して当該年度の固定資産税を賦課することを制度の仕組みとして予定していると解されること等を踏まえると、土地又は家屋に係る固定資産税の納税義務の帰属を確定する登記又は登録がされるべき時期につ

いて上記のように解することは、関連する法の諸規定や諸制度との整合性の観点からも相当であるということができる。

❺　土地又は家屋につき、賦課期日の時点において登記簿又は補充課税台帳に登記又は登録がされていない場合において、賦課決定処分時までに賦課期日現在の所有者として登記又は登録されている者は、当該賦課期日に係る年度における固定資産税の納税義務を負うものと解するのが相当である。

❻　なお、土地又は家屋について、賦課期日の時点において登記簿又は補充課税台帳に登記又は登録がされている場合には、これにより所有者として登記又は登録された者は、賦課期日の時点における真の所有者でなくても、また、賦課期日後賦課決定処分時までにその所有権を他に移転したとしても、当該賦課期日に係る年度における固定資産税の納税義務を負うものであるが、このことは、賦課期日の時点において登記簿又は補充課税台帳に登記又は登録がされていない場合に、賦課決定処分時までに賦課期日現在の所有者として登記又は登録されている者が上記のとおり当該年度の固定資産税の納税義務を負うことと何ら抵触するものではない。

❼　前記事実関係等によれば、納税者は平成21年12月に本件家屋を新築してその所有権を取得し、本件家屋につき、同22年10月に所有者を納税者として登記原因を「平成21年12月7日新築」とする表題登記がされ、平成22年12月1日に本件処分がされたものであるから、納税者は、賦課決定処分時までに賦課期日である同年1月1日現在の所有者として登記されている者として、本件家屋に係る平成22年度の固定資産税の納税義務を負うものというべきである。

4 事例の検討

　1月1日現在において完成済みであるが未登記であった新築建物について固定資産税等は課税できるのか、が争点となった事案である。

　納税者は、固定資産税等は「1月1日に家屋の所有者として登記又は登録されている者」に対して課税するのであり、1月1日現在において登記がされていない家屋についてはその後登記がされたとしても課税できないはずである、などと主張した。

　固定資産税は固定資産の所有者に課する、とされている。ここでいう所有者とは、家屋については、登記簿又は家屋補充課税台帳に所有者として登記又は登録されている者をいう。賦課期日は1月1日であるが、所有者としての登記又は登録が1月1日にされている必要があるのか、それとも登記又は登録が後日であっても1月1日の所有者として登記又は登録されていればよいのか。

　本事案の納税者は12月中に家屋を新築しており、翌年1月1日にはその家屋の所有者であった。その事実は本人も認めており、後日行われた登記でも確認できる。固定資産税は資産価値のある固定資産の所有という事実に担税力を見いだし、その所有者に課税される税であり、登記や登録は所有者を確定させるための手段に過ぎないはずである。1月1日に未登記であれば課税されないということであれば新築の場合、登記を遅らせるだけで固定資産税の課税逃れができることとなってしまう。

　課税技術上、登記又は登録された者が納税義務者とされているが、登記又は登録の時期まで規定していない以上1月1日時点で登記又は登録が具備されていることを要するものではないとした裁判所の判断は妥当なものといえる。

【林　仲宣】

実務へのフィードバック

　納税者は平成21年12月7日に家屋を新築し、その所有権を取得したにもかかわらず、翌年10月8日まで登記をしなかったが、登記原因を「平成21年12月7日新築」とする表題登記をした。10か月間、未登記であった経緯は不明であるが、直ちに登記をしなければならないという状況にもなかったといえる。

　確かに地方税法をみれば、1月1日に未登記であるなら、固定資産税は賦課されないと読めるだろう。また節税という言葉は、多くの納税者にとって魅力的に感じるかもしれないが、現実は厳しい。本事案の納税者の感想も同様であろう。登記原因の期日に細工を施さなかったことを後悔したかもしれない。

　本事案は、安易な節税対策は合理性がないことを明示した。その結果、「1月1日に未登記の場合には…」という、いい加減な節税話も消滅するであろう。

VI 地方税関係

2 固定資産税における土地の評価
－画地計算法をめぐる一体評価の可否－

高松地判 平成22年10月25日（TAINS Z999-8290・TKC 25480228）
高松高判 平成23年12月20日（TAINS Z999-8291・TKC 25480230）
最　　決 平成25年 7月 5日（TAINS Z999-8320・TKC 25501379）

本事例の着目点

1 所有者を異にする土地を一体として取引の対象とすることは社会通念に照らして合理的であるとはいえず、固定資産評価基準の画地計算法のただし書にいう「合わせる必要がある場合」に該当するとはいえないとした事例である。

2 国家賠償法1条1項にいう違法があったとは、固定資産の評価に際しての職務上通常尽くすべき注意義務を尽くさずに漫然と評価を行ったと認め得るような事情がある場合に限られるとした事例である。

1 問題の所在

固定資産税をめぐる問題の中心は、固定資産の評価の問題である。

土地評価委員会の判断には一定の合理性が認められていることから、納税者が固定資産税の評価額を争う場合には、まずは、その評価額が不当であることを主張・立証しなければならない。固定資産

評価については、客観的な基準により明確化することが難しいことから、評価の妥当性をめぐる問題が頻発している。

個別問題である資産の評価を争点とした裁判例についても、裁判所がいかなる事実に着目し判断したのかを明らかにすることには意義がある。

本事案では、納税者らが所有する土地の評価が問題となっているが、とりわけ、隣接する所有者を異にする土地が一体利用されている点に特徴がある。本事案の土地が一体利用されている点に着目し、固定資産評価基準の画地計算法のただし書にいう「合わせる必要がある場合」に該当するか否かが争点である。

具体的には、隣接する両土地の形状、利用状況等からみて一体をなしているとすべきか、あるいは、両土地は地番も所有者も異なり、商業施設の青空駐車場としての土地と、店舗敷地である土地として明確に区分すべきかが問題となっている。

2 事例の概要

納税者らは、A土地を株式会社Bに賃貸していた。Bは、自己所有のC土地で商業施設の営業を行っていたが、C土地の空き地部分の駐車場が手狭であったことから、隣接するA土地を商業施設の青空駐車場として利用していた。市長は、A土地とC土地は一体利用されているとして一画地評価した上で、A土地の価格を平成21年度の固定資産課税台帳に登録した。

これに対して、納税者らが、当該登録価格を不服として市固定資産評価審査委員会に審査の申出をしたが棄却決定を受けたことから、市長に対して棄却決定の取消しを求めるとともに、既に納税した平成12年度から20年度までの過大支払の固定資産税について不当利得返還請求権に基づき、過払相当額約105万円等の支払を求めて

いた。

　原審では、Bが所有する土地と合わせて一画地と評価して認定した価格は、土地の適正な時価を上回ることは明らかであることを理由に棄却決定を取消したが、平成12年度から20年度までの課税処分には、重大かつ明白で当該処分を当然無効とする違法があるとまでは認められないとして不当利得返還請求を棄却していた。

　これに対して、市長は控訴を申し立てるとともに、納税者らは、平成12年度から20年度までの課税処分は違法であり市長に過失があると主張して、不当利得返還請求と選択的に、国家賠償法１条１項に基づき約135万円等の支払を求めたのが本事案の概要である。

3　判決の要旨

❶　利用状況からは、A土地を宅地であるC土地と一体利用がされているものとして、C土地と合わせて一画地をなす宅地とみることにも一応の合理性がある。

❷　しかし、A土地の利用形態は、所有者である納税者らがBとの間で駐車場賃貸借契約を締結し、自ら駐車場用地として整備した上これをC土地に設けられた駐車場を拡張するものとして使用させている。

❸　所有者を異にするにもかかわらずA土地とC土地とを一体として取引の対象とするのが社会通念に照らして合理的であるとまで認めることはできず、画地計算法の適用において、A土地とC土地を区分したのではこれらの各土地の適正な時価、すなわち客観的な交換価値から乖離する場合に該当しない。

❹　画地計算法を適用するに当たり固定資産評価基準の画地計算法のただし書にいう「合わせる必要がある場合」に該当するとはにわかに認め難く、A土地については、C土地と別個に評価するこ

とが相当であって、ただし書を適用した上で認定されたＡ土地の価格は、評価基準に適合しないものであった。

❺　全証拠によっても、平成20年度以前の固定資産の評価ないしその調査の際にＡ土地の利用状況、現況等がどのようなものであったかは、直ちに明らかであるとはいえない。

❻　外観上容易に確認される土地の利用状況や現況等に従って合理性を認めうる画地認定等の評価を行っていれば、これが後に評価基準に適合しないものであったと判明しても、そのことから直ちに国家賠償法１条１項にいう違法があったとの評価を受けるものではなく、評価に際しての職務上通常尽くすべき注意義務を尽くさずに漫然と評価を行ったと認め得るような事情がある場合に限り、固定資産の価格の評価及びこれに基づく課税処分につき、国家賠償法上違法という評価を受ける。

❼　現在のＡ土地及びＣ土地は、外観上は一体的利用がされているものとして、Ａ土地をＣ土地と合わせて一画地をなす宅地とみることも、評価基準に照らして一応合理性があり、市長に過失があるとまでは認め難い。

❽　平成20年度以前の評価当時のＡ土地の具体的な利用状況や現況等は必ずしも明らかではなく、他に市長の過失を認めるに足りる事情を窺うこともできないこと、当時の一般的な実務の運用や裁判例としても、Ａ土地のような利用状況や現況等の土地を隣接宅地と合わせて一画地とみることが明らかに評価基準に反するものというべき確たる基準があったことも窺われないことなどからも、Ａ土地に関して、市長につき、職務上通常尽くすべき注意義務を尽くすことなく漫然と評価を行ったとまで認めることはできず、これらの評価及び課税処分に国家賠償法１条１項にいう違法があったとは認められない。

4 事例の検討

　本事案では、納税者らが所有するＡ土地の評価が問題となっているが、とりわけ、隣接する二筆以上の宅地が一体利用されている場合の評価基準である、固定資産評価基準の画地計算法のただし書にいう「合わせる必要がある場合」に該当するか否かが争われている。

　市長は、Ａ土地とＣ土地は形状、利用状況等からみて一体をなしていることから、画地計算法のただし書にいう「合わせる必要がある場合」に該当し、ただし書が適用されると主張している。

　これに対して、納税者らは、Ａ土地が店舗敷地であるＣ土地とは明確に区分されており、Ａ土地とＣ土地は地番も所有者も異なることから、Ａ土地の上に建物が存在しない限り、ただし書にいう「合わせる必要がある場合」に該当せず、ただし書は適用できないと主張している。

　裁判所は、原審の判決を支持し、Ａ土地とＣ土地は所有者が異なり、両土地を一体として取引の対象とすることができないことから、ただし書にいう「合わせる必要がある場合」に該当せず、ただし書は適用できないとして、各土地の適正な時価は、Ａ土地とＣ土地を区分した上で画地計算法の原則的取扱いが適用されるべきであると判示した。一方で、過年度分の過大支払分の固定資産税について、市長には過失がないことを理由に、損害賠償請求及び国家賠償請求ともに棄却した。

　土地の適正な時価とは、客観的な交換価値を意味するが、実際には評価の統一性、客観性の観点から、固定資産評価基準に従って評価がなされる。評価基準によると、宅地、雑種地など、いずれの地目と認定されるか、あるいは、本事案で問題となっている画地計算

法のただし書が適用されるか否かなどによって、評価額が大きく異なる。

　評価額の決定は、当該土地の所在地や形状だけでなく、土地の利用状況など現況に着目して行われなければならない。納税者とBが締結したA土地に関する賃貸契約書の内容や、A土地の利用状況を確認した上で、A土地とC土地を一体評価する合理的な理由がないとした裁判所の判断は、適正な手法であると評価できよう。

【谷口智紀】

実務へのフィードバック

　本事案では、市長はA土地を雑種地と認定していたが、固定資産評価委員会は宅地と認定し、さらに訴訟段階では、市長は宅地であると認めるなど、評価額決定の基礎である地目の認定が変遷している。この点に納税者が不信感を持った点は否めない。賦課課税である固定資産税課税では、課税庁の賦課決定に対する納税者の信頼が前提となるはずである。そうすると、過年度分の過大支払分の固定資産税の返還請求においては、裁判所は、市長の賦課決定の過程について、もう少し踏み込んで判断すべきであった。

　固定資産の評価に関するトラブルは、全国で頻発している。通知課税ともいうべき賦課課税制度においては、納税者への救済措置が不備であることを理解しておく必要がある。

Ⅵ 地方税関係

3 固定資産税評価における工事用地の画地の認定

東京地判 平成22年11月12日（TAINS Z999-8277）

本事例の着目点

❶定資産税の賦課期日において工事中の土地であっても、建築計画等によりその土地が将来どのように利用されるか明確であれば、それに基づき画地を認定し固定資産税を課すべきであるとした事例である。

❷納税者は、工事中であっても固定資産税の課税状況等を確認し、建築計画等が存在するのであればそれに合致した評価が行われているか確認する必要があること示唆した事例である。

1 問題の所在

　工事中の土地に関する固定資産税の評価が問題となった事案である。納税者は隣接する数筆の土地を所有していた。納税者はその土地を更地にした後、一部を定期借地にし、賃借人が建物を建設することとなった。これと同時に納税者自身でも建物を建設することとした。建設工事は同時に行われ、工事中は上記土地が一つの囲いで

囲われていたが、建物完成後はそれぞれの建物ごとに別画地として利用された。

　課税庁は、上記土地に係る固定資産税の評価の際に、建物完成後は個別の画地として評価した。しかし、建築中は一画地して評価すべきであるとした。これに対し、納税者は工事中も別の画地として評価すべきであるとした。

　固定資産税は賦課期日の定められた税であり、基本的には賦課期日の現況でどのように評価するのかが判断されるべきである。ただ、賦課期日時点で工事中であった場合、工事中の土地として、工事完了後どのように利用されるかにかかわらず、一画地として評価するのか、それともその後どのように利用されるのかを建築計画等により総合的に判断し、画地を認定するべきであるのかが問題となった。

2　事例の概要

　隣接する数筆の土地を所有する納税者が平成12年11月に、その敷地上にある建物をすべて解体して更地にした上で、納税者からその数筆の土地の一部の定期借地権の設定を受けた民間事業者が、事務室等が入る地下2階、地上12階建ての建物（以下「事務所棟」という。）を建てる一方、納税者が、その余の各土地（以下「自用地」という。）上に地下2階、地上5階建ての建物と、高層階に賃貸用住居が入る地下2階、地上14階建ての建物の附属建物（以下これらを併せて「納税者使用建物」という。）を建築するという計画をたてた。

　その後、本計画に基づく工事は平成13年9月頃着手され、同14年1月1日及び同15年1月1日当時も継続し、同年6月頃完了した。課税庁は平成14年度及び同15年度の各土地を、事務所棟用地を含む

敷地全体と併せて一画地と認定し、一画地としての評価に基づいて固定資産税を課した。しかし、事務所棟と納税者使用建物完成後の、平成16年度評価では一体に利用されているとはされずに、敷地全体を一画地と認定することなく評価された。平成14、15年度の敷地全体での評価は、全体で30億円を超える評価となっていたが、土地の一部に非課税地を含んでいたことなどもあり敷地を一画地として評価しなかった平成16年度の評価では、約4億円と大きな差が生じていた。

納税者はこの平成14、15年度の敷地全体を一画地と認定しての評価を不服として平成18年に審査委員会に対し、審査の申出をしたが、審査委員会は同20年、各申出を棄却する旨の各決定をした。そこで納税者は本件訴えを提起した。

3 判決の要旨

❶ 課税庁は、平成14年1月1日及び同15年1月1日当時、敷地が工事用地として囲いで囲まれていたことや、工事が事務所棟用地部分、納税者使用建物用地部分に明確に区分されることなく一体として進められていたことなどを根拠に、平成14年度及び同15年度の各土地1の評価においては、敷地全体を一画地と認定すべきである旨主張する。

❷ 固定資産税の課税標準となる固定資産（土地）の価格が、当該土地の資産価値を評価したものであることにかんがみれば、その算定の基礎となる画地の認定において利用状況等の一体性を判断するに当たっても、そのような観点から検討すべきであるところ、敷地を囲んでいた囲いは、工事を実施するに当たりその工事区域を画するためのものにすぎないのであり、敷地は、上記各賦課期日において、工事が現に行われている土地という意味では一

体であったといえるとしても、その限度にとどまるものというほかなく、上記事情をもって、敷地全体がその利用状況等において一体をなしていたとすることは、敷地を構成する各土地の資産価値の評価という観点からは相当でないというべきである。

❸ 平成14年度の賦課期日の時点において、敷地は、外形上はその全体が一つの囲いで囲まれ、一つの工事の現場として一体をなしているように見えていたとしても、近い将来において、計画のとおり、少なくとも自用地部分と事務所棟用地部分とがその利用状況等において明確に区別されるに至ることが確実視されたものであったということができ、敷地を構成する各土地の資産価値も、そのような将来的な利用状況等の影響を受ける状況にあったというべきである。そして、同15年度の賦課期日の時点においては、なおも敷地全体が１つの囲いで囲まれ、工事が継続している状況であったとはいえ、納税者使用建物及び事務所棟が建ち上がり、外形上も自用地部分と事務所棟用地部分とをおおむね区別することができる状況にあったものである。

❹ このような事情を考慮すれば、敷地を構成する各土地の平成14年度及び同15年度の評価においては、計画に基づく将来的な敷地の利用状況等を前提に画地の認定をすべきものであるところ、自用地と事務所棟用地とがその利用状況等において一体をなすものといえないことは明らかである（現に、弁論の全趣旨によれば、工事が完了した後にされた平成16年度の評価においては、自用地と事務所棟用地とを併せて一画地と認定されることはなかったことが認められる。）。

❺ したがって、平成14年度及び同15年度の土地の評価においては、少なくとも自用地部分と事務所棟用地部分とを分けて画地の認定をすべきであったというべきである。

4 事例の検討

　本事案のような規模の開発では完成後の具体的な計画が存在しない、といようなことは通常考えられない。課税庁には完成後の計画まで含めた慎重な調査と判断が求められているといえるだろう。固定資産税は賦課課税であり、その課税標準等について精査する機会はあまりないのが現状といえる。しかし、このような事例が存在する以上、納税者の側でも固定資産税への理解を深め、本事案のような新築案件はもとより、折をみて評価を確認する必要があるといえる。

【高木良昌】

実務へのフィードバック

　隣接する数筆の土地を所有する納税者がその隣接する土地に自用の建物と賃貸用事務所棟を建築、完成後にはそれぞれの建物が建築された土地が、それぞれ別々の土地として評価され固定資産税が課された。しかし、建築中は同時に工事が行われたため、一つの囲いでその数筆の土地はおおわれていた。課税庁は、建築中の敷地全体を併せて一画地と認定して評価し、固定資産税を課した。工事中の一つの囲いでおおわれた数筆の土地は一体的に利用されているといえるかどうかが主な争点となった。

　課税庁は、敷地が工事用地として一つの囲いで囲まれており、工事は事務所棟と納税者使用建物の区別なく一体として進められていた点、工事の総合元請けのプレスリリースに「全体敷地面積」、「全体延べ面積」、「全体開発期間」等の記載があった点、建築確認申請が納税者使用建物と事務所棟を併せた延べ面積で申請されている点

などから敷地は一体的に利用されていたといえ、一画地として評価できる、としたが、これだけで一体的に利用していたといえるであろうか。

　工事の際の囲いや、工事の総合元請のプレスリリース等、一体の開発とみることができる部分にのみ着目し、土地全体で一体での利用としているが、一体での利用といえるかどうかの判断は、その土地がどのように利用されているかによってなされるべきである。工事中の土地の場合には工事完了後にどのように利用されるのかによって一体的に利用されているかどうかを判断するべきであろう。本事案の場合、極めて具体的に定められた計画があり、その計画をみていけば目的の異なる建物が同時に建築されている、ということは明らかである。隣接する土地で同時に工事を行うのであるから土地を一つの囲いで覆うのは合理的であるし、そのことから一体的に利用していたとするのは無理がある。

　工事計画等に基づき、そこで何を建築中なのか、どのように利用されるのかに着目しなければその利用状況等は判別できないというべきであろう。事実、完成後計画通りに利用された本事案の土地は、自用の建物と賃貸用事務所等では別々に利用されているとして別々の評価となっている。

Ⅵ 地方税関係

4 自動車税の減免要件
－「天災その他特別の事情」の意義－

名古屋地判 平成20年 5月29日（TKC 25440155）
名古屋高判 平成20年11月20日（TKC 25440800）
最　　　判 平成22年 7月 6日（TAINS Z999-8272・TKC 25442391）

本事例の着目点

1. 条例に規定される減免の要件である「天災その他特別の事情」は、徴収の猶予の要件よりも厳格に解すべきであり、納税者の意思に基づかないことが客観的に明らかな事由によって担税力が減少する事情のみを指すとした事例である。
2. 納税者は、脅迫された結果、自動車を貸与することを承諾したのであるから、購入した自動車を利用できないという損害を被ったことは、納税者の意思に基づかないことが客観的に明らかであるとはいえないとした事例である。

1 問題の所在

　自動車税とは、自動車の保有者に対して課される都道府県税である。一方で、納税者が自動車を保有しているという事実があるとしても、天災等により自動車を利用できない保有者に対して課税を行うことは、担税力に応じた課税に合致しない。
　そこで、地方税法は、天災等による担税力の減少又は消滅に係る

徴収の猶予等の救済措置のほか、地方公共団体が条例で、自動車税の負担を軽減するための個別的な救済措置を置くことを認めている。

問題は、天災という客観的に明らかな事情だけでなく、人災という主観的な事情についても、個別的な救済がなされるべきかどうかである。個別的な救済措置である以上、主観的な事情を考慮することにより、減免の範囲が不明確になることは問題であるともいえる。

本事案で問題となっているのは、納税者が脅迫された結果、自動車を第三者に貸与して自動車を利用できなかった場合に、条例の定める自動車税の減免の要件を充足するか否かという点である。脅迫の有無、さらに、脅迫による自動車の貸与が減免要件を充足するかが問題となる。

2 事例の概要

納税者は、平成13年1月に、Aの求めに応じて自動車を購入したところ、購入した自動車を貸与するようAから脅迫を受けたため、やむなく承諾して自動車をAに引き渡した。自動車は、同年2月に、自動車登録ファイルに登録された。

納税者は、平成15年1月に、Aを被告として、自動車などの引渡し等を求める訴えを裁判所に提起し、同年8月に、納税者の請求を認容する旨の判決を受け、同判決は確定した。その後、納税者が裁判所執行官に対して申し立てた動産執行は、Aの住所地が空き家となっていたため、同年10月に執行不能により終了した。

納税者は、平成19年1月に、自動車に係る自動車税の納税地を管轄する県税事務所長に対し、平成13年4月ころに自動車をAに横領されて以降、自動車を占有しておらず、また自動車の所在も不明で

ある等を理由に、平成17年度及び同18年度の自動車に係る自動車税各約3万円の減免を申請した。平成19年3月に、同県税事務所長がD県税条例72条の減免規定に該当しないと申請を却下する旨の処分を行ったことから、納税者が処分の取消しを求めて訴訟を提起した。

控訴審は、納税者がAに自動車を喝取され、自動車を使用できない状況になったのみならず、そのような状態を解消すべく、Aに対し民事訴訟を提起した上で、勝訴判決に基づく強制執行を申し立てるなど、できるだけの努力を行ったものの、Aが転居して行方不明となり、自動車の所在も不明となったとの事実から、動産執行以後、納税者において自動車税を支払った上でAに対し求償権を行使するのは事実上不可能であったと認定した。盗難の場合には自動車税の減免を認めるのに対して、求償が事実上不可能になった後の自動車税の減免を認めないとするのは合理性のない不平等な取扱いであり、裁量権の範囲を逸脱した違法な処分であるとして、納税者の主張を認容した。

3 判決の要旨

❶ 課税庁による恣意を抑制し、租税負担の公平を確保する必要性にかんがみると、課税の減免は、法律又はこれに基づく命令若しくは条例に明確な根拠があって初めて行うことができる。

❷ 地方税法162条による自動車税の減免は、天災等により担税力が減少し又は消滅したため、徴収の猶予等の同法の定める他の措置によっても同税の負担を課すことが相当性を欠くと認められるような納税者に対し、地方公共団体の条例において定める要件に適合することを条件として個別的な救済を図るための制度である。

❸　D県税条例72条は、「天災その他特別の事情により被害を受けた者」に対し自動車税を減免することができると規定しているところ、これは、天災等によりその財産につき損害を受けた者に対し、上記と同様の観点から、同税の減免を認める趣旨のものと解される。

❹　財産につき損害を受けた納税者に対する徴収の猶予について定める地方税法15条1項1号は、「震災、風水害、火災その他の災害」及び「盗難」という、いずれも納税者の意思に基づかないことが客観的に明らかな事由によって担税力が減少し又は消滅した場合のみを要件として掲げている。そうすると、県税条例72条の定める減免の要件としての「天災その他特別の事情」についても、徴収の猶予の要件よりも厳格に解すべきものであるから、少なくとも、これらの要件と同様に、納税者の意思に基づかないことが客観的に明らかな事由によって担税力を減少させる事情のみを指すと解するのが文理にも沿い、相当である。

❺　損害の回復のためにできる限りの方策を講じたものの不奏功に終わったというような事情は、当該損害を被った者につき自動車税の減免の「必要があると認めるもの」に当たるか否かを判断する際に考慮することがあり得るのは格別、当該損害自体が納税者の意思に基づかないことが客観的に明らかな事由によって生じたといえるか否か、すなわち、「天災その他特別の事情」に当たるか否かの判断には直接の関連性を有しない。

❻　納税者は、脅迫された結果であるとはいえ、Aに対し自動車を貸与することを承諾していたというのであるから、Aがその購入した自動車を利用し得ないという損害を被ったとしても、それがAの意思に基づかないことが客観的に明らかな事由によって生じたものとはいえず、したがって、これを「天災その他特別の事情」に当たるということはできない。

4 事例の検討

　本事案の争点は、納税者が脅迫された結果、自動車を他人に貸与して当該自動車を利用できなかった場合に、県税条例72条の定める自動車税の減免の要件を充足するか否かである。

　裁判所は、県税条例の準則法である地方税法162条の解釈と、地方税法15条の定める徴収の猶予の要件との関係性を踏まえて、県税条例72条の定める減免の要件は、徴収の猶予の要件よりも厳格に解すべきであり、少なくとも、納税者の意思に基づかないことが客観的に明らかな事由によって担税力を減少させる事情のみを指すと判断した。その上で、自動車を利用できないという損害を被る過程で、Aに対し自動車の貸与を承諾するとの納税者の意思が存在しており、被った損害が納税者の意思に基づかないことが客観的に明らかな事由によって生じたとはいえないとした。

　確かに、納税者は自らの意思で自動車を購入しており、また脅迫された結果とはいえ、納税者は貸与を承諾している。しかし、納税者が自動車の返還請求等を裁判所に提起した上で、動産執行を行ったという事実を軽視することはできない。納税者が主張しているのは、動産執行等により自動車の返還を求めた納税者の積極的な行動後の年度で課された自動車税の減免である。納税者の積極的な行動は、自動車貸与を承諾した納税者の意思の存在の連続性を遮断する事実といえよう。

　動産執行以後は、納税者の意思に基づかない事由により担税力を減少する事情が存在したといえるから、本事案は、県税条例72条の定める減免の要件を充足するといえる。したがって、最高裁の判断には疑問がある。

【谷口智紀】

実務へのフィードバック

　県税条例は、自動車税の減免における行政庁の裁量権を認める規定であるが、問題は、減免規定の要件を形式的に適用すると、納税者の実質的な担税力に応じた課税を行うことができない点にある。控訴審も述べるように、自動車の盗難と本事案は実質的に同質の状況にあり、Aに対する求償が事実上不可能になった後の自動車税の減免を認めないのは合理性のない不平等な取扱いである。残念なことに本事案は、最高裁判決により確定したが、判旨のように行政庁の裁量規定を形式的に適用すると、実質的な担税力に応じた課税を実現できず、結果として裁量権の範囲を逸脱することになることを行政庁は、認識すべきである。

　同時に、あえていえば少額である自動車税であっても最高裁まで争うという行政庁の姿勢を理解しておく必要がある。

Ⅵ 地方税関係

5 差押禁止債権
－児童手当の差押処分の違法性－

鳥取地判 平成25年 3月25日（TAINS Z999-8324・TKC 25501347）
広島高判 平成25年11月27日（TKC 25502735）

本事例の着目点

■差押禁止債権であっても、銀行口座に振り込まれた時点で、差押可能な預金債権に変化することを確認した事例である。

1 問題の所在

　税の滞納問題は、地方自治体が急務とする対策である。徴税率の向上には、地方自治体が持つ、いわば徴税力の強化が必要である。徴税力を重視することが、地方自治体に求められている大きな課題といえる。

　地方自治体は、滞納対策を模索してきたことは否定できない。積極的な施策を実施してきた地方自治体も少なくない。結局、徴税率の向上には、地方自治体が持つ徴税力の強化が必要である。その結果、租税負担の公平を根底におく租税公平主義の理念が実現できることもいうまでもない。

　滞納事案の解決は、公平の見地からも支持されるものである。そのため、換価しやすい財産を第一に考えることは理解できる。しか

し一方で、給与等の差押えが生活を逼迫させるおそれもあり得る。差押禁止財産は、生活維持の保障、やすらかな精神的生活の保障、社会保障制度の維持などの理由から差押えが制限されている。給与等の債権が差押禁止財産の対象にされているのも、憲法25条の生存権を保障するためである。

　給与債権等が預金債権に転化すると、その判別は困難を伴うものであり、執行上の問題となることが予想される。しかしながら、振込みにより預金残高が増加し、またその原資が差押禁止財産であることが明らかである場合に預金債権を差押えることは、差押禁止財産への差押えと考えるべきである。課税庁が差押禁止財産を狙い撃ちすることは問題であろう。

2　事例の概要

　納税者は、平成20年6月11日当時、平成17、18年度の個人事業税及び平成18、19年度の自動車税について、本税合計21万8,800円等を滞納していた。県は、滞納金額を徴収するために、同日午前9時9分、納税者が有する銀行預金口座の残高13万73円に対する預金払戻請求権の差押処分を行った上で、配当処分を行った。

　預金口座の残高は、同年3月27日から73円であったが、同年6月11日の午前9時に児童手当13万円が振り込まれ、合計13万73円となっていた。

　審査請求を経て、納税者は、差押禁止債権である児童手当に対する差押処分及び配当処分は違法である等と主張して、県に対して、両処分の取消しを求めるとともに、不当利得返還請求権に基づき、差押えを受けた預金債権相当額13万73円等と、国家賠償法1条1項に基づき、慰謝料及び弁護士費用等の支払等を求めた。

3 判決の要旨

① 第1審判決

❶ 児童手当が預金口座に振り込まれた場合、法形式上は、当該児童手当受給権は消滅し児童手当受給者の銀行に対する預金債権という別個の債権になることに加え、一般に、児童手当が預金口座に振り込まれると受給者の一般財産に混入し、児童手当としては識別できなくなる可能性がある。国税徴収法上の差押えは、債務者及び第三債務者を審尋することなく発令されるものであって、差し押さえようとする預金の原資をあらかじめ調査する仕組みを採用していないことに鑑みれば、差押えが禁止される児童手当であってもそれが銀行口座に振り込まれた場合には、原則として、その全額の差押えが許される。

❷ 児童手当法15条の趣旨に鑑みれば、県が、差押処分に先立って、差押えの対象として予定している預金債権に係る預金口座に、近いうちに児童手当が入金されることを予期した上で、実質的に児童手当を原資として租税を徴収することを意図した場合において、実際の差押処分（差押通知書の交付）の時点において、客観的にみても児童手当以外に預金口座への入金がない状況にあり、県がそのことを知り又は知り得べき状態にあったのに、なお差押処分を断行した場合は、当該処分は、客観的にみて、実質的に児童手当法の精神を没却するような裁量逸脱があったものとして、違法である。

❸ 差押えに係る預金債権の原資のほとんど（預金債権13万73円のうち13万円）は児童手当の振込みによるものであったところ、県は、平成20年6月11日に児童手当が振り込まれる可能性が高いこ

とを認識しつつ、あえて児童手当の振込時期に合わせて差押えを実施した。県職員が差押処分を執行した際には、取引履歴を確認して、差押えに係る預金債権の原資のほとんどが児童手当を原資とするものであることを現実に認識した。

❹ 県は、差押対象財産を選択するに当たって、実質的には、預金口座に振り込まれる児童手当を原資として租税の徴収をすることを意図し、その意図を実現した。県職員の主観面に着目すれば、実質的には、差押禁止債権である児童手当受給権の差押えがあったのと同様の効果が生ずる。

❺ 差押処分を取り消さなければ、児童を養育する家庭の生活の安定、児童の健全育成及び資質の向上に資することを目的とする児童手当の趣旨（児童手当法1条参照）に反する事態を解消できず、正義に反するものといわざるを得ないから、差押処分は権限を濫用した違法なものである。

❻ 児童手当法の趣旨に反し、納税者家族の生活に重大な不利益を及ぼしうることは容易に想定できたはずであり、それにもかかわらず、職務上通常尽くすべき注意義務を尽くすことなく漫然と差押処分を執行したものであるから、県が差押対象財産を調査、選択する過程に裁量の逸脱又は濫用がある。差押処分及びこれに引き続く一連の滞納処分には、国家賠償法1条1項の違法があった。

② 控訴審判決

❶ 県において児童手当が口座に振り込まれる日であることを認識した上で、児童手当が口座に振り込まれた9分後に、児童手当によって大部分が形成されている預金債権を差し押さえた差押処分は、児童手当相当額の部分に関しては、実質的には児童手当を受ける権利自体を差し押さえたのと変わりがないと認められるか

ら、児童手当法15条の趣旨に反するものとして違法である。そうすると、県は、児童手当相当額である13万円については、これを保有する法律上の原因を有しないこととなるから、上記の額に限ってこれを納税者に返還する義務を負うというべきであるが、その余の73円については、これを返還する義務を負わない。

❷ 地方団体の長は、滞納処分をすることによってその生活を著しく窮迫させるおそれがある滞納者に対して、滞納処分の執行を停止することができる（地法15の7①二）とされているにすぎず、滞納者が同号の場合に当たるか否かを調査・検討する義務を負っているものではない上、納税者との交渉経過からは、納税者が滞納処分を受けることによってその生活を著しく窮迫させるおそれがある者に該当し得ると県が認識できた事情は見出せないことも併せれば、県が納税者に対して滞納処分の執行を停止するか否かを調査・検討しなかったことが違法である旨の納税者の主張は、採用できない。

4 事例の検討

本事案では、差押処分が児童手当目当ての差押えであったか否かとその違法性等が争われた。裁判所は、児童手当が預金口座に振り込まれた場合には、児童手当受給権は消滅し、受給権相当額の預金債権という別個の債権に変容することから、預金払戻請求権全額を差押えることができるとしつつも、処分行政庁が、実質的に児童手当を原資として租税を徴収することを意図した場合には、実際の差押処分の時点で、児童手当以外に預金口座への入金がない状況であることを知り又は知り得べき状態にあったときには、当該差押処分は児童手当法の精神を没却する裁量逸脱であり、違法であるとの判断基準を示した。

その上で本事案では、県は、預金口座に振り込まれる児童手当を原資として租税の徴収をすることを意図し、その意図を実現するために差押えを行ったことから、差押禁止債権である児童手当受給権の差押えと同様の効果を持つ差押えは違法であり、取り消されるべきであると判示した。ただ滞納処分の違法性と賠償責任については裁判所の見解が分かれたが、本事案の根底にある納税者の非協力的な態度と説明責任の回避が斟酌されたかもしれない。

【林　仲宣】

実務へのフィードバック

　第1審判決が示す判断は重要である。すなわち、児童手当が預金口座に振り込まれた場合、法形式上は、当該児童手当受給権は消滅し児童手当受給者の銀行に対する預金債権という別個の債権になり、児童手当が預金口座に振り込まれると受給者の一般財産に混入し、児童手当としては識別できなくなり、国税徴収法上の差押えは、債務者及び第三債務者を審尋することなく発令されるものであって、差し押さえようとする預金の原資をあらかじめ調査する仕組みを採用していないから、差押えが禁止される児童手当であってもそれが銀行口座に振り込まれた場合には、その全額の差押えが許される。つまり、差押禁止債権であっても、銀行口座に振り込まれた時点で、差押可能な預金債権に変化するということになる。

Ⅶ 税理士損害賠償関係

1 税理士の忠実義務

－遺産分割への関与－

東京地判 平成19年10月26日（TAINS Z999-0114）
東京高判 平成20年 5月29日（TAINS Z999-0115）
最　　決 平成20年10月24日（TAINS Z999-0117）

本事例の着目点

■依頼者が、父の相続について、他の共同相続人らとともに、税務処理を依頼した税理士の事務処理に違法なところがあるとして、損害賠償を求めた事例である。

1 問題の所在

　いわゆる"争族"状態にあるとき、争っている相続人が連れてきた税理士に不信感を抱くこともある。極論を言えば財産目録と遺産分割協議書があれば、どの税理士が計算しても同じ結果が出るということを理解してもらうことも難しい。

　さらに素人判断に対処することも骨が折れる。税金にまつわる話は、世間に蔓延している。かつて相続税申告の経験者である相続人の親族、友人など、相続人を取り巻く金融機関、保険会社、不動産会社などの利害関係者など、外野席からの発言に依頼者が右往左往し、税理士が悩まされるのも相続税事案の特徴である。本事案は、さらに依頼者から損害賠償を請求された笑えない事例である。

2　事例の概要

依頼者が、父の相続について、他の共同相続人らとともに、税理士に税務処理を依頼したところ、税理士の事務処理に違法なところがあるとして、損害賠償を求めた事案である。

第1審は、依頼者の請求を棄却したので、これを不服として控訴をした。控訴審は、依頼者の主張を棄却した1審判決は相当として棄却したが、その主旨は以下のとおりである（上告は不受理となっている）。

3　判決の要旨

❶　依頼者が過分にP土地を取得し、その代償金を他の相続人等に支払うという遺産の分割方法は、依頼者の不動産の取得割合が多く、しかも、これを相続人全員の相続税の原資に充てることを想定したものであり、バブル経済の崩壊によって土地価格の暴落という経済情勢の中にあって、依頼者に不利益な結果をもたらしたことは首肯できるところである。

しかし、税理士が遺産分割協議を主導したことを認めるに足りる証拠はなく、遺産分割協議については、依頼者の父の友人又はその顧問弁護士が相続人間の調整に当たった経緯があり、被控訴人らが課税標準としての不動産価格について助言したことがあるとしても、遺産分割協議の過程においては、不動産の実勢価格を基準として相続人間で協議されるものであるから、不動産業を営む依頼者の父の友人がこれに精通しており、税理士が実勢価格についての情報を提供する立場にあったとは考えられない。また、遺産分割協議が進行していた平成2年10月から平成3年6月ころ

の段階で、土地価格が暴落することを税理士が予想していたと認めるに足りる証拠はなく、経済情勢の先行きが不透明であったにしても、不動産を取得してこれを換価し、代償金を支払う立場を選択することは、不動産を高額に売却処分できれば、その売却益を取得することができる立場を確保できるのであって、遺産分割協議が成立した平成3年6月の段階において、その遺産分割の内容が依頼者に不利益であったとはいえず、税理士を含めた関係者においても公平な分配との認識があったものと推測できる（そうでなければ、協議が成立しない。）。まして、税理士が相続人間の公平を害することを意図していたとは到底いえない。

❷ 依頼者主張に係るP土地の評価額は、路線価によるものであり、平成3年当時、路線価と実勢価格とが著しく乖離していたことは当裁判所に顕著な事実であって、路線価による評価額をもって上記土地の適正な価額とみることは相当ではない。遺産分割協議は、平成2年10月ころから平成3年6月までの長期間にわたって土地の評価額を主な協議対象の一つとして行われていたものであり、その間に相続人間で十分検討されたものと推測され、遺産分割協議における代償金の金額は、まさに相続人間の協議による結論そのものであって、遺産分割協議の時点において明らかに不公平な内容であるとの立証がない本件においては、その差額が依頼者の損害と観念する余地はない。また、その協議結果に対して、税理士による誤った助言・指導があったことを認めるに足りる証拠はない。

土地価格の暴落によって、遺産分割において土地を多く取得した者に思わぬ損失が生じたとしても、それは、税務処理の問題ではなく、税務処理をした税理士にその損失を負担させることができないことも明らかである。

❸ 相続税の課税における代償金の圧縮は、相続税評価額と実勢価

格との乖離がある場合における不都合を回避するために認められた措置であり、これによって各相続人が負担する相続税額に変動を生ずるものであるから、税務処理を行う税理士としては、代償金の圧縮を行うについては、依頼者である相続人にその趣旨の説明を行う義務があることはいうまでもない。

❹ 本件についてみると、平成３年６月の遺産分割協議書の作成過程において、税理士が、代償金の計算を行い、税務申告において代償金の圧縮をした場合における各相続人に生ずる相続税額を算出して示しており、提出されなかった修正申告書にも代償金が圧縮されて記載されており、遺産分割協議書及び修正申告書案をみれば、代償金圧縮の制度趣旨、計算過程の詳細について、これを承知できないとしても、これによる相続人間の利害得失について判断ができないとまでいうことはできない。

　依頼者人において、相続人全員の相続税を自ら負担する意思であったことから、各人の相続税額についてあまり関心を抱かなかったことがあるとしても、税理士としては、代償金圧縮による各相続人の税額について、遺産分割協議の過程において示しており、修正申告書においても明示しているのであって、税理士の業務として義務違反があったとはいえない。最終的に遺産分割を完了して行われた修正申告については、税理士が関与して行われたことを認めるに足りる証拠はなく、この申告によって確定した各相続人の税額について税理士の税務処理の責任を問うことは、法律上困難である。

4　事例の検討

　依頼者が税理士の不法行為により損害を受けたと主張した代償分割については、第１審判決は、以下のように述べて一蹴している。

代償債務の負担は、相続人間の清算の関係であり、相続税の負担額に変更があるわけではない。単純な遺産分割の場合であっても、代償債務を伴う遺産分割の場合であっても、いずれにおいても全体の相続税額には、変更を及ぼすことはできない。したがって、代償分割において、他の相続人に比べて、自己の取り分を多くすれば、それに応じて税金の負担額も増えるし、自己の取り分を少なくしても、自分の負担する税額が減少することで埋め合わされることになる。結局のところ、トータルでの負担額が軽減されることは、あり得ない。したがって、代償分割の計算のみを担当した税理士に、依頼者に対する債務不履行ないし不法行為があったことを認めることはできないから、依頼者の主張は、失当である。

　つまり、このような基本的な論理さえも依頼者は理解しておらず、訴訟が提起されうることを十分に認識する必要があるのが相続税事案である。税理士に対する賠償請求事件では、裁判所は、税理士業の本質を理解してないと思わせる判断が多かったことは事実である。それゆえ、税理士の職責を十分認識した本事案の判決内容は、評価できるといえよう。

【林　仲宣】

実務へのフィードバック

　相続税事案は、税理士にとって高額な報酬を期待できることから、確かに魅力がある。しかし、"争族"を経て依頼される案件は注意すべきという先達の教えを本事案は如実に示した。税務調査や納税の段階で生じた利害が、"争族"の状況を蒸し返し、そのとばっちりを税理士が被ることは想像できる。本事案でも、被相続人の友人である不動産業者、その顧問弁護士、最終的に修正申告書を作成した「税理士か否かは不明である」人物など、"争族"に相応しい

役者もそろっている。

　相続税の課税ベースが拡大し、いままで相続税に無縁だった家庭にも課税のアミがかかるという話題は、経済誌の特集はもちろん一般週刊誌の多くで掲載されている。同時にこれらの記事では、相続税事案については、経験の乏しい税理士が多いことから、相続税専門であるとか、相続税に詳しいとされる税理士に依頼すべきという結論が目立つ。

　相続税事案は、税理士にとっても非日常的案件であり、不慣れな業務であることは否定しない。しかしながら、相続税は、申告納税制度に基づく税目のなかで複雑な税務とはいえない。通常、相続税申告の第一歩は、相続財産の確認と評価であるが、一般家庭における相続財産は、おおむね預貯金、不動産、生命保険金、上場株式、投資信託などと想定できる。これらの財産は、財産評価の基礎となる数値・指標が官公庁及び金融機関等から、法的に証明力のある資料で入手でき、自動的にあるいは機械的な計算で財産評価が可能である（路線価方式による評価を要する土地は経験とテクニックが必要な場合もあることは認識している。）。しかも相続税確定申告書作成ソフトの利用により基礎データである財産評価額が適正であれば、正確な申告書及び関係文書が完成することになる。

　課税ベースの拡大により相続税の申告が増えるならば、相続税に関する依頼を受任する税理士や受任件数も増える理屈である。依頼者からの要望に的確に応じるための基本は、初めての経験となる多くの相続税申告依頼者の身になれば、相互の信頼関係の構築から始まるといってよいだろう。

Ⅶ 税理士損害賠償関係

2 税理士と監査法人への損害賠償請求

大阪地裁 平成20年7月29日（TAINS Z999-0118・TKC 25421448）

本事例の着目点

1 監査法人が特例適用が不可能であると誤った判断をし、納税者から特例を適用しないで申告するよう依頼を受けたとしても、税理士は依頼の趣旨に沿うように事務を処理する義務があり、特例を適用できなかった不利益は税理士に責任があるとした事例である。

2 税理士は、専門的な立場から依頼者の説明に従属することなく、必要な範囲で、その依頼が適切であるかも調査確認すべきことを確認した事例である。

1 問題の所在

　納税者の決算、申告に当たり、監査法人と税理士の双方がかかわることは珍しいことではない。ただし、本来両者の職域はわかれており、双方が関わっていたとしても、法人税や消費税の計算、判断に監査法人がかかわることはない。

　本事案では監査法人の公認会計士が同族会社の留保金課税を非課

税とする特例の適用が可能かどうかを判断し、適用できない旨を納税者に伝えていた。そこで納税者はこの経緯を税理士に伝え、特例を適用しなかった前年度同様に申告するよう依頼し、税理士はそのように申告した。

結果として公認会計士の判断が間違っており、納税者は適用できたはずの特例を適用できなかったため多額の損失を被った。この責任は、監査法人と税理士のどちらにあるといえるのであろうか。

2 事例の概要

被告監査法人（以下「Ｙ１」という。）の公認会計士Ａは、原告である納税者の、第110期（平成16年３月期）に租税特別措置法68条の２第１項４号に基づく、法人税にかかる同族会社の留保金課税を非課税とする特例制度を利用することについて原告の経理担当取締役総務部長のＢに対して、「110期　留保金課税不適用の判定」と題するメモを交付した。そのメモでは、自己資本の額は、前期末の利益積立金の額を用いて計算すべきであるのに、金額項目は「利益積立金」と表記しながら、金額は誤って前期末の利益剰余金の額を用いて計算していた。その結果、メモでは、本件特例制度の適用要件である、「自己資本比率50％以下」を満たさないとされていた。

Ｂは、原告を訪れた被告税理士（以下「Ｙ２」という。）に対して、Ｙ１の公認会計士に依頼して、原告に本件特例制度が適用されるか否かの自己資本比率の計算をしてもらったところ50％を超えていることから、本件特例制度は適用されないという結果となったことを伝えるとともに、前年の申告と同じようにしてくれるように述べて、法人税確定申告書等の作成と税務代理を依頼した。

正しく利益積立金の額を用いて計算すれば、原告の自己資本比率は50％以下と算出でき、原告は本件特例制度が利用できた。しか

し、Y2が是正しなかったこと等によって、原告は第110期においては約1,528万円、上記と同様の計算をBが行い自己資本比率の計算を同様に誤り、またY2が是正しなかったこと等によって、第111期（平成17年3月期）においては約3,667万円の余分な納税を余儀なくされる損害を被った。

　原告は、更正の請求を行ったが、税務署長から、更正をすべき理由がない旨の通知を受けたため、合計約5,196万円の損害を被ったとして、債務不履行又は不法行為に基づき、被告らに対し、損害賠償請求訴訟を起こした。

3 判決の要旨

① Y1の責任

❶　監査の目的は、経営者のした計算書類が一般に公正妥当と認められる企業会計の基準に準拠して、会社の財産及び損益の状況を、すべての重要な点において適正に表示しているかを意見として表明することにあるところ、監査意見の表明に際しての「適法性」とは、貸借対照表及び損益計算書が法令及び定款に従い会社の財産の損益の状況を正しく示しているかなどを意味する。同族会社については、留保金課税がなされることが原則であり、本件特例制度を利用するか否かは、申告者の任意であり、本件特例制度を利用しない申告も完全に適法である。本件においては、原告は、本件特例制度を利用することができたのであるが、この本件特例制度を利用してもしなくても、適正な法人税等及び法人税等調整額を計上して適法な納税がなされている以上、適法かつ妥当な未払法人税の表示を含む計算書類等につき適正意見を表明した被告監査法人の監査については、債務不履行があるとはいえな

い。

❷ また、監査の目的やその業務の内容及びＹ２の受任義務の内容に照らせば、メモの交付という先行行為があったとしても、Ｙ１の従業員がＹ２の作成した計算書を見て、その誤りを指摘しなかったことには、落ち度がないとはいえないが、これをもって、法的責任があるとまではいえない。

② Ｙ２の責任

❶ 委任された事務処理の範囲や方法について、依頼者の指示があれば、原則としてそれに従うべきことは当然であるが、税理士は、専門家として、一般人よりも高度な知識と技能を有し、公正かつ誠実に職務を執行すべきものであるから、依頼者からの明示の指示がなくても、自己の裁量によって依頼の趣旨に沿うように事務を処理すべきであるし、さらに、依頼者の指示が不適切であれば、これを正し、それを適切なものに変更させるなど、依頼者の依頼の趣旨に従って依頼者の信頼に応えるようにしなければならない。したがって、税理士は、専門的な立場から依頼者の説明に従属することなく、必要な範囲で、その依頼が適切であるかも調査確認すべきである。

❷ 原告はＹ２に対して、法人税確定申告書の作成及び税務代理を委任しており、このような場合、Ｙ２には、法令の許容する範囲内で依頼者である原告の利益を図る義務がある。実際にも、Ｂは「同族会社の留保金額に対する税額の計算に関する明細書」の作成を依頼しているから、その前提として、本件特例制度が原告に適用されるか否かを検討せざるを得なかったといえ、Ｙ２は、自主的な調査・確認をしている。

❸ しかし、Ｙ２は、第110期においては、その調査・確認において、メモに記載された利益積立金の金額が利益剰余金の金額で

あったことから、この金額を用いた計算を行い、その結果、メモの誤りを受け継いでしまった。第111期においては、Bが前期メモの計算方法と同じ方法での計算を記載した計算書に記載された利益積立金の金額を利益剰余金と表記して引き継いだ。

❹ Y2が原告に対して、税理士の受任者としての注意義務に反したことによって、原告は、本件特例制度の適用がなくこれを利用できないことを前提とする納税をしたことによる損害を被ったということになるし、また、Y2は、過失によって、依頼者である原告の権利を侵害したともいえる。

4 事例の検討

いうまでもなく法人税の計算、判断に監査法人が関与したということが誤りであったといえるだろう。監査法人は会社が作成した財務諸表を監査するのであって、その財務諸表に直接関係する項目にかかわったことにまず問題があった。しかし実際本件は公認会計士であるAのメモをBが信用し本件特例制度は適用できないとBが信じたことに端を発している。どのようなかたちにしろ、公認会計士のミスから起きた本件で、監査法人に落ち度がないとはいえないが法的責任があるとはいえない、とされたのには疑問が残る。

【高木良昌】

実務へのフィードバック

本判決では税理士のみに損害賠償金の支払が命じられた。しかし、税理士が控訴した結果、高等裁判所で税理士3,000万円、監査法人1,100万円で和解が成立している。和解であるため詳細は不明だが、監査法人側の責任も認められたかたちとなった。

本事案は、監査法人の公認会計士が特例適用の判定を行った上、納税者から税理士への依頼も、特例を適用せずに前年どおりに、という依頼の仕方となっており、特殊な事案であるといえるが、税理士が債務不履行責任を逃れることはできないだろう。ただし、監査法人と税理士の責任割合は今後まだ検討する必要があるといえる。

　一般の納税者は公認会計士と税理士の職域に対する認識が低い。両資格を標榜して業務を行う税理士も多くいることから、この選別について曖昧になっていることも否定できない。

　しかし本事案の場合は、監査法人が関与する納税者であることを踏まえると、業務の区分は明確であるはずといえる。それぞれの専門分野で確実な業務を適切に処理していれば、本事案のような問題は生じなかったような気もする。税法の専門家としての確立は、重要である。

Ⅶ 税理士損害賠償関係

3 納税者に対する説明義務

―過大な相続税を納税する危険を説明すべき義務の存否―

那覇地判 平成23年10月19日（TAINS Z999-0127・TKC 25480593）

本事例の着目点

❶ 税理士は税務に関する法令、実務の専門知識を駆使して、納税義務者の信頼に応える税務の専門家であり、納税義務者のため税務代理、税務書類作成等の業務を行うに当たっては、調査、納税義務者への説明義務を負うとした事例である。

❷ 税理士は税務の専門家であり、法律の専門家ではないから、相続税の課税対象を確定する場合に、所有権の移転原因を厳密に調査する義務があるとまではいえないとした事例である。

1 問題の所在

　税理士は、租税法の専門家として、納税者との間の委任契約に基づき、税務代理、税務書類作成等の業務を行う。専門家としての責任を果たすために、税理士は、納税者に対して説明義務を負う。

　一方で、相続税における相続財産の認定では、納税者と税理士との信頼関係が築かれ、納税者がすべての相続財産を税理士に伝えな

ければ、適正な相続税申告を行うことができない。両者の信頼関係の構築が税理士業務を行う前提となる。税理士は、相続財産が適正に把握できているかを、納税者に質問し、自ら調査する必要があるが、これには限界もある。

本事案では、納税者に対する質問・調査が適正であったかどうかが争われている。本事案で問題となっているのは、相続財産の認定に当たって、相続税申告業務についての税理士の善管注意義務違反があるか否か、また、損害賠償請求が認められるかどうかという点にある。

2 事例の概要

Aの相続人であるBら（Aの子ら）は、乙税理士に対して、Aの遺産相続に係る相続税申告の税務相談を行い、相続税申告業務を依頼した。申告書を作成するに当たり、乙税理士が土地の登記簿謄本及び固定資産評価証明書の名義がAの親であることを確認した。このため、税理士は土地の所有関係を相続人に尋ねるなど調査して、土地はAに帰属すると判断した。

乙税理士の作成した平成10年8月3日税務署受付に係るAの遺産相続についての相続税申告書には、BがAから相続した財産の評価額を約1億2,426万円とし、Bの納付すべき税額を約4,311万円とする旨の記載されていた。同申告書の「相続税がかかる財産の明細書」には、土地について、その利用区分が「自用地（居住用）」と「貸宅地」に分かれ、前者の価額を約2,161万円、後者の価額を4,950万円とし、いずれもAが取得した旨記載されていた。

Bは、平成10年9月22日、税務署に対して、約4,311万円の相続税を納付した。またの遺産に係る平成10年7月28日付遺産分割協議書には、Bが取得する財産として、土地の記載があるほか、Bの署

名押印があった。

これに対して、Bの死亡後にBの相続人である原告・甲ら（Bの妻及び子ら）は、税理士が、Aの相続において課税対象となる相続財産を調査すべき義務を怠り、あるいはBに過大な相続税を納税する危険を説明すべき義務を怠った結果、Bが相続していない土地についても相続税を納付して損害を被ったと主張して、乙税理士に対して、不法行為に基づき、Bの妻につき損害金約1,233万円、Bの子らにつき各自損害金約308万円の支払等を求めて出訴したのが本事案である。

3 判決の要旨

❶ 税理士は、税務の専門家として、税務に関する法令、実務の専門知識を駆使して、納税義務者の信頼に応えるべき立場にあるから、納税義務者のため税務代理、税務書類作成等の業務を行うに当たっては、課税対象となる財産の範囲を調査し、これを納税義務者に説明すべき義務を負う。

❷ Aの相続税申告において、税理士は、土地の所有名義人がAの親であることを確認したことから、Aの相続人らに事情を尋ねたところ、Aが土地を所有していた旨の回答を得たばかりか、Bから、自分が土地を相続したと主張された。税理士が、税務の観点に立って、相続税を負担することになるにもかかわらず相続による取得を主張する者の供述に信用性を認めたことには、合理性が認められる。そして、税理士は、遺産分割協議書の内容や土地の利用状況も調査し、供述の裏付けを得ている。

❸ 税理士は、税務の専門家であって、法律の専門家ではないから、ある財産を遺産に含めて相続税の課税対象として処理する場合に、所有権の移転原因を厳密に調査する義務があるとまではい

えず、税務署が納税行為の適正を判断する際に先代名義の不動産の有無を考慮している現状にも照らせば、税理士が土地に関する調査義務に違反したということはできない。

❹ Bは、自己の納付税額が4,300万円を超える高額なものである上、その納付資金のほぼ全額を銀行借入れによって調達しており、その納付の根拠につき強い関心を有していたものとみられるところ、確認書に署名押印し、更に申告書にも押印していることからすれば、税理士が、Bに対し、土地を同人の相続財産に含めることで、納付する相続税額が増加する旨を説明したとの税理士本人の供述は採用することができる。そして、税理士は、調査を行い、土地がAの親の所有名義になっていることも認識していたのであるから、税理士が、Bに対し、土地の相続登記のために、Aの親の相続人ら（Aの兄弟等）の遺産分割協議書が必要である旨を伝えたとの税理士本人の供述も採用することができる。

❺ 税理士がBに対する説明義務に違反したということはできない。なお、相続財産となる土地が増えれば納付する相続税が増加することは一般人にも容易に認識できることであるし、Bは確認書等で土地の相続税評価額を確認していたものと認められるから、税理士にBから書面による承諾を得る義務があったということはできず、この点に関する原告らの主張は採用することができない。

❻ 税理士に注意義務違反すなわち過失を認めることはできないから、税理士のBに対する不法行為は成立しない。

事例の検討

　Aの相続に際して、Aの親名義である土地がAの相続財産に含まれるかが問題となったが、税理士は、土地の所有者の調査内容を踏まえて、Aの相続財産に含まれると判断した。税理士の回答を受けてBは土地の相続に係る相続税を納付していたが、Bの死亡後にBの相続人である甲らは、税理士の相続財産調査義務の不履行に基因して、Bの相続していない土地に係る相続税を納付せざるを得ないという損害を被ったとして、税理士に対する損害賠償請求訴訟を提起した。争点は、相続税申告業務について税理士の善管注意義務違反が認められるか否かである。

　裁判所は、税理士は税務の専門家として、納税義務者のため税務代理、税務書類作成等の業務を行うに当たっては、課税対象となる財産の範囲を調査し、これを納税義務者に説明すべき義務があるとした上で、税理士は税務の観点に立って相続人らに供述を求めるなど調査義務を十分に果たしており、税理士には調査義務違反は認められないと判断した。

　租税は形式ではなく実質に着目して課税されるから、税理士は、その業務遂行上、証拠に基づいて相続税の課税対象が実質的に誰に帰属するかを確認しなければならない。税理士は、土地の登記簿謄本や固定資産評価書がAの親名義となっていたところから、土地は実質的に誰に帰属するかの調査に着手した。そして、税理士は、司法書士作成の遺産分割協議書の内容や土地の利用状況等の証拠に基づき、土地はAに帰属すると確認してAの相続財産に含まれると判断するに至った。同時に、税理士は、財産目録を下に遺産の内容の確認する書面を作成し、Bを含むAの相続人らの署名押印を得ているなど、用意周到であることを踏まえると、裁判所が、税理士は相

続財産の帰属について専門家として適切に認定作業を遂行したとの評価をした判断は、当然の帰結である。

【谷口智紀】

実務へのフィードバック

　本事案に残された疑問は、裁判所が「税理士は、税務の専門家であって、法律の専門家ではない」と述べた点である。法律の専門家をいわゆる法曹三者に限るとするならともかく、この判断には違和感がある。もちろん、税務の定義も曖昧である。裁判所は、税務の専門家の職務を、「税務に関する法令、実務の専門知識を駆使して」とするから、税務が、租税実務の略称ともいえないようだ。

　契約書などの証拠から取引の法的評価を明らかにして、納税義務者のため税務代理、税務書類作成等を行うのが本来の税理士業務である。税額の計算をするだけが税理士業務ではない。また、租税法を専門とする弁護士が少数である我が国では、税理士が租税法専門の法律家として納税者の権利救済を図るための重要な役割を担っている。そうすると税理士は租税法専門の法律家であり、国家の恣意的課税から国民を守り、納税者の予測可能性と法的安定性の確保に重要な役割を果たす専門職業人であると捉えるべきではないだろうか。

VII 税理士損害賠償関係

4 税理士の顧問契約上の助言と指導義務

東京地判 平成24年3月30日（TAINS Z999-0132・TKC 25492446）

本事例の着目点

1. 顧問契約書の内容や顧問料の金額から被告である税理士が納税者の業務内容を積極的に調査し、又は予見して、納税者の税務に関する経営判断に資する助言、指導を行う義務は原則としてなかったとした事例である。
2. 税理士が顧問先の対し助言、指導義務を負うかはまず顧問契約の内容によるが、納税者から適切に情報提供がされるなどして、課税上重大な利害得失があり得ることを容易に認識し得るような事情がある場合には、助言、指導等をすべき付随的な義務が生じる場合もあることが示された事例である。

1 問題の所在

期末に在庫として有していた棚卸資産について、消費税法上の課税事業者選択届出の提出に関する指導、助言等の義務を税理士が怠ったことから、仕入税額控除を受けることができなかった、として顧問先から訴えられたという事案である。

税理士の本来の業務は納税者の税務代理であるが、納税者は税理士に対し様々なことを期待し、依頼する。一口に顧問契約と言っても様々であり、申告書の作成だけを依頼する場合もあれば、日々の帳簿チェックから経営コンサルタント的な業務まで期待され依頼される場合もある。当然、その契約によって税理士の顧問先に対する関与の仕方も変わってくることとなる。そのため顧問契約書で委任業務の範囲を明確にすることが必要といえる。

　顧問契約書に記載がない場合でも税理士は専門家として納税者の業務内容を積極的に調査又は予見して、指導や助言をしなければならないのか。税理士は専門家として、どこまで指導や助言等に対する義務を負うのかが問題となった。

2 事例の概要

　平成20年1月に設立された映画制作等を業とする株式会社である納税者は同年3月に税務等に関する顧問契約を税理士法人（被告）と締結した。納税者は設立時の資本金が1,000万円未満であったため、平成20年1月から同年9月末までの第1期は消費税の免税事業者、第1期中に資本金を3,602万円に増加させたため同年10月1日から平成21年9月末までの第2期は課税事業者となり、同年10月1日から平成22年9月末までの第3期は、その基準期間に課税売上がなく、かつ課税事業者選択届出書を提出しなかったため、免税事業者となった。

　納税者は平成21年1月に訴外の出資者らと納税者を幹事会社とする寺院向けDVDの制作委員会を組織した。幹事会社である納税者は10万枚の購入を保証し、同年7月末日までに発注本数が保証本数に満たなかった場合は、不足する分のDVD制作委員会収入に相当する金員を支払うこととなった。

DVDは寺院向けに特別に製造されたもので一般に市販することが許されておらず、その販売状況は販売を開始してすぐに行き詰まった。そこで、最低保証分の支払を納税者が同年7月末までに履行できない可能性が高いことから同年5月にDVD10万枚は、不足する制作委員会収入分の金員で納税者が買い取った形とし、納税者が頒布していくこととなった。

　上記のような事情により納税者は第2期末において、約3億4,700万円のDVD在庫を有していた。納税者は、第2期は課税事業者であったが、翌第3期は免税事業者となるため、その在庫分に係る仕入税額控除を第2期に受けることができなかった。

　納税者は、税の専門家である被告は納税者が仕入税額控除を認められる届出制度を知っていると確定できない限り、専門知識のない納税者に対して届出書を提出して課税事業者となるか、提出せずに免税事業者となるかを選択できる制度が存在することをあらかじめ助言する義務があったと主張し、専門家として指導・助言義務の債務不履行が生じたとして、在庫に係る仕入税額控除相当額約1,600万円の損害賠償を被告に求めた。

3　判決の要旨

❶　顧問契約において、契約書上の委任業務の範囲は、税務代理及び税務書類の作成、税務調査の立会い、税務相談、会計処理に関する指導及び相談、財務書類の作成、会計帳簿の記帳代行と定められており、納税者の税務に関する経営判断に関する助言、指導を行う旨の業務まで含むとは定められていないこと、税理士による納税者の定期訪問が予定されていないこと、納税者は税理士に対して委任業務の遂行に必要な資料等を提供する責任を負うものと定めていること、顧問報酬は月額2万円と比較的低廉であるこ

とが認められる。

❷　これらの事情からすれば、被告が顧問契約上なすべき業務は、基本的に契約書に明記された上記の税務代理や税務相談等の事項に限られるものであり、当該税務相談として納税者からの税務に関する個別の相談又は問合せがない限り、被告において、納税者に対し、納税者の業務内容を積極的に調査し、又は予見して、納税者の税務に関する経営判断に資する助言、指導を行う義務は原則としてないものと解すべきである。

❸　顧問契約は、被告が税理士法人であり専門的知識を有することを前提として締結されたものであるからすれば、納税者からの個別の相談又は問合せがなくても、納税者から適切に情報提供がされるなどして、被告において、納税者の税務に関する行為により課税上重大な利害得失があり得ることを具体的に認識し又は容易に認識し得るような事情がある場合には、納税者に対し、その旨の助言、指導等をすべき付随的な義務が生じる場合もあるというべきである。

❹　納税者において第3期に課税事業者となることが消費税法上有利であるといえるのは、第3期及び第4期において生じる消費税負担額より第2期末において仕入控除し得た在庫に係る消費税額の方が多い場合に限られ、具体的には、第2期末の時点で仕入額が高額となる大量の在庫を抱え、かつ、それを翌期以降の事業年度にも販売することが見込めないような特段の事情がある場合に限られるものというべきである。全証拠によっても、被告がそのような特段の事情があったことを具体的に認識し又は容易に認識し得たと認めるに足る証拠はない。

❺　顧問契約において、被告は、納税者に対し、第2期中に納税者の業務内容を積極的に調査し、又は予見して、納税者の税務に関する経営判断に資する助言、指導を行う義務は原則としてなく、

被告は、第2期末までに、納税者が本件届出書を提出して課税事業者となった方が課税上有利になることを具体的に認識し又は容易に認識し得たとはいえないから、被告に本件届出書の提出を助言する義務があったとは認められない。

4 事例の検討

　裁判所は、顧問契約の内容を事実認定し、業務内容を積極的に調査、予見して、税務に関する経営判断に関する助言、指導を行う義務はないとした。ただし、納税者から適切に情報提供がされるなどして、税理士において、課税上重大な利害得失があり得ることを具体的に認識し又は容易に認識し得るような事情がある場合には、その旨の助言、指導等をすべき付随的な義務が生じる場合もある、としている。

　なお、裁判所は、顧問報酬の金額を比較的低廉であると認定していることは興味深い。

【高木良昌】

実務へのフィードバック

　消費税の課税事業者選択届出書を提出していれば受けられていたであろう仕入控除を、受けることができなかったとして顧客が関与税理士に対しその仕入控除相当額の損害賠償を求めた事案である。

　課税事業者選択届出書はその適用を受けようとする課税期間の初日の前日までに提出しなければならない。3億円以上の在庫が期末に発生しそうであり、しかも、その在庫は翌期において売れる見込みがない、という事情を税理士が期末までに把握していれば課税事業者選択届出書の提出を提案できたことになる。少なくとも3億円

以上の在庫を期末に抱えそうである、という事情だけでも認識していれば、税務上の対策を講じることができたかもしれない。ただそのような事情は、納税者からの事前の情報提供又は税理士からの積極的な働きかけがなければ知り得ない事情といえる。そこで、税理士が納税者の業務に対して積極的に調査、予見しなければならない責任があったかが問題となった。

　納税者と税理士の顧問契約は、納税者ごとに、経営コンサルタントとして経営判断に関する助言・指導まで含めたものや、申告書の作成だけに限定したものなど様々な契約がある。また、訪問頻度にしても、毎月の訪問を約束している場合や訪問するのは決算時のみの場合と様々である。

　税理士に対する損害賠償請求事件は今後、増加する可能性は否定できない。日頃から顧客と密接な連絡をとることの重要性はいうまでもないが、従来からの契約で契約書等を作成していない顧客に対しても、改めて契約書を作成し、委任業務の範囲や資料の提供責任等を書面で定めるなどの対策を考える必要があることを示している。

VII 税理士損害賠償関係

5 税理士の善管注意義務
― 相続税申告における保険契約の有効性と税理士の責任 ―

東京地判 平成24年10月16日（TAINS Z999-0137・TKC 25498362）

本事例の着目点

1. 納税者の説明を信用し保険契約を有効として相続税の申告を行った税理士法人に保険契約の有効性を確認しなかった責任はないとした事例である。
2. 税理士には納税者の無知や資料不備に対する善管注意義務は当然あるが、納税者が虚偽の説明を行った場合などはこの限りではないことを確認した事例である。

1 問題の所在

　一般的に納税者は税務申告に対して不慣れである。まして相続税の申告ともなれば、一生のうちに一度経験するかどうかであり、税理士に依頼をしたとしても、必要資料を揃えることなどは容易なことではない。そのため、税理士には専門家として納税者の無知や資料不備に対する善管注意義務が存在する。しかし、納税者が意図的に虚偽の説明を行っていた場合はどうであろうか。

　本事案では相続人の1人が税理士に対し虚偽の説明を行い、それ

を信頼して申告した結果、その他の相続人から損害賠償請求を受けた。税理士はどこまで善管注意義務を求められるのだろうか。

2 事例の概要

　原告の兄であるAは、原告及びAの母であるBが亡くなった平成20年12月19日の3日前に証券会社の社員とBが入院していた病室を訪れた。そこでBの了解が得られたとして病院の控え室でAがBの署名を代筆することにより受取人を原告、A及びAの子の3人とする年金保険契約の申込書を作成し、同日保険会社に保険料3億円が支払われた。

　Bが亡くなった後、原告らは税理士法人である被告に相続税申告手続を委任した。被告は、原告らに対しBの相続財産について聴き取りを行い、資料の提出を求めたところ、原告らは、他の資料と共に、上記保険契約に基づいて保険金の受給権が確定したことを知らせる支払調書を提示した。その際、被告に対しAは、Bがこの保険によって今後を憂うことがなくなったと喜んでいたこなどを説明していた。

　その後、課税庁から調査を受けた際、Aらは、保険契約はBの真意に基づくものでありBも喜んでいた、などと説明した。しかし、課税庁がBのカルテを取り寄せるなどして分析したところ、亡くなる3日前にはBは「刺激をしても覚醒しない状態」であり、保険契約を締結することができる状態にはなかったことが判明した。そこで課税庁は、保険契約当時、Bは意思表示できる状態にあったとはいえず、保険会社に支払われた3億円の保険料の返還請求権が相続財産に含まれるなどとして、相続税の更正及び加算税の賦課決定を通知した。

　原告らは、当初、課税庁と争う姿勢であり、被告に対し、弁護士

の紹介を依頼した。被告は、原告らに弁護士を紹介するとともに、異議申立てを勧めたが、原告らは、結局、弁護士に委任することも異議申立ても行わなかった。しかしその後、原告が、被告は保険契約の有効性を調査検討すべきであり、有効性が否定される可能性が高いのであれば、これを依頼者である原告に伝え、適正な税務申告をすべきであったにもかかわらず、有効性を検討することを怠ったのであり、被告には債務不履行があり加算税及び延滞税相当額15,382,200円と申告手数料200万円の合計17,382,200円の損害を被った、として被告に対し損害賠償請求を行った。

3 判決の要旨

❶ 被告は、原告らからBの相続税の申告手続を委任された税理士法人として、所属する税理士Cにおいて、原告らを代表していたAから事情を聴取したところ、Aは、Cに対し、本件保険契約に係る支払調書を示し、保険会社において原告らの保険金の受給権を確定させたことを明らかにしたほか、Bが保険契約を締結した理由や、保険契約が締結できて喜んでいたことなどを説明したのである。そうすると、保険会社が原告らの受給権を確定させて保険契約の効力を認めている上、Aの語る内容は特に不自然なものではなく信用し得るものであるから、Cにおいて、Aの提供した資料と説明が不十分、不適切なところはないと判断したからといって、税理士としての義務に違反したと認めることはできない。

❷ この点、原告は、保険契約の締結日のわずか3日後にBが死亡したことや、合計3億円もの巨額の保険料が支払われていることから、課税当局が本件保険契約の有効性を否認する可能性があることは、専門家でなくとも容易に認識可能であり、専門家である

被告としては当然に認識すべき事柄であった旨主張する。しかし、Bの申告書上の相続財産の価額は10億円を超えることが認められるから、相続人らのために年金を遺す趣旨で3億円の契約を締結することがそれほど不自然であるとはいえないし、契約者が死亡直前まで意識が明瞭であることは十分あり得ることである。そして、上記のとおり保険会社においても保険契約の有効性を認めて原告らの保険金受給権を確定させている上、Aの説明は信用し得るものであったのであるから、原告が指摘する上記の事情だけでは、Cにおいて、課税当局が保険契約の有効性を否定する可能性を認識すべきであったなどということはできない。

❸ 実際にも、Cにおいて調査すれば保険契約の有効性に問題のあることを認識し得る状況にあったということもできない。すなわち、Aは、Bの病室にD証券の社員とともに入り、保険契約の締結についてBの了解が得られたとしていたものであり、Aは、国税調査官に対しても同旨の説明をしていたのであるから、Cが聞いても真実を述べたとは解されない。また、Bの状態を認識していた原告も、Aとともに国税調査官の質問を受けながら、自ら認識した内容、すなわちBが契約を了解する意味で頷くことはあり得ない状況であったことを国税調査官に対し明らかにしてはいないのであるから、Cが原告に聞いても、原告がこのことを述べたとは解されない。さらに、保険会社が保険契約の有効性を認めて原告らの受給権を確定させている以上、代理店であるD証券側から真実が語られるということも考え難い。課税当局において保険契約の有効性を否認することができたのは、Bのカルテを取り寄せて分析を行った結果であるが、税理士にはこのような調査手段がない以上、Cにおいて課税当局と同様に本件保険契約の有効性に問題のあることを認識し得るような資料を入手し得たとはいえない。

4 事例の検討

　税務申告の委任を受けた税理士は、委任契約に基づく善管注意義務として、委任の趣旨に従い、税務申告が適正に行われるよう、専門家として高度の注意をもって委任事務を処理する義務を負うと解される。しかし、本事案のように納税者が虚偽の説明を行っていたような場合で、税理士はどこまで注意義務が求められるのであろうか。

　税理士は常に専門家として最善の注意を払って委任事務に当たらなければならない。しかし、その前提として、納税者の側からすべての事情を明らかにする必要がある。納税者は専門家ではないためその説明や提示する資料に不備があることは往々にしてある。その際には税理士は専門家として追加の資料提供や調査を依頼することとなる。本事案については納税者の無知等が原因による間違った説明等ではなく、虚偽の説明等を行っており、当初からその前提がくずれていた。

　原告らが結局課税庁と争わなかったのは、課税庁が指摘するように保険契約当時Bには意思能力がなかったからであろう。しかし、Aらは、税理士に支払調書を提示し、課税庁にも故人も喜んでいた、と説明していた。

　それにもかかわらず原告らは、亡くなる3日前の契約であり、保険料が3億円と巨額であった、という2点を根拠に、税理士は課税庁がその有効性を否認する可能性を認識し有効性を調査検討すべきであったと主張した。油断も隙もあったものではないといえるが、課税庁に対する異議申立てすらも回避した原告らにしては大胆な言動である。

【高木良昌】

実務へのフィードバック

　相続税申告の依頼者と税理士は、顧問先の代表者等でない限り、依頼を受けた後、一から信頼関係を築き上げることが必要となることが多い。税理士が専門家として真摯に対応することはもちろんであるが、納税者にも依頼者として同様の姿勢が求められるのだろう。ただし、課税庁を欺くためには、まず税理士をだますというやり方を豪語する納税者がいることも否定できない現実である。

Ⅶ 税理士損害賠償関係

6 税理士の専門家責任と過失相殺

東京地判 平成24年1月30日（TAINS Z999-0131・TKC 25482203）
東京高判 平成25年1月24日（TAINS Z999-0134・TKC 25502311）

本事例の着目点

1 税理士は、専門家として相続税の申告業務を委任され、他の資産が存在する可能性が高いことを認識しつつも、適切な指示を行わず申告書を作成、提出したことから、税理士の過失の程度は軽くはないとした事例である。

2 納税者らは納税義務者本人であり、たとえ税法の知識が不足していたとしても、税理士に働きかけ、自ら調査確認するなどして相続税を申告する義務があり、納税者にも一定の責任があるとした事例である。

1 問題の所在

　税理士は納税者の依頼を受けて、専門家としての業務を提供する。税理士には専門家としての善管注意義務を果たすことが求められるが、適正な申告、納税を行うためには、当然、納税者の協力が得られることが前提となる。とりわけ、納税者が財産を有しているにもかかわらず、税理士に真実を語らず、税務調査で財産の存在が

明らかになったという事件は少なくない。

本事案では、国税局の税務調査の結果、当初の相続税申告の際に申告漏れとなっていた海外資産及び国内資産の存在が判明したことから、納税者らは、修正申告書を提出し、修正申告に係る相続税を納付するとともに、過少申告加算税、重加算税及び延滞税を納付した。本事案では、税理士の専門家としての責任が問われているが、問題となったのは、納税者が意図的に財産を隠していたのか、あるいは、税理士が必要な調査を行えば、当然発覚していたのかという点である。

2 事例の概要

亡Ａの相続人である納税者らは、税理士との間で相続税等の申告手続に係る委任契約を締結した。税理士は、相続財産中に海外資産は全く存在しないものとし、また、亡Ａが経営していた会社の発行済株式総数９万株のうち６万4,905株が相続財産であるとした申告書を作成・提出した。納税者らは、法定納期限までに相続税を納付するとともに、税理士に対して、相続に関する一切の税務申告に対する報酬を支払った。

その後、国税局の税務調査の結果、当初の相続税申告の際に申告漏れとなっていた海外資産及び国内資産の存在が判明したことから、納税者らは、修正申告書を提出し、修正申告に係る相続税を納付した。さらに、納税者らは、過少申告加算税、重加算税及び延滞税を納付した。

納税者らは、税理士が、海外資産を申告しなくてもよいなどと誤って指示し、また、亡Ａが経営していた会社の株主構成や持株数を正確に把握しないまま申告した等によって損害を被ったと主張して、税理士（税理士死亡後の訴訟承継人である相続人）に対し、債

務不履行又は民法651条2項本文に基づく損害賠償請求及び税理士に支払った報酬相当額の合計額等の支払を求めて出訴した。

原審は、税理士が、亡Aの海外資産が存在する可能性が高いことを認識しながら、適切な指示をせずに国内資産のみを前提に相続税の申告を行った結果、納税者らに対し重加算税相当額の損害を与え、また、相続税の軽減措置を受けることができなかったことによる損害を与えたと認定して、債務不履行に基づく損害賠償として総額約1億605万円等の支払を認容した。これに対して、税理士（相続人）らが控訴したのが本事案の概要である。

納税者は、税理士が申告に当たり、海外資産を申告しなくてもよいなどと誤って指示し、亡Aが経営していた会社の株主構成や持株数を正確に把握しないまま申告した等の債務不履行によって損害を被ったと主張した。

これに対して、税理士側は、海外資産についても申告が必要であると説明し、亡Aの持株数は客観的資料に依拠して処理したことから、債務不履行には当たらないと主張していた。

3 判決の要旨

❶ 税理士において、亡Aの海外資産に関する確認や調査を怠った点について債務不履行があるが、会社の株式に関する申告の点については債務不履行があるとはいえず、委任契約を一方的に解消した点については依頼者である納税者らの不利な時期に解除したものとはいえない。

❷ 必要な調査を尽くせば、客観的資料を手に入れることができたと認められないことを考え合わせると、税理士としては、会社の株式について6万4,905株のみが亡Aに帰属し、それ以外の2万5,095株が亡Aに帰属しないものとして相続税の申告をしたこと

について、やむを得ない措置であった。

❸ 相続税の申告に当たり、会社の株式に関して6万4,095株のみを相続財産と扱った点について、税理士として適正に税務申告をすべき義務に違反したとか、委任契約上の善管注意義務に違反したものとすることはできない。

❹ 税理士の債務不履行によって納税者らが被った損害は、約1億605万円である。

❺ 税理士は、専門家として、納税者らから亡Aの死亡に伴う相続税の申告業務を委任され、亡Aが海外資産を保有する可能性が高いことを認識していながら、納税者らに対し適切な指示を行わないまま海外資産を除外して申告書を作成、提出し、しかも、税務調査の段階では納税者らから海外資産の調査を提案されたにもかかわらず、必要がない旨誤った指示をしたのであって、税理士の過失の程度は決して軽いものではない。しかしながら、その一方、納税者らは、内容の詳細はともかく、亡Aが海外資産を保有していることを知っていながら、当初の申告に当たって、税理士に対しこの事実を伝えず、自ら調査確認をすることもしなかった。

❻ 納税者らは納税義務者本人であり、海外資産の存在を認識していた上で、税理士がこれを除外した申告をすることを認識していたのであるから、税理士に働きかけ、又は自ら調査確認するなどして、海外資産を相続税の申告に反映させる義務があり、これにより隠ぺいに基づく申告を是正あるいは防止することができたといえるのであって、たとえ税法の知識が不足していたとしても、海外資産の存在を認識していながらこれを申告せずに済ませることを正当化できない立場にある。

❼ 納税者らに損害が発生したことについては、納税者らにも過失があったといえるから、本事案に顕れた一切の事情を損害の分担

における衡平の観点から考慮して双方の過失の程度を勘案すると、3割の過失相殺をするのが相当である。

4 事例の検討

　第1審では、税理士の債務不履行の存否が主たる争点であったが、控訴審では、債務不履行の存否だけでなく、損害賠償請求に対する過失相殺が争われている。
　本事案では、税理士は、亡Aが海外資産を保有する可能性が高いことを認識しつつも、納税者らに対し適切な指示を行わないまま海外資産を除外して申告書を作成・提出している。税理士の資質が問われるべき内容である。一方で、納税者らは、亡Aが海外資産を保有していることを知りつつも、税理士に対してこの事実を伝えておらず、自ら調査確認もしていないという。
　裁判所は、納税者らは納税義務者本人であり、たとえ税法の知識が不足していたとしても、海外資産の存在を認識していながらこれを申告せずに済ませることを正当化できないと判示した。納税者が、海外資産の存在を認識しながらも、税理士がこれを除外して申告したことについて、何ら異論を唱えなかった点を重視した判断である。しかしながら、仮に税務調査で在外資産の存在が指摘されなかったとしたら、その後の納税者らの行動が興味深い。そう考えると、税理士に対する3割の過失相殺は厳しすぎるといわざるを得ない。

【谷口智紀】

実務へのフィードバック

　至極当然の話であるが、相続財産の全容を認識しているのは、税

理士ではなく相続人である。確かに税務調査において、被相続人さえもその存在を忘れていたと思える預貯金などを指摘されることがある。しかし、相続人の中には被相続人の事業承継した者がいる場合には、すでに被相続人の資産の管理・運用に従事していた可能性も高い。また前提として遺産分割が行われるが、そこではすべての相続財産が開示され、相続人間の協議に供されることが通常である。ただ、相続人間にいわゆる争族状態にある場合には、被相続人の財産状況に詳しい相続人が、財産を隠匿する場合もあるし、また争族状況でなくても、相続人らが、脱税目的で財産を隠蔽することに合意することもある。

このような相続税事案の常識から見ると本事案は、納税者及び税理士の言動は不可解なことが多い事例である。

VII 税理士損害賠償関係

7 税理士事務所従業員の誤回答と損害賠償

東 京 地 判 平成21年 2月19日（TAINS Z999-0123・TKC 25460159）
東 京 高 判 平成21年 7月23日（判例集等未登載）
最高裁上告不受理 平成21年11月24日（判例集等未登載）

本事例の着目点

■弁護士法人が税理士事務所の従業員との面談の際に、誤った回答をしたため損害を被ったとして税理士事務所を訴えたが、その面談のメモに疑問があり客観的証拠がないとして斥けられた事例である。

1 問題の所在

　節税のため法人を作成した弁護士が税理士事務所の職員の不法行為により損害を被ったとして税理士を訴えた。
　原告である弁護士法人は被告税理士の職員が適切なアドバイスを行わなかったため、法人を資本金額1,000万円で設立した。そのため、設立第一期から消費税の納税義務者となったため損害を被ったとした。被告である税理士の従業員からそのような誤った回答があったのか、が問題となった。

2 事例の概要

　本件は、原告弁護士法人の前身である法律事務所と被告税理士らとの間で税務に関する顧問契約が締結されていたところ、原告は、「原告を設立するに当たって、節税に資する資本金額等について被告らの従業員に相談していたが、資本金額はいくらでも良い旨の誤った回答を得たため、資本金額を1,000万円として原告を設立したところ、資本金額を1,000万円未満にしていれば課されなかったはずの消費税が課されることになり、既に納付した消費税相当額3,060万9,700円分の損害を被った。被告らの従業員の上記回答は不法行為を構成し、被告らはこれについて使用者責任を負う。」と主張し、これに対し被告らは、被告らの従業員は上記回答を行っておらず不法行為が成立しないのであって、被告らも使用者責任を負わない等と主張して、原告の請求を争う事案である。

3 判決の要旨

❶　原告は、当初、被告従業員からの回答があったのは平成17年3月11日ころであったと主張し、原告の陳述書にも同旨の記載があったところ、その後、被告従業員からの回答を受けた日を同年3月22日と変更した。しかしながら、この主張ないし供述の変更は、単に日時の変更というのにとどまらず、被告従業員が1人で原告の許を訪ねてきて回答をしたのか（前者の主張ないし供述は、これを前提にしているものと考えられる。）、確定申告書の作成を終えた被告が、挨拶も兼ねて、被告従業員を同道して原告の許を訪ねた際に、被告従業員が回答をしたのか（後者）という状況の説明にも大きな変更があり、さらに、同年4月1日という法

人設立の日時を基準として考えると、その約10日前という直前ともいえる時期になってようやく回答があったのか、それとも約3週間前という比較的余裕のある時期に回答があったのかという印象の全く異なるはずの出来事についての説明変更になっているのであって、単純な勘違いや記憶違いとは考えられない主張ないし供述の変更であるといわざるを得ない。

❷　被告は、節税の観点から法人の資本金額をどの程度にするのがよいのかを質問された場合には、消費税ばかりでなく法人税その他の税も念頭に置いた上で、法人の規模・種類・事業内容、経費支出の多寡等様々な要素を考慮に入れて判断する必要があるから、これらの点について確認をし、資料の提供を求めるはずであると供述するところ、この供述は、租税特別措置法も含めた複雑な税法体系を踏まえて考えるならばもっともな事柄であるし、質問を受けた税理士として当然の反応であるということができる。しかしながら、原告が電子メールで質問をしたという平成17年2月24日から本件面談のあった同年3月22日までの間、被告らからこれらの点についての質問がなかったことは原告自身が認めているところであるし、本件面談の際にもそのような質問はなかったというのであり、この点も極めて不自然であるといわざるを得ない。

❸　原告の主張ないし原告代表の供述によれば、本件面談の場には、税理士である被告が同席していたにもかかわらず、税理士ではなく単なる事務職員にすぎない被告従業員が回答をしたというのであるが、①事務所の代表である被告がわざわざ訪問してきているにもかかわらず、一介の事務職員にすぎない被告従業員が被告を差し置いて回答をした（しかも、原告代表の供述によれば、被告が「被告従業員から回答させる」と述べたわけでもないのに、被告従業員が勝手に話し始めたのだという。）ということ自

体不自然であるばかりではなく、②節税という観点から最も適切な資本金額という質問事項は、税法に関する専門的な知識がなければ答えられない事柄であって、まさに税理士が答えるべきものであるにもかかわらず、税理士である被告ではなく、税理士資格を持たない被告従業員が回答することも不自然であるといわざるを得ない。さらに、③被告従業員からの回答を聞いた原告が、税理士である被告に質問や確認をしようとしないというのも不自然であって、結局、本件面談当日のやりとりに関する原告の主張ないし原告代表者の供述はあまりにも不自然であるといわざるを得ない。

❹　被告及び被告従業員の各供述を併せ考えてみると、本件面談当日のやりとりに関する原告の主張ないし原告代表者の供述には疑問点が多く、そのまま採用することは到底困難であるというほかはない。

❺　原告は、被告らに質問をした証拠として被告従業員宛のメールを提出しているところ、発信された電子メールが届かないことは通常考えられないところであるから、本件メールが被告従業員の許に届いていた可能性があることは否定できないところである。しかしながら、被告従業員がこれを見逃した可能性や、税理士である被告らではなく事務職員にすぎない被告従業員に送られた本件メールを真剣に受け取らなかった可能性もあり得るところであって（むしろ、仮に本件メールによる質問が被告らに認識されていたとすれば、当然されるはずの法人の規模・種類・事業内容、経費支出の多寡等についての質問がされていないことは上記のとおりなのであって、このことは、被告従業員や被告らが本件第1メールを認識していなかったことをうかがわせる事実であるということができる。）、質問のための電子メールが発信されていたからといって、これに対する回答があったと決めつけることは

できない。

❻ また、原告は、本件面談の際に作成したメモであるとして証拠を提出しているが、これらが本件面談の際に作成されたことを裏付ける客観的証拠が存在するわけではない以上、これも上記認定判断を左右するものではない。

❼ 以上のとおり、原告の主張は、その中核である本件面談に関する部分に疑問があり、他の観点からこれを裏付けることもできないから、結局、これを採用することは困難であるといわざるを得ない。

4 事例の検討

本事案は、最高裁の不受理決定により税理士の勝訴が確定している。ただし、同様な事件は事務職員のいる税理士事務所では起こりうる。顧問先と、言った言わないの水掛け論になってしまうことは往々にしてあるだろう。事務所内のコミュニケーションや情報共有、そして依頼者とのやりとりを書面等で残しておくことの重要性を再認識させられる事案である。

【高木良昌】

実務へのフィードバック

本事案の場合、メールが職員宛ではなく税理士宛に発信されていたとしたらまた違った結論となったかもしれない。書面だけでなく、メール等も税理士損害賠償請求事件の証拠となりうるというのは今後の参考となる。

確かに裁判所が認めるように税理士は税法の専門家であり、税法は複雑多岐な体系である。しかし、我が国唯一の総合的な法律職で

ある弁護士には自動的に税理士資格が付与されることからも明らかのように、税法は法律の一領域に過ぎない、と書けば皮肉と受け止められるだろうか。

　いずれにしても、顧問先との取り決めは契約書をはじめとした書面で残すことが肝要である。また、日々の業務に関しては、業務処理簿の作成について義務規定が定められているが、日々の業務についても記録をしていく必要があるといえる。多くの民間会計ソフトでも業務処理簿作成機能が提供されているようである。ただ、特に本事案で問題となったような税務相談については、会計ソフトの機能にある業務処理簿自動作成システム等では記録が難しいといえる。しかし、本来この税務相談に関する点こそ記録していかなければならない内容であるといえる。税理士は顧問先及び補助者とよくよくコミュニケーションをとり記録していく必要がある。

　本事案では依頼者側から面談内容のメモが提出されているが、面談の際に作成されたことを裏付ける客観的証拠も裁判所は求めている。税理士は、税務相談の内容はもちろん、税務相談を受けた日時等を含め継続して記録していく必要があるといえるだろう。

Ⅶ 税理士損害賠償関係

8 定率法選定の届出を怠った税理士に対する損害賠償

大阪地判 平成19年 5月14日（TAINS Z999-0102）

本事例の着目点

1. 定額法によると、毎年の償却額が等しくなり、定率法によると、償却額は初め大きく年の経過とともに小さくなるが、定額法でも定率法でも減価償却期間全体を通してみると、償却総額に差異はないとした事例である。
2. 減価償却期間を通しての将来の収入、所得控除額等は現時点において確定することはできないから、現時点において、減価償却期間全体における損害額を算出することは不可能であり、差額を認定することは理論上できないとした事例である。

1 問題の所在

　税理士損害賠償をめぐる問題は、納税者の責任と税理士の責任とが明確に区別された上で、税理士が専門家としての責任を果たしか否かを中心に、過失の有無が問われ、過失がある場合には損害賠償額が認定される。

本事案では、税理士の手続上の単純ミスによって生じた税理士損害賠償の事件である。納税者が定率法に基づく減価償却費の計算による申告を依頼していたところ、税理士は、確定申告手続は定率法による所得税等の計算を行い、一方で、その前提となる定率法を選定したとの償却方法の届出を怠っていた。本事案では、税理士の過失に伴い、納税者がいくらの損害を被ったかが争われている。

2 事例の概要

スーパー銭湯を共同経営する夫婦である納税者らは、平成13年12月1日に銭湯を開業した。納税者らは、平成13年度から同15年度までの所得税、住民税（市民税・府民税）の確定申告手続を税理士に委任し、税理士はその委任に基づいて、各申告手続を履行していた。

確定申告手続の際、納税者らは、税理士に対して、建物の付属設備、機械及び装置、運搬具等の所得税法施行令120条1項2号にいう資産に係る減価償却費は、定率法に基づく計算によって税務署に申告するよう依頼していた。そこで税理士は、定率法によって確定申告手続を行い、納税者は、当該方法で計算した所得税等を納付していた。ところが、税理士は、過失により、定率法を選定するとの償却方法の届出書の提出を怠っていた。

当時、個人が事業を行う場合の償却額の計算方法は、定率法を届け出たときは定率法によるが、届出のないときは、通常、定額法によって計算した償却限度額が必要経費に算入されることになっていた。納税者らは、税理士の過失により定額法による減価償却計算での修正申告を余儀なくされ、所得税、延滞税、過少申告加算税、住民税（市民税、府民税）を納付した。

その後、納税者らは、平成16年12月14日、税務署に対し、定額法

から定率法に変更する旨の届出を税務署に提出した。税理士は、平成17年3月7日、納税者らに対して、損害賠償金として100万円ずつ支払った。

これに対して、納税者らが、税理士が定率法を選定する旨の償却方法の届出の提出を怠ったことにより、定額法の減価償却による修正申告を余儀なくされ、税金の追納付による損害を被ったとして、委任契約の債務不履行による損害賠償請求権に基づき、所得税、延滞税、過少申告加算税、及び市民税・府民税の合計額（納税者Aについては総額約1,624万円。納税者Bについては総額約2,144万円）から既払金各100万円を差し引いた残額（納税者Aについては約1,524万円。納税者Bについては約2,044万円）等の支払を求めて出訴した。

3 判決の要旨

❶ 定額法とは、当該減価償却資産の残存価格から取得価格を控除した金額に、償却費が毎年同一となるように当該資産の耐用年数に応じた償却率を乗じて計算した金額を各年分の償却費として償却する方法である。定額法によると、毎年の償却額が等しくなる。

❷ 定率法とは、当該減価償却資産の残存価格（第2回目以後の償却の場合にあっては、当該残存価格から既に償却額として各年分の不動産所得額、事業所得額、山林所得額、又は雑所得額の計算上必要経費に算入された金額を控除した金額）にその償却額が毎年一定の割合で逓減するように当該資産の耐用年数に応じた償却率を乗じて計算した金額を各年分の償却費として償却する方法である。定率法によると、毎年の償却率は等しいが、未償却残高が漸減することになる（漸減の度合いは初めに大きく漸次小さくな

る。）から、償却額は初め大きく年の経過とともに小さくなる。

❸ 定額法でも定率法でも、減価償却期間全体を通してみると、償却総額に差異はない。

❹ 延滞税、過少申告加算税は、税理士が委任の趣旨に従って定率法の届出をしていれば、償却期間全体を通してみても、納税者らが支出する必要は全くなかったものであるから、相当因果関係の範囲内にある損害である。

❺ 償却期間全体を通しての償却費総額は、定額法、定率法で差異はなく、法が税金負担という面で基本的に公平な立場にあると解されることを考慮すると、所得税等の追納付に対応する納税者らの損害とは、税理士が委任の趣旨に従い定率法で計算した場合に発生する償却期間全体を通しての所得税等の総額（所得税総額①）と、税理士の過失により定額法による修正申告を余儀なくされた償却期間全体を通して発生する所得税等の総額（所得税総額②）との差額（所得税総額②－所得税総額①）である。

❻ 所得総額②と所得総額①の差額が認められるか問題となるが、そもそも、各年度の所得税等の額は、収入から減価償却費等の必要経費を控除して所得額を計算し、これから雑損控除、人的控除等の所得控除額を差し引いて課税所得金額を求め、それに一定税率を乗じて税額を出し、最後に住宅借入金等の特別控除や源泉徴収税額等を差し引いて算出されるものであって、減価償却期間を通しての将来の収入、所得控除額等は現時点において確定することはできないから、現時点において、所得税総額①及び所得総額②を算出することはまず不可能であり、結局、その差額を認定することは理論上できないし、また、その差額を認めるに足りる証拠もない。

❼ 定率法又は定額法のいずれでも、償却期間全体を通してみれば、納付する所得税等の総額に差異はない可能性も十分あるばか

りか、各年度の収入額によっては、定額法による方が所得税等の総額が少なくなる可能性すらある。
❽　減価償却期間を通しての納税総額に差異が出るかどうかということは、損害発生を主張する納税者らが主張、立証すべき事柄である。
❾　税理士が委任の趣旨に従って定率法を選択して税務署に届出をしていれば、平成17年度という早期にそれらの所得税等の追納付をすることはなかったのであるから、早期納付を余儀なくされたことにより発生した損害、すなわち、納税者らの所得税等の追納付額に対する金利相当分は相当因果関係の範囲内にある損害である。

4　事例の検討

　本事案は税理士損害賠償の問題であるが、両者が争っているのは、納税者が定率法に基づく減価償却費の計算による申告を依頼したにもかかわらず、その前提となる定率法を選定したとの償却方法の届出を税理士が怠っていたことによって生じた損害賠償の額である。
　裁判所は、定額法及び定率法による減価償却の方法を確認した上で、定額法でも定率法でも、減価償却期間全体を通してみると償却総額に差異はないとした。その上で、本事案における税理士の過失を認め、相当因果関係に範囲内にある損害には、延滞税、過少申告加算税の支払と、早期に所得税等の追納付をすることを余儀なくされたことによる損害である所得税等の追納付額に対する金利相当分についての損害賠償請求を認容した。
　減価償却の方法については、原則として定額法に基づく償却がなされ、届出を行った場合には、例外的に定率法による償却が認めら

れる。定額法及び定率法は償却期間内での各課税年度における償却額の配分の相違にすぎず、減価償却期間全体では、いずれの方法を採用したとしても償却総額に差異はない。定額法によると毎年の償却額が等しくなり、定率法によると償却額は初め大きく、年の経過とともに小さくなるにすぎない。

納税者は、定率法では初めに大きな償却額が計上できることを根拠に、税理士の過失により所得税等の追納付額も損害賠償の範囲内にあると主張するが、裁判所も指摘するように、定率法が選択できなかったことにより、償却期間全体で、具体的にいくらの金額の損害が発生したかは明らかにすることができない。この点を指摘した上で、本事案の損害賠償額を認定した裁判所の判断は妥当であるといえる。

【谷口智紀】

実務へのフィードバック

本事案では、納税者が定率法による減価償却を明確に依頼していたのであるから、税理士の過失が問われるのは当然である。税理士業務における多くの場面で、税理士の過失といえるか否か、そして、過失に基づく損害賠償額はいくらとなるか、という2点が争点となることを確認しておきたい。

Ⅶ 税理士損害賠償関係

9 税理士報酬請求の当否と会計データの引渡し義務

東京地判 平成25年 9月 6日（TAINS Z999-0211・TKC 25515197）

本事例の着目点

1. 税理士は一般的に顧客に対する会計データの引渡し義務を負っておらず、税理士が保存していた会計データの所有権は、その業務遂行の主体である税理士自身に帰属するとした事例である。
2. 税理士が、納税者に対し、総勘定元帳の電子データの提供を承諾する趣旨の発言をしたとしても、納税者との信頼関係が維持されていることを前提に、納税者のみに開示することを許容し、第三者に開示することを許容しないとした事例である。

1 問題の所在

　税理士は、納税者との間の委任契約に基づき、申告書類を作成、管理、保管している。最近ではe-Taxの普及もあり、税理士は、パソコンソフトで申告書類を作成し、電子データとして保管している。税務調査や税務アドバイスの際には、これらの電子データを参

照し、税理士は、納税者に対してサービスを提供することになる。

成果物である申告書類等が納税者に帰属することは当然であるが、電子データ自体は納税者の所有物か、あるいは、税理士の所有物か、という電子データの帰属を判断することは難しい。電子データ自体も申告書類等の一部と捉えることも可能であるが、電子データは税理士に帰属し、成果物のみが納税者に帰属し、提供されると捉えることも可能である。委任契約の解除時に、電子データの引渡しをめぐる問題が生じると考えると、両当事者の感情的対立を背景に、問題が複雑化することが多いといえよう。

本事案では、税理士が電子データを出力した紙媒体だけを納税者に提出し、会計データを引き渡さなかったことの妥当性が問題となっている。

2 事例の概要

税理士である原告は、平成15年12月、株式会社である被告との間において税務顧問契約を締結し、税理士業務を遂行していた。平成18年9月に締結された顧問契約によると、税務調査立会料は、別途協議の上で支払うこと、報酬は、月の経過において発生し、月の経過後の返金はないことが規定されていた。原告と被告は、平成22年2月、顧問契約書追記書に押印し、給与計算及び賞与計算に係る報酬額を基本額1万円に1人当たり1,000円を乗じた金額（税別）とする旨を合意した。

原告は、平成21年9月1、2日、被告の税務調査に原告の税理士事務所の職員を立ち会わせ、同年8月31日、その資料準備のため、同事務所の職員を出張させた。原告作成の平成22年2月12日付請求書には、税務調査立会料他及び平成21年度の被告代表者個人の確定申告の報酬額の請求と見積りをする旨の記載がある。

原告は、平成22年３月分の被告の従業員20名分の給与計算を行ったが、被告の賃金規程に従って、給与計算の際、基礎賃金に扶養手当及び住宅手当を含めて時間外労働割増賃金の額を計算した。

　被告代理人は、平成22年６月３日、原告に対し、被告代表者が同年４月20日をもって顧問契約について解除の意思表示をしたことを前提として、同年６月13日までに原告の保有する被告の会計データ等を引き渡すよう求めた。原告は、同月５日、原告においてデータ出力した被告の第５期ないし第９期の総勘定元帳1,366枚を被告に送付した。

　原告は、平成25年４月15日、被告に対し、平成22年５月分及び同年６月分の顧問報酬等合計17万8,500円を返還した。

　原告が被告に対し、税理士顧問契約に基づく報酬請求として、43万7,940円等の支払を求めたのに対して、被告が、原告が自らの保有する被告の会計データ（電子データ）を被告に引き渡さなかったことが債務不履行に該当し、平成22年４月20日をもって契約を解除したにもかかわらず、原告が同月21日から同月30日までの顧問報酬等を不当に利得したと主張して、原告に対し、債務不履行に基づく損害賠償140万4,666円、不当利得返還請求２万9,750円等の支払を求めたのが本事案の概要である。

3 判決の要旨

❶　被告代表者は、被告代表者個人の確定申告に係る報酬とともに、税務調査立会等に係る報酬額について、請求書に記載された見積額の支払を承諾したものというべきであり、請求書を交付された事実はなく、これらが無償であると思っていた等の被告代表者の供述及び被告の主張は採用することができない。

❷　被告の賃金規程には、時間外労働割増賃金の基礎賃金に住宅手

当及び扶養手当が含まれる旨の規定があり、かかる手当を含めて時間外労働割増賃金の額を計算することが債務不履行に該当するとはいえない。

❸ 被告代表者は、原告に対し、データ出力の費用が1枚90円であることを認識の上、その送付を求めた。

❹ 税理士が一般的に顧客に対する会計データの引渡し義務を負うことを認めているわけではないことからして、原告が保存していた会計データの所有権は、その業務遂行の主体である原告自身に帰属する。

❺ 原告は、被告代表者に対し、総勘定元帳の電子データの提供を承諾する趣旨の発言をしているものの、かかる発言は、被告代表者との信頼関係が維持されていることを前提に、被告代表者のみにこれを開示することを許容したものにすぎず、第三者にこれを開示することを許容したものとまではいえないから、原告が、会社組織としての被告に対して会計データそのものを引き渡すことを約束したものとまでは認めらない。

❻ 被告代表者は、平成22年4月20日、原告に対し、顧問契約を解除する意向を示してはいるものの、被告代表者が同日をもって直ちに顧問契約を解除する意思を有していたとまでは認められない。

❼ 原告においては、同年4月中に行うべき業務を全て遂行したものというべきであり、同月21日から同月30日までの日数に対応する顧問報酬等を不当に利得したものとはいえない。

4 事例の検討

本事案では、①税務調査立会等に係る報酬額を28万3,500円とする合意の有無、②給与計算に係る報酬請求の当否、③データ出力に

係る報酬請求の当否、④会計データを引き渡さなかったことが債務不履行に該当するか否かと、その損害額、⑤平成22年4月21日から30日までの顧問報酬等が不当利得に該当するか否かが争われている。

　原告は、税理士顧問契約に基づいて①、②、③の報酬請求を主張するとともに、総勘定元帳の有料引渡しは予定していたが、会計データの引渡し義務はなく、4月20日に顧問契約を解除した意思表示の事実はないことから、月額である顧問報酬の日割計算は予定していないと主張している。これに対して、被告は、①について請求書の内容は了承していないこと、②について原告が職務上の注意義務を怠り、基礎賃金に扶養手当及び住宅手当を含めて時間外労働割増賃金の額を計算したこと、③についてデータ出力の依頼及び有料出力を了承した事実はないことから、支払義務はないと主張している。また、④について会計データは被告自身に帰属しており、⑤について4月20日に顧問契約を解除する旨の意思表示をしたと主張している。

　裁判所は、認定事実を踏まえて、①、②、③の報酬請求には理由があると認めた。一方で、④については、原告が保存していた会計データの所有権は、その業務遂行の主体である原告自身に帰属しており、原告の被告代表者に対する会計データの提供を承諾する趣旨の発言は、信頼関係の維持を前提に、被告代表者のみに開示することを許容したものにすぎず、債務不履行に該当しないとした。また、⑤については、被告代表者は、平成22年4月20日、直ちに顧問契約を解除する意思を有しておらず、原告は、同年4月中に行うべき業務を全て遂行したのであるから、同期間の顧問報酬等は不当利得に該当しないと判示した。

　税理士顧問契約の前提には、税理士と納税者との信頼関係の構築が不可欠である。本事案では、平成21年9月の税務調査立会等に係

る報酬額をめぐり、両者の信頼関係が崩れ始めたようである。実際に、被告代表者は、平成21年分の個人の確定申告を原告税理士に依頼しつつも、確定申告の報酬額をめぐり訴訟となっていた。

　最近、税理士が専門家責任を果たしていないとして、納税者が税理士を訴える税理士損害賠償訴訟が増加している。本事案では、毎月の顧問料は支払われつつも、一部の報酬支払が行われていない点が興味深い。

【谷口智紀】

実務へのフィードバック

　認定事実からは、顧問契約に基づく業務提供と報酬請求を行った原告の主張を認容した裁判所の判断は妥当である。信頼関係を前提とする税理士業務では、契約で割り切ることができない問題もあろうが、いったん問題が起きた場合には、契約関係に基づき判断が下される。税理士は、契約に基づいた業務提供が行われているかを意識し、日々の業務を遂行することによって、訴訟リスクを軽減すべきである。どうしても口約束が多い顧問契約であるが、書面による顧問契約書の作成が重要であることを本事案は明確にしている。

Ⅶ 税理士損害賠償関係

10 税理士事務所を退職した者の競業避止義務

大阪地判 平成24年4月26日（TAINS Z999-0130）

本事例の着目点

1. 競業避止義務についての特段の合意をするのでない限り、顧客に対し退職の挨拶をする際などにおいて、退職後の取引を依頼したとしても、常に、雇用契約継続期間中における競業避止義務違反とはいえないとした事例である。
2. 退職に当たり、担当顧客のところへ退職の挨拶に赴いた程度は、業務の一環としての側面を否定できず、担当顧客の社名、氏名、住所、連絡先に関する情報を自己のために使用したとはいえず、不正競争防止法違反ではないとした事例である。

1 問題の所在

　税理士事務所に限らず、独立を夢見て、同業他社に勤務してスキルを磨く従業員は多い。問題となるのは、当該従業員が同業で独立した場合、以前に勤めていた事務所と顧客が当然、重なることになる。この場合に備えて、通常は、就業規則等で競業避止義務を定め

ることになるが、使用者及び従業員という対立する立場であることから、両方が納得する規則を作成することは難しい。

一方で、顧客は自由に顧問先を選択することから、当然、顧客が、従業員が独立、開業した事務所を選択する場合もある。これは競業避止義務違反には当たらない。

本事案で問題となったのは、税理士補助業務に従事し、退職した元従業員が、就業規則等に規定される競業避止義務に違反して、税理士事務所及び税理士に対して損害を与えたかどうかという点である。

2 事例の概要

税務書類の作成を行う原告有限会社A会計事務所の代表者である原告Bは、B税理士事務所の屋号で税務代理及び税務相談等を行っている。被告Cは、平成17年8月23日から平成21年7月17日までA会計事務所に勤務していたが、現在は、株式会社D社の代表取締役である。被告Eは、平成19年1月5日から平成21年8月12日までA会計事務所に勤務していたが、現在は税理士である。

A会計事務所の就業規則では、従業員に対して、就業中及びその後における業務上知り得た顧客情報等に関する守秘義務を課し、義務違反に対する損害賠償義務責任を規定していた。平成21年8月頃、Bは就業規則を改訂し、従業員が、退職前後における顧客への働きかけ、顧客からの勧誘に応ずる関与を禁じ、当該違反に対する損害賠償責任を規定した。

C及びEは、A会計事務所を退職するに当たり、「秘密保持に関する誓約書」を作成・提出した。Eは、退職するに当たり、別途、「確認書」と題する書面を作成・提出した。

C及びEがA会計事務所を退職した後、C及びEの担当してい

た顧客の大部分が、A会計事務所との契約を解除した上で、Cとの間で記帳代行業務に関する契約を締結し、Eとの間で税務申告業務に関する契約を締結した。

Bは、C及びEに対し、就業規則等に違反し、違法にBと競業し、かつ、不正の利益を得る目的で、Bから示された営業秘密を使用したなどとして、各雇用契約の債務不履行ないし不法行為並びに不正競争防止法2条1項7号及び同法4条に基づき、6,090万円の損害賠償金の支払等を求めて出訴したのが本事案の概要である。

3 判決の要旨

❶ C及びEは、Bらとの間で雇用契約を締結していたのであるから、雇用契約継続中、一定の競業避止義務を負う。もっとも、特段の競業避止義務について合意するのでない限り、顧客に対し退職の挨拶をする際などにおいて、退職後の取引を依頼したとしても、そのこと自体が、常に、雇用契約継続期間中における競業避止義務には違反しない。また、特段の合意のない限り、C及びEが退職した後、競業避止義務を負わない。

❷ 就業規則は、「退職前後における顧客への働きかけ、顧客からの勧誘に応ずる関与」を一般的に制限するものであるところ、退職後に担当顧客らから従前の人間関係に基づき新たに契約の締結を求められたような場合にも、これに応じることを禁止するが、税理士の資格を有する者に対しても課されるものであることや、期限の定めがないことも併せ考えると、雇用者が従業員に対して一方的に課す制限としては過剰な制限を課すものというほかなく、社会通念上、相当な内容のものとはいいがたい。また、このような競業避止義務を課すに当たり、何らかの代償措置が執られたことも窺われない。EがBらを退職した当日に届出がされた本

件就業規則は、合理的なものではない。

❸ 担当顧客らは、Bらとの契約を解除する意思をC及びEに伝えた後に、仮にBらから翻意するように働きかけられたとしても、Bらとの契約を継続することはありえないと述べており、C及びEが担当顧客らにおいてBらとの契約を解除することについてBらに報告しなかったことについて、仮に何らかの義務違反が成立するとしても、少なくともBらが主張する損害との間に因果関係はない。

❹ 担当者と顧客らとの間の個人的信頼関係に依存する業務の性格から、担当顧客らが全く信頼関係のないBらとの契約を維持することよりも個人的信頼関係の成立しているC及びEが引き続き担当することを選択したと評価することが十分に可能な事案である。C及びEの行為について、Bらに対する違法な競業行為であるとまでいうことは困難である。

❺ 就業規則、各誓約書、確認書の各文言からすると、情報のうち、開示、漏洩、使用が禁止されている情報は、不正競争防止法上の営業秘密に相当する。C及びEが、担当顧客に対し、契約締結を積極的に働きかけた事実を認めることはできず、その際、情報を使用したと認めることもできない。担当顧客のところへ退職の挨拶に赴いたからといって、その限度では、Bらの業務の一環として赴いたという側面を否定することはできず、情報のうち、担当顧客の社名、氏名、住所、連絡先に関する情報を自己のために使用したということもできない。

❻ 情報の使用に関して、C及びEに不正競争防止法違反の事実を認めることはできない。

4 事例の検討

　本事案の争点は、税理士補助業務に従事し、退職した元従業員が、就業規則等に規定される競業避止義務に違反して、損害を与えたかどうかである。

　裁判所の見解は、従業員は、雇用契約継続中には一定の競業避止義務を負うが、特段の合意のない限り、顧客への退職の挨拶などで退職後の取引を依頼することは、競業避止義務に違反せず、また退職後は、従業員は競業避止義務を負わないというものである。本事案では特段の合意に当たる、「退職前後における顧客への働きかけ、顧客からの勧誘に応ずる関与」を禁じる就業規則について、裁判所は、税理士の資格を有する者にも課され、期限の定めがなく、何らの代償措置も執られていないことを考慮すると、不合理な制約であり、就業規則は適用できないとしている。

　顧客らは、Bらとの契約解除意思を持って契約解除を行ったのであるから、C及びEの行為と契約解除による損害との間に因果関係がないと、裁判所は指摘する。その上で、記帳代行業務及び申告業務が、担当者と顧客らとの間の個人的信頼関係に依存する業務の性格を有すると確認している。その結果、C及びEが、全く信頼関係のないBらとの契約を解除し、個人的信頼関係の成立しているC及びEとの契約を締結したと評価し、C及びEには違法な競業行為はないと判示した。

　裁判所は、就業規則の不合理性に言及した上で、就業規則違反ではなく、C及びEの行為が違法な競業行為に該当するかによる判断である。事務所退職後に競業避止義務を課す場合には、退職従業員に対する著しく不合理な取扱いは排除されなければならない。本事案の就業規則では、義務履行の期間や義務履行に対する報償等が規

定されていないところから、就業規則は適用できないとした判断は、妥当なものといえる。

　もっとも、裁判所は、記帳代行業務及び申告業務が、担当者と顧客らとの間の個人的信頼関係に依存する業務の性格を有するとしているが、税務代理、税務書類の作成、税務相談は、税理士のみが行うことができる税理士業務である（税理士法2①）。税理士業務を遂行するには、担当職員と顧客の信頼関係が前提となるが、税理士業務は、租税法の専門家である税理士が、独立した公正な立場で、申告納税制度の実効性を担保するために行う業務である（同法1）。つまり、通常の業務委託契約と税理士業務の委託契約とでは、その性格が大きく異なる。このことに裁判所は、言及すべきである。

【谷口智紀】

実務へのフィードバック

　税理士事務所に勤務する従業員は、将来、税理士としての独立を目指して、業務に従事する者も多い。従業員の退職・独立にと一緒に、担当した顧客も移動することは、よくある業界の話題である。独立当初なら経費が掛からないのだからと、顧客から報酬の値下げを要求するというしたたかな顧客もいる。独立したのに顧客が付いてこなかったということも聞く。結局、経営者である税理士自身と顧客との信頼関係の構築と維持が事務所経営の基本であると肝に銘じたい。

【著者紹介】

林　仲宣（はやし　なかのぶ）
　　税理士
　　明治学院大学大学院経済学研究科、専修大学大学院法学研究科、中京大学大学院法学研究科各非常勤講師
　　1952年　愛知県豊橋市生まれ
　　1976年　明治学院大学経済学部卒業
　　1978年　東洋大学大学院経営学研究科修士課程修了
　　1980年　東洋大学大学院法学研究科修士課程修了

谷口智紀（たにぐち　とものり）
　　島根大学法文学部准教授
　　1982年　宮崎県宮崎市生まれ
　　2006年　専修大学法学部卒業
　　2012年　専修大学大学院法学研究科博士後期課程修了　博士（法学）

高木良昌（たかぎ　よしまさ）
　　税理士
　　1983年　愛知県名古屋市生まれ
　　2005年　名古屋大学経済学部卒業
　　2007年　専修大学大学院法学研究科修士課程修了
　　2009年　拓殖大学大学院商学研究科博士前期課程修了

重要判決・裁決から探る税務の要点理解

2015年2月4日　発行

著　者　　林　仲宣／谷口　智紀／高木　良昌　ⓒ

発行者　　小泉　定裕

発行所　　株式会社 清文社

東京都千代田区内神田1-6-6（MIFビル）
〒101-0047　電話03(6273)7946　FAX03(3518)0299
大阪市北区天神橋2丁目北2-6（大和南森町ビル）
〒530-0041　電話06(6135)4050　FAX06(6135)4059
URL http://www.skattsei.co.jp/

印刷：奥村印刷㈱

■著作権法により無断複写複製は禁止されています。落丁本・乱丁本はお取り替えします。
■本書の内容に関するお問い合わせは編集部までFAX（03-3518-8864）でお願いします。

ISBN978-4-433-53594-0